当世界停止消费

THE DAY THE WORLD
STOPS SHOPPING

[加拿大] J.B. 麦金农 —— 著　　王晋 —— 译
（J.B. MacKinnon）

中信出版集团｜北京

图书在版编目（CIP）数据

当世界停止消费 /（加）J.B. 麦金农著；王晋译
. -- 北京：中信出版社，2023.4
书名原文：The Day the World Stops Shopping
ISBN 978-7-5217-5441-4

Ⅰ.①当… Ⅱ.①J…②王… Ⅲ.①消费经济学－通俗读物 Ⅳ.①F014.5-49

中国国家版本馆 CIP 数据核字（2023）第 036476 号

The Day the World Stops Shopping
Copyright © 2021 by J.B. MacKinnon
Published in arrangement with Sterling Lord Literistic, Inc. through The Grayhawk Agency Ltd.
Simplified Chinese translation copyright © 2023 by CITIC Press Corporation
All rights reserved.

当世界停止消费
著者：　　［加拿大］J.B. 麦金农
译者：　　王晋
出版发行：中信出版集团股份有限公司
　　　　　（北京市朝阳区东三环北路 27 号嘉铭中心　邮编　100020）
承印者：　天津丰富彩艺印刷有限公司

开本：787mm×1092mm 1/16　　印张：20.75　　字数：249 千字
版次：2023 年 4 月第 1 版　　印次：2023 年 4 月第 1 次印刷
京权图字：01-2023-1055　　书号：ISBN 978-7-5217-5441-4
定价：75.00 元

版权所有·侵权必究
如有印刷、装订问题，本公司负责调换。
服务热线：400-600-8099
投稿邮箱：author@citicpub.com

卷首引语

真正贫穷的人不是囊中羞涩的人,而是贪得无厌的人。

——塞涅卡

于是耶稣对众人说:"你们要谨慎自守,免去一切的贪心,因为人的生命不在乎家道丰富。"

——《路加福音》12: 15

地球能满足人类的需要,但满足不了人类的贪婪。

——圣雄甘地

消费社会不可能知道如何爱护世界……消费态度会毁掉它所触碰的一切。

——汉娜·阿伦特

人们被大量的物质淹没,他们甚至不知道买这些东西做什么。实际上,它们一无是处。你不可能向一辆凯迪拉克示爱,但每个人似乎都在为之努力。

——詹姆斯·鲍德温

消费社会不可避免地存在两种奴隶,一种屈服于瘾癖,另一种屈服于嫉妒。

——伊凡·伊里奇

我鼓励大家多去购物。

——乔治·W. 布什

目 录

contents

序 "必须停止消费，但我们不能这样做" / III

第一部分 起 初 / 001

少买一半衣服，对世界经济来说是一次小行星撞击，而你的衣柜丝毫不会受到影响。

第 1 章 放弃什么？保留什么？ / 003
第 2 章 消费水平不同，停下来的脚步也不同 / 017
第 3 章 "当这一切发生时，人生变得更漫长了" / 029
第 4 章 突然在应对气候变化上打了胜仗 / 042
第 5 章 我们需要重新习惯黑夜 / 053

第二部分 崩 溃 / 063

"废墟是必要的。"我们需要看到旧世界的衰败，才能完全迈入新世界。

第 6 章 增长的终结并不等于经济的终结 / 065
第 7 章 从 "真正的灾难" 中解放 "日常灾难" / 076

第 8 章　广告能否反其道而行之？／ 091
第 9 章　我们的适应速度比想象中快／ 104
第 10 章　只有看到废墟，才会想到重建／ 116

第三部分　适　应／ 125

我们总是会对"正常生活"应该是什么样子有一种先入为主的判断。

第 11 章　对物品的持久性越发依赖／ 127
第 12 章　快时尚：走下神坛，但未必消亡／ 139
第 13 章　商业是一场漫长的持久战／ 154
第 14 章　剥离"消费者"身份，我们会如何？／ 170
第 15 章　我们还是消费了太多（上："生活刚需"）／ 181
第 16 章　我们还是消费了太多（下：金钱）／ 193

第四部分　转　型／ 207

人们甚至可能觉得慢节奏十分必要，就像今天人们觉得快节奏的生活必不可少一样。

第 17 章　野生动物的崭新黎明／ 209
第 18 章　我们需要一个比"幸福"更好的词来形容结局／ 223
第 19 章　数字空间的消费者身份／ 235
第 20 章　人好像变少了，事实上并没有／ 245
第 21 章　15 万年后……／ 261

后记　有一种更好的方式停止消费／ 271

致　谢／ 281

参考资料来源／ 285

序 "必须停止消费，但我们不能这样做"

正午时分，非洲西南部纳米比亚的卡拉哈里沙漠高温灼人，每呼吸一口气，你都会觉得离患上"皮革肺"更近了一步。灌木丛往四面八方蔓延，枝叶尖利，看起来会划伤你、刺痛你，钩住你的衣服。不远处，散落着几间带茅草屋顶的泥屋，屋子外墙与泛着金红色光芒的沙漠是同一种颜色。烈日炎炎，虽然近在咫尺，但谁也不想走过去。21世纪已经过了20多年，这种几乎空无一物的场景可谓十分扎眼：几把饱经日晒的塑料椅子，一群穿着褪色衣服的年轻猎人，劣质煤块上架着一块三角形的废金属，上面放着一只破旧的茶壶。泥屋没有门，外面挂着一张弓和一只装着箭的箭袋。

一棵萎蔫的树下坐着一位年长的猎人。两个人要想同享树凉儿，必须挤一挤才行。对外人来说，这位猎人的名字很难念，因为它含有一个爆破辅音，发音时要将舌头快速从上腭弹开。我们姑且称呼他"吉特考"吧。如果这样有助于你记住他，他肯定不会怪你的。你还可以在脑海里想象这样一幅人物画：蓄着修剪整齐的灰色山羊胡须，脸上布满源自笑容而非担忧的皱纹，身材瘦削，但肌肉发达，就像长跑运动员一样。

"我们现在的食物主要来自灌木丛。"吉特考对我说。当地政府有时会给每家送两大袋玉米面。当地人也会得到一点儿钱，可能是政府的补助，或是卖他们自己制作的手工艺品所得，只不过需要有人骑马或步行大约40千米，拿到楚姆奎镇去卖。楚姆奎镇只有一条街，是当地的中心。不过，吉特考所在的登吉村的村民主要靠在沙漠中狩猎为生。

"我发现其他村子里有些人不打猎，甚至没有狩猎工具。从日出到日落，他们一直待在自己的屋子里。但我们村不一样，我们一直打猎，而且会继续下去。"吉特考说，"如果碰到困难时期，好日子到头了，你就必须自力更生。"

当然，登吉村并非与现代世界完全隔绝。吉特考坐在一把蓝色的塑料椅上，他身上穿的衣服是在楚姆奎镇一个二手服装摊上买的，其中包括一个亮闪闪的牛仔风格的皮带扣。（许多捐赠给非洲的衣物不是被商人拿去卖了，就是当废物烧了，而不是送给那些有需要的人。）吉特考今天的晚饭是野菜炖非洲大羚羊肉。他打猎不用枪，用的是弓箭。弓是用一种扁担杆属的灌木做成的，弦是羚羊脊背上的筋制成的。箭杆由粗大空心的高秆草做成，箭头有毒——吉特考从地下挖出甲虫幼虫，将其碾碎，做成毒药。他的箭袋是用一段完整坚韧的树皮制成的，树皮取自伞刺金合欢树的肥厚根部。他把树根挖出来，切断，用火烤，烤到用手轻轻一拍，树芯就会脱离树皮。有时，吉特考会做小一点儿的箭袋和没有毒的箭，卖给为数不多的游客。但是，他保留这些技能并不是为了在市场上卖钱，而是日常生活不可或缺的生存之法。

吉特考会告诉你，他是"朱特万希人"（Ju|'hoansi），在当地语

言中意为"真正的人"。不过，大多数外地人称他们为"卡拉哈里的布须曼人"，有时也称呼他们"桑人"。这些外地人在《国家地理》特别节目或经典喜剧《上帝也疯狂》中看到过朱特万希人，听过他们那不同寻常的、有着很多搭嘴音的语言。关于这些用语的历史，一直存在争论，但正如英国人类学家、作家詹姆斯·苏兹曼所说的那样："就他们而言，问题不在于别人如何称呼他们，而在于别人如何对待他们。"

1964年，一位名叫理查德·B.李的加拿大人类学家开始与朱特万希人一起生活。当时理查德只有20多岁，他与朱特万希人相处了一年多，他所做的研究后来被誉为"20世纪最重要的科学研究之一"。当理查德到达卡拉哈里沙漠时，人类学家和其他外来者一样，都认为狩猎采集是为了生存而进行的最后挣扎，是一个更接近于野生动物而非当代人类的发展阶段。

理查德决定通过实证检验这些假设。他花了一个月准确记录了部落里每个人每天的时间分配情况，又花了一个月计算朱特万希人摄入的热量。他还做了其他研究。研究结果表明，狩猎采集者的生活方式其实很好。按照某些标准来说，它可能优于工业化国家人民的生活方式。

朱特万希人的生活并不十分辛苦。平均而言，他们每周会花大约30个小时来获取食物，并处理一些杂务，比如做饭和捡柴火。当时，在"最富裕的国家"美国，一个普通人每周要工作31个小时，回家后还要做家务，而每个家庭一周花在处理家务上的时间平均为22个小时。更引人注目的是，在理查德观察的人中，最勤奋的人名叫"托马"，他是个猎人。不过，他每周仅工作32个小时，远远低于当今社会常见的每周工作60多个小时的情况。此外，在朱特万希人中，大多数老年人和 20 岁以下的人完全不参与狩猎采集。

这些人难道不饿，不会营养不良吗？理查德表示，完全不会有这种情况发生。就体形和活动水平而言，朱特万希人摄入的食物已经足够了。除了野味，他们还吃各种各样的野生植物。理查德问他们为什么不从事农业，部落中的一个人说："世界上有那么多曼杰提树，树上有那么多坚果，我们为什么还要种地呢？"

这种相对轻松的生活是有代价的。最明显的一点是，在理查德等外人看来，朱特万希人几乎身无一物。在外面的世界里，披头士狂热席卷大地，福特新推出了野马跑车。相比之下，这里的男人拥有的不过是几件兽皮做成的衣服、几条毯子（卡拉哈里沙漠的温度可能会降到零度以下）、狩猎工具，也许还有一个简单的手工乐器；女人只有衣服、挖掘用的棍棒，以及用木头、种子和鸵鸟蛋壳制作的几件饰品。

从存在时间来看，朱特万希人和非洲南部类似的文明代表了世界上最成功的狩猎采集生活方式。没有人确切知道智人到底是在非洲的哪个地方进化的，但可以肯定的是，人类进化不久，就出现在非洲南部，并在那里一分为二：一群人向北航行，最终成为非洲农民、欧洲水手、中国商人和美国硅谷的风险投资人；另一群人，包括朱特万希人的祖先，则留在了原地，在过去的 15 万年里，他们一直在摸索如何以最佳方式在居住地生活。

在这个外人意想不到的地方，人们过着康乐的生活，理查德并非唯一一个发表相关研究的人，类似的发现从全球各地涌现。作为世界上的一个物种，人类自存在以来，90% 以上的时间都在做狩猎采集者。在 20 世纪 60 年代，理查德和其他研究人员环顾周遭世界，并不相信他们所处的社会能够像古时那样持久：核军备竞赛已经打响，世界人口不断飙升，地球环境四面楚歌。科学家越来越关注威胁气候的温室效应。当时的人类学家和现在很多人一样隐约感觉到，在文化进化的过程中，我们在某处转错了弯，所以几千年后的现代世界充斥着全自动猫砂盆、牙釉质美白牙刷、真人秀节目《仓库淘宝大战》，以及一切在当时看来是超现实的东西。

1966年，理查德在芝加哥的一次会议上汇报了自己的研究。当时，另一位人类学家马歇尔·萨林斯对这项新发现发表了看法。他说："回头想想，这就是最初的富裕社会。"人类似乎可以走两条路来满足每个人的欲望和需求：第一条是提高产出；第二条是降低需求。萨林斯说，朱特万希人和其他狩猎采集群体已经达到了"不富余的富裕水平"。这种生活方式产生的需求很少，周围的环境很容易就能满足他们的需求。（亨利·戴维·梭罗追随了朱特万希人的脚步，据说他说过："我通过减少需求使自己变得富有。"）虽然狩猎采集者有很多可获得的食物和其他东西，但他们往往不会采集那么多。萨林斯发现这一点时，表达了自己对"低负荷运行的内在含义"的疑惑。他说，与无休止地追逐更多的金钱和财产相比，这种克制会不会让生活更充实、更令人满足？科学家一致认为，这将是一个难以回答的问题，而原因十分残酷。他们在会议记录中写道："很快就将没有狩猎者可供研究。"

狩猎采集者的想法有所不同，尽管他们的土地受到无情掠夺，文化受到不断冲击，但他们仍在坚守。登吉村位于一条长长的沙道尽头，被沙漠环绕，人迹罕至。大家都说它是朱特万希人中一座"狩猎精神"仍很强大的村庄。如果你第一次见吉特考，肯定会以为他一直从事狩猎采集工作，抵挡了全球化生活的冲击，但事实并非如此。他曾在南非军队服役。后来，他在楚姆奎镇政府找了一份工作，用赚的钱从商店买东西。他看过电视，开过车，吃过从世界各地进口的食物，见证过手机的到来。在他看来，这种生活方式充满了不确定性，很容易出问题，几乎完全不在自己的掌控之内。

于是，吉特考抛弃了这种生活。

"我一直想回到原来的生活方式，一直梦想着这样做。"吉特考说，"后来，我回到了村里。我会永远留在这里，永远以打猎为生。"

其他人有没有可能也会在某一天选择将消费文化抛在身后？我们会不会去探索"低负荷运行的内在含义"，而不是忙碌奔波，重复过着赚钱—花钱的生活，在社交媒体和真人秀时代赤裸裸地进行地位竞争，彻底破坏为我们提供衣食住行和各种消遣活动的地球？越来越多的人认为，一种更简单的生活正等着我们，要么是通过某种伟大的觉醒，要么是因为文明在其自身的重压下崩塌了。吉特考回到了那种需求很少、欲望更少的生活，他让我们看到了这样一种结果：一方面，我们古老的人类灵魂可能正渴望简单的生活；另一方面，这是一条直接退回石器时代的道路。这让我们既充满希望，又深感恐惧。

到21世纪，一个关键的两难问题凸显了：必须停止消费，但我们不能这样做。千年之交，联合国环境规划署国际资源专家小组报告，消费已经悄悄超过人口，成为我们面临的最大的环境挑战。如今，当我们谈到气候变化、物种灭绝、水资源枯竭、有毒污染、森林采伐和其他危机时，每个人的消费量比人口影响更大。富裕国家的人均消费量是贫穷国家的13倍。就环境影响而言，这意味着在美国、加拿大、英国或西欧养育一个孩子，相当于在孟加拉国、海地或赞比亚等国家养育13个孩子。也就是说，在富裕国家养育两个孩子的钱能在贫穷国家养育26个孩子。

几十年来，从石油到宝石，从砾石到黄金，每一种重要自然资源的消耗都在连续增长。我们消耗地球资源的速度比地球的再生速度快 1.7 倍。如果每个人的消耗水平都达到美国人的平均水平，那么消耗速度会再快 5 倍。这就好像我们花光了每年的工资，然后从计划给孩子存的钱中再拿出超过一半，也花了。按照这个速度，到 2050 年，仅在 21 世纪的这 50 年，资源的使用就会增加两倍。

各国都在禁止使用塑料袋或塑料吸管，与此同时，塑料的生产总量却一直在飞速增长，速度是全球经济增长的两倍以上。如今，我们每年购买的衣服加起来重达 5 000 万吨——这么重的一颗小行星坠落会将任何一个大城市夷为平地，其引发的地震会波及全球。仅在过去的 20 年里，人均购买的衣服数量就增加了 60% 以上，而这些衣服的寿命却缩短了近一半。你可能会质疑我们衡量人类贪婪消费欲望的准确度，但准确度根本不重要，这些数字可能会有很大的偏差，然而我们一样会面临地球危机。

如今，美国人每年在数字产品上的花费合计超过 2 500 亿美元，在个人护理产品上的花费约 1 400 亿美元，在珠宝和手表上的花费约 750 亿美元，在家用电器上的花费约 600 亿美元，在行李箱上的花费约 300 亿美元。虽然美国人曾经被视为世界上最疯狂的购物者，但这种刻板印象现在已经不准确了。有些石油资源丰富的国家——比如卡塔尔、巴林和阿拉伯联合酋长国——人均消费超过了美国，卢森堡也是如此。欧盟国家的购物总消费几乎和美国的一样多，加拿大人的碳足迹和美国人不相上下。2/3 的中国人承认他们拥有的衣服超过了个人所需。正如世界银行的一份报告所说，就连世界上最穷的人也在买"他们愿意买的东西，而不是他们'需要'的东西"。全球 45 亿低收入人口是一个巨大的消费市场，每年共消费 5 万多亿美元。

厨房的台面更大了，床更大了，衣柜的尺寸也翻了一番。如今技术领域——我们建造和制造的一切，也就是我们拥有的东西——的重量估计已经超过了地球上所有生物的重量。如果把它们均匀地铺到地球表面，每平方米堆积的东西将重达50千克。想象一下，这堆东西可能包括一台小电视、一只菠萝、一台烤面包机、一双鞋、一块混凝土砌块、一只汽车轮胎、一个美国人一年食用的奶酪，还有一只吉娃娃。

我们还没说扔掉的东西呢。美国和加拿大每年制造的垃圾如果装在卡车里，连起来可以绕赤道12圈。过去，美国人扔掉的东西比欧洲人多得多，但德国和荷兰等国家已经追赶上来。如今法国平均一个家庭制造的垃圾是1970年的4倍。全世界大约有1/5的食物最终进了垃圾桶。值得注意的是，这不仅是富裕国家的问题，在贫穷国家也一样。狗和猫以前会帮助我们处理剩下的食物，但如今它们有了自己的消费品，比如宠物床、玩具、服装、科技产品。仅在美国，这就是一个超过160亿美元的市场。同时，我们的宠物也会制造垃圾。

面对上述问题，我们的反应不是减少消费，而是试图推行绿色消费。重点就是在全球范围内用电动汽车取代燃油汽车，用风能和太阳能发电而非燃煤发电给手机充电。有机食品、无毒涂料、二手计算机、节能电视和节水洗碗机现在已经十分普遍。

如果没有这些进步，我们购买的商品和服务所造成的环境危害会更加严重。然而，世界上所有地区的物质消费并没有因为绿色消费而减少。正如时任联合国环境规划署代理执行主任的乔伊斯·姆苏亚在2019年所说的那样："在任何时候、任何收入水平，我们对自然资源的需求都没有动摇过。"事实上，自2000年以来，我们使用这些资源的效率总体上有所下降，而我们开采资源的速度却加快了。

当然，的确有一些好的迹象。在过去的20年里，全球自然资源的开发呈爆炸式增长，富裕国家仅在其中占了很小的比例。因为绿色科技的出现，富人的碳足迹确实减少了。但是，到目前为止，他们平均而言还是地球上最大的破坏者，因为他们仍是世界上消费最多的人，而且他们的消费速度仍在攀升。我们在绿色消费上所做的努力跟不上这种欲望的增长速度，所以我们矢志不渝地推动绿色消费，即使说不上荒谬，这种行为也是十分奇怪的——如果我们希望减少消费造成的破坏，为什么不考虑减少消费呢？

我们在减少导致气候变暖的二氧化碳的污染上所做的努力是一个鲜明的例子。虽然国际社会共同努力，在绿色科技上投入了数十亿美元，可再生能源的供应也大幅增长，但进入大气层的碳的数量没有减少。所有的成果都被全球消费的增长抵消了。纵观历史，仅有的出现全球温室气体排放下降的时间是在重大经济衰退期间，换句话说，就是当世界停止消费的时候。2020年头几个月，新冠肺炎[①]疫情暴发，多地实施全面封锁。随着消费文化大门的关闭，大多数国家的碳污染下降了1/5~1/4。在减排目标上落后多年的国家突然大步向前，提前几年实现了减排。当然，这种情况并不持久。随着全球经济开始恢复正常，一些国家的碳排放再创新高。即便如此，在应对气候变化的问题上，停止消费所能产生的影响从速度和规模上讲都是无法忽视的。

然而，我们却不能停止消费。到目前为止，21世纪的另一个核心教义是，身为公民，我们的责任就是"买买买"。2001年9月11日，纽约和华盛顿特区遭受恐怖袭击。9天后，小布什在美国国会发表演讲，全球各地都可以听到。他让人们保持奉献精神，保持冷静、宽容和耐心。他又说："我请你们继续参与美国的经济建设，并对美

[①] 这本书英文版出版于2021年，当时我国对于COVID-19的中文翻译仍是新型冠状病毒肺炎，简称"新冠肺炎"。2022年12月26日，该病更名为"新型冠状病毒感染"。——编者注

国经济充满信心。"在人们的记忆中，小布什在告诉一个受到重创的国家的民众"去购物"。当然，他没有把这几个字说出来，但他的隐含意思是，买新床单或重新装修是对恐怖主义的有力回应。这种暗示给人留下了这样的印象：虽然总统先生没有说出那三个字，但这和他说过的其他话一样被人铭记。

小布什的演讲令人大为震惊，因为在人类历史上的大部分时间里，我们一直对消费抱有疑虑。代表宗教和政治派别的道德领袖告诫我们不要那么崇尚物质，要摆脱消费文化的控制。还有很多人像卷首引语中提到的人物一样，也发出了同样的声音，这些人包括孔子、本杰明·富兰克林、梭罗、贝蒂·弗里丹、阿道司·赫胥黎、马丁·路德·金、约翰·梅纳德·凯恩斯、玛格丽特·阿特伍德、查克·D（Chuck D）等。18世纪的苏格兰经济学家、"资本主义之父"亚当·斯密也提出，物质主义不是美德，而是恶习。他痛斥"玩具爱好者"，说这些人"醉心于资财丰富的骄奢淫逸"，追求"只适于做儿童玩具的小玩意儿，不认真追求对成人来说正经的目标"。少买东西一直是我们应该做的事情，尽管很少有人真正做到。

那些反对消费主义的人提出了两个主要论点。第一，对金钱和物质的热爱纵容了人性之恶，比如贪婪、虚荣、嫉妒和浪费。第二，你思考金钱和物质所用的时间，本可以用来服务他人、追求知识或精神生活，从而为人类社会做出更大的贡献。

大约半个世纪以前，又有两项针对消费文化的指控开始引起广泛的注意。其中一项是过度消费相当于把自己的富裕建立在别人的贫困之上。"简单生活，以便别人能够活下去"这句名言说的就是这个意思。我们砍伐古老的树木来生产卫生纸；我们丢掉的六环圈塑料包装会杀死海鸥；我们拦住气势磅礴的河流，筑成大坝，提供电力，这样我们就能看重播的电视节目了。最重要的是,我们燃烧了这么多化石燃料,气候因此变化无常。当我们意识到这一切时,减少过度消费的呼吁变得更加紧迫。

然而,在"9·11"事件之后,我们长期以来对消费主义的不安似乎烟消云散了。这次袭击使美国至少损失了600亿美元和50多万个工作岗位,其中的主要原因不在于恐怖分子,而在于美国和世界其他地方突然失去了购物热情。我们无须多费力气就可以得出结论,不买东西本身就是一种显而易见的、真真切切的危险。正如小布什当时所说:"要么与我们为友,要么与恐怖分子为伍。"

小布什的演讲改变了我们谈论消费的方式。世界各国的领导人在消费热潮从高点下滑时,会直截了当地要求我们消费,这已经成为惯例,仿佛消费不是一种选择,而是必须要做的。(2006年,经济开始出现大衰退的迹象时,小布什终于开口让美国人"购物"。)2020年,新冠肺炎疫情引发了有史以来最急剧的消费支出下降,评论员们很快开始辩论,为了保持经济运行,社会可以接受死多少人。在此之前,购物不仅仅是一种消遣,还是能够阻止文明衰退的唯一利器,这种想法在我们听来已是老生常谈。

在疫情封锁期间,我们看到购物场所紧闭大门,机场空无一人,餐馆贴出了停业通知,数百万人失业或面临破产。不过,与此同时,洛杉矶和伦敦碧空如洗,北京和德里空气清新,温室气体污染程度急速下降,这是不可否认的。当海龟和鳄鱼占领了昔日游人如织的热带海滩,没有了人类的喧嚣,地球明显平静下来时,有关经济代价的尖锐问题照常被提了出来。

事实证明,我们从前对消费的焦虑从未真正消失过。我们是不是把购物当成一种微不足道的替代品,用它来代替我们生活中所缺失的东西？我们沉迷于物质主义的做法是否会让我们暂且忘却更重要的思想、感情和关系？这些想法再次凸显，因为在这段时间内，人们用创造性的表达、社会联系和自我反思来填补不再购物留下的空白。很多人亲身感受到了十年来幸福感研究的结果：在较富裕的国家，不断的赚钱和花钱不会为生活增加多少快乐，越来越多的国家都是如此。（正如一位朋友在疫情隔离期间对我说的那样，"停止消费一段时间后，你的消费欲望就会降低很多"。）当然，地球资源的公平分配问题并没有得到解决，亿万富翁在豪华游艇上自我隔离，而有的人没有任何过错，却在一夜之间陷入贫困，加入拥挤的队列，和千千万万的人同去领取慈善机构派发的物品。

如果我们放慢消费的脚步，显然会对经济造成严重影响。但如果不这样做，我们可能无法消除亟待解决的全球变暖问题——至少在必要的时间内无法消除。气候变化只是消费文化加剧导致的诸多问题之一，即使谨慎的专家也会说，这些问题可能会导致政治动荡或大量人员死亡。

必须停止消费，但我们不能这样做。简单来说，这一困境已经成为人类能否在地球上继续生存的问题。

假设我们突然听从了从古至今那些提倡我们过极简生活的建议，假设有一天世界停止了消费。

这就是我在本书中所做的思想实验。这个实验源自我自己面对消费困境时的设想。像今天的很多人一样，我已经习惯思考自己的消费行为在气候变化、森林破坏、海洋塑料污染及很多其他使地球不再适合居住的生态危机中扮演了什么角色。我知道自己可以选择减少消费。（我年轻的时候，曾经给了一个乞丐一些零钱。他看了看我那前头已经开口、露出长筒袜的鞋，把钱还给了我。他说："你看起来需要这些钱。"）但我怎么能停止消费呢？我相信如果其他人也这样做，全球经济就会彻底走向深渊。我觉得，要想知道是否有办法走出这个困境，我就需要把这个设想演绎到最后。

我从最开始演绎，停止消费的最初几个小时及最初几天会发生什么？我们如何理解自己的欲望和需求？谁的生活变化最大，谁的生活变化最小？地球会不会开始愈合，如果会，有多快？接下来，我探讨了似乎不可避免的经济崩溃，同时发现即使在灾难中，我们也会开始适应。与记忆中每一次类似的思想碰撞不同，我的这个实验并没有以人们尽职地回到商场而结束。相反，随着停止消费从第一天延续至数周、数月，我们改变了制造方式，围绕新的优先事务组织生活，为失去消费欲望的全球文化找到不同的商业模式。最后，我展望了这种演变在几十年甚至几千年后可能出现的结果：从虚拟现实到一个自然复苏的地球，再到一种更简单的生活，也许比我们想要寻求的更简单。

"停止消费"究竟是什么意思？有时候，我们说"把东西买了"，这通常意味着我们要去购买生活必需品，比如食品、洗涤剂、学校用品，当然还有卫生纸。有时候，我们说"咱们去逛街吧"，这往往是说我们在寻找我们其实不太需要的商品。今天，在大多数人所处的社会中，社会和经济生活主要以消费为中心：我们是消费者。然而，在日常对话中，"消费者"往往只是指那些把花钱买衣服、玩具、饰品、美食或花钱度假当作消遣的人。"消费文化"是指每天大量袭来的广告、甩卖、趋势、快餐、快时尚、娱乐和时兴的小玩意儿，我们的大脑已被它们霸占。

为了便于做这个思想实验，我想简单一点儿，假设世界停止消费的那一天，全球消费支出下降25%。有些人会觉得这个数字过于保守，因为消费者的胃口很大，想一想"黑色星期五"的购物狂潮，想一想那些不断沿着河流漂向海洋的塑料瓶。事实上，在全球范围内减少25%的消费只会让时间倒流大约10年。另外，当我开始撰写本书时，全球消费可能下降25%的想法听起来像是最疯狂的猜测，这一幻想如此离奇，以至于接受我的访谈的很多人都拒绝相信。

结果呢？它确实发生了。新冠肺炎疫情暴发后，我们的收入、支出，以及购物、旅行和常常外出就餐的模式在几个星期内突然发生动摇。美国的家庭支出在两个月内下降了近20%。旅游业等受影响最严重的行业，收入降至原来的1/4。欧洲很多国家的个人消费下降了近1/3（共计下降4 500亿美元），这些钱通常用于购物，而不是存在银行里。突然间，在世界停止购物的那一天，消费支出可能下降25%的想法似乎变得合理了。一方面，这个数值似乎不大，是可能发生的；另一方面，这个数值其实很大，足以惊天动地。

我说本书记录了一个思想实验，并非在说它是科幻小说。也许你可以把它看作一则富有想象力的报道：通过关注那些实际存在的人、真实的时间和地点，探索一种不真实的设想。纵观历史，很多人，有时包括整个国家，都曾大幅放慢消费的步伐。原因往往很可怕且令人震惊，比如战争、经济衰退和灾难。不过，也有反物质主义的民众运动，以及普遍质疑消费文化的时刻，还有过安息日的时候。学者已经开始思考停止消费这一现象，将其纳入计算机模型，从外太空对其进行检查。他们已经观察到它对鲸鱼、人类情绪和行星大气层的影响。还有一些企业家和活动家正在为一个有朝一日消费可能减少的世界设计产品、商业模式和新的生活方式。从卡拉哈里沙漠到芬兰，从厄瓜多尔到日本，再到美国，我发现了消费文化的逆流，它在低声诉说着我们可以采取的其他生活方式。我敢打赌，这股逆流会影响大多数人。

我开始写书的时候，不知道最后会发现什么，也许是一些如何摆脱消费困境的杂乱无章的对立观点，也许根本找不到出路。但是，当我深入研究不同时空的例子时，我可以看到，无论何时何地，只要人类停止消费，就会反复出现某些观点，它们向我们描绘了停止消费的世界可能是什么样子的，以及运作方式如何。基于过去和现在的情况，我可以勾勒出一个未来。

停止消费是可能实现的。回答了这个问题，剩下的问题将更多地与个人有关。我们想停止消费吗？生活会因此变得更糟还是更好？

第一部分

起　初

第 1 章

放弃什么？保留什么？

在最先意识到世界已经停止购物的人中，有一群时髦的年轻人感到自己的工作岌岌可危。身为全球服装零售行业的员工，他们未能达到日常的销售目标，事实上，他们离目标相当远。

举个例子，从阿塞拜疆到摩尔多瓦，再到赞比亚，李维斯有近3 000家门店，主营产品是公司著名的蓝色牛仔裤。几乎每一家门店的购物人数、每人购买的商品数量、到店顾客的数量都急剧减少。并不是说那天全世界没有人需要一条新的牛仔裤，只是绝大多数人不需要。很多人都有一两条牛仔裤，有的人甚至有几十条。

这一天结束时，紧张的店长将情况报告给惊慌失措的区域主管，区域主管又将消息上报给心烦意乱的区域经理，区域经理再打电话给公司的副总裁。在18个小时内，世界停止消费第一天的警报数据就出现在李维斯3位全球区域总裁的办公桌上，他们分别驻扎在布鲁塞尔、新加坡，还有美国加利福尼亚州旧金山的电报山和海滨之间的一座颇为人性化的大楼内。

保罗·迪林杰是李维斯的全球产品创新副总裁，他是少数几个会说自己已经预见这一切的人。在旧金山总部一间堆满面料样品的办公室里思考世界末日的情景，是迪林杰的一部分工作，正如他所说的，"像设计概要一样在劫难逃"。当2017年南非开普敦宣布本市的水资源可能会耗尽时，迪林杰借此机会观察了资源匮乏的未来可能是什么样子的。他想到了一句时尚宣言：一件牛仔夹克有两个专门设计的口袋，一个装水瓶，另一个装手枪。

你可能已经猜到了，迪林杰不是我们常见的那种公司副总裁。有一次，我去李维斯参加会议，讨论世界停止消费的那一天，一家跨国服装公司会经历什么。当时，迪林杰也在场。他身穿黑色连帽衫，脚蹬黑色运动鞋，头戴黑色冷帽，压住了外翻的耳朵。他的耳朵和他祖父的兄弟约翰·迪林杰一模一样（约翰·迪林杰是大萧条时期臭名昭著的银行抢劫犯）。当然，保罗·迪林杰穿的是李维斯牛仔裤，为了保护水资源，这条牛仔裤已经几年没有洗过了。他给裤子喷伏特加酒，让它保持清新的状态。迪林杰思维敏捷，带有恰到好处的笨拙，好似在家里接受教育的神童——在学习《马克思主义入门》和《资本主义入门》的间隙掌握了钢琴的弹奏技巧——的成人版。

世界资源研究所将消费定义为"董事会会议室里的一头新大象"，暗指这个问题太大，卖东西给我们的公司不会提及，因为那些公司担心出现"拉特纳时刻"。几十年前，一位名叫杰拉尔德·拉特纳的英国珠宝商名誉扫地，因为他说顾客之所以在他的店里花几英镑就能买到一个雕花玻璃雪利酒醒酒器、六只酒杯和一个托盘，是因为它们是"纯粹的垃圾"。这番话激怒了公众，因此他被迫离开公司，失去了80万美元的年薪，并成为具有传奇色彩的"垃圾纳先生"。（不过，他后来再次成为成功的珠宝商。）这件事对其他企业来说是一个有力的提醒，在消费文化中，你绝不能承认你卖的东西可能不值得买。

但迪林杰这种人很少见。众所周知，他曾公开宣称服装业是"靠不必要的消费支撑的"。他说，李维斯最大的威胁不是人们停止购买服装，恰恰相反，人们对裤子、衬衫、连衣裙和夹克不断增长的欲望终有一天会与地球有限的资源冲突，制造商将没有足够的水、石油和棉花生产这些服装。在新冠肺炎疫情暴发的几年前，迪林杰就设想了如果发生极其严重的经济衰退或全球性流行病，服装需求急剧下降，会发生什么情况。他的结论是，销售额毫无疑问终将反弹到正常水平，然后继续攀升。

当然，世界停止消费的那一天不会发生这种情况。相反，人们的消费欲望消失了，而且不会再有这种欲望了。"一个星期没有销量，是市场上的一件大事。"迪林杰说，"一个月没有销量，这个行业就崩溃了。"

关于停止消费最明显的一点是，我们几乎从没有这样做过。难得这样做的时候，我们马上就要面对那个有关欲望和需求的古老而麻烦的问题：哪些东西要继续买，哪些东西不要买。

近年来，历史学家和人类学家试图在历史上找到一条明确的界线，说明人类最初成为消费者的时间。事实证明这是不可能的。消费文化的心理基础是物质主义，也就是一套围绕财富、财产和社会地位重要性的价值观和信仰。一个人会成为哪种程度的消费者，起决定作用的是他的物质欲望，而非其他因素。大多数人认为物质主义者是指对金钱、自我形象和物质极度痴迷的人，是一个贪婪、浅薄、爱炫耀的人。事实上，所有人都是某种程度的物质主义者。物质主义在人类进化的过程中一直起着积极的作用，它推动我们满足自己的物质需求，维持我们在社会上的地位。它是我们作为人类的一个重要部分。

我们能联想的与物质主义有关的每一种行为，在很久以前都有蛛丝马迹。至少在150万年前，远在智人进化之前，我们的祖先就在手斧等工具上加上显示自己风格的点缀,这代表我们通过自己的所有物暗示消费者的选择和自我表达。几乎身无一物的狩猎采集者可能也会心存嫉妒,将自己仅有的一点点物品与他人进行比较。大约 4 000 年前开始在中美洲崛起的玛雅人十分依恋自己拥有的物品,而且会赋予它们意义,甚至认为它们有自己的意识。(在一则玛雅故事中,遭受虐待的财物和动物,包括蒸锅、做玉米饼用的平底锅、狗、火鸡,甚至房子,奋起反抗第一批人类。)大约 500 年前,在中国最富有的贸易地区,物品的"式样"会定期改变,甚至在小村庄里也是如此。

17 世纪初,土耳其的伊斯坦布尔就有一万多家商店和摊位。普通的英国家庭摆满了陶器、镜子、钟表、器皿和为特殊宴会准备的餐具,此时工业革命还没有开始,大规模生产也还没有出现,所以这些东西的价格并不低。19 世纪初,桑给巴尔或塔希提岛的人如果有钱花,可以翻阅商品目录,订购来自全球各地的商品,此时离亚马逊网站建立还有近两个世纪。到第一次世界大战时,想买椅子等基本物品的欧洲人有成千上万种设计样式可以选择。如今,广告围绕着我们,甚至会追踪我们。然而,市场营销的花费占美国经济的百分比在 100 年前的"咆哮的二十年代"[①]就已经达到了顶峰。

历史似乎告诉我们,我们并不是在哪天成为消费者的,我们一直都是消费者。从瘟疫到世界大战,再到殖民主义,我们的经济生活被各种力量打乱,但遍布世界各地的大多数人逐渐积累了更多的东西。

人类始终没有停止过消费,这种想法给了我们些许安慰,让我们不会觉得今天的消费方式有多么不正常。此外,这种想法忽略了规模上的巨大差异。狩猎采集者和今天的购物者有着共同的消费心理,但

---

① "咆哮的二十年代"又称"兴旺的二十年代",指的是北美地区在 20 世纪 20 年代发生层出不穷的激动人心的事件,也被誉为"历史上最为多彩的年代"。——编者注

这并不意味着他们和我们一样全身心地沉迷于此。以第二次世界大战结束后的美国为首，富裕国家的家庭支出开始迅速增加。从1965年开始，这一数值一路飙升。购物的激增与某些人所说的"大加速时代"同步。在这一时期，世界人口、总体财富、城市化与资源开发速度，以及污染程度都在快速攀升。正是此时，人们才普遍认识到，"消费社会"开始在全球蔓延。在这种社会中，我们首先是消费者，重复着赚钱—花钱的日子。

1973年，这种新的热情迎来了第一次真正的考验。当时，中东的产油国不满于美国在当地的政策，对美国实行石油禁运，造成了主要经济体在现代所遭受的最剧烈的一次冲击。时任美国总统理查德·尼克松在一次电视讲话中将石油紧缩与美国的消费主义联系起来。他说："我们今天出现了能源紧缺，原因是我们的经济已经有了巨幅增长，在经济繁荣的时代，曾经被视为奢侈品的东西现在成了必需品。"1977年吉米·卡特上任时，石油禁运已经结束，但石油供应仍然紧张。有一张十分契合那个年代的照片，在这张照片里，卡特穿了一件米色的开衫，坐在生火的壁炉前。他要求美国人做出"适度的牺牲"，"学会节俭地生活"。后来，他做了一次更清晰有力的声明："现在有太多的人崇拜自我放纵和大肆消费。决定我们身份的不再是我们做了什么，而是我们拥有什么。"

要求美国人停止消费的不限于左翼和右翼总统。20世纪70年代伊始，2 000万人参加了世界上的第一个地球日活动。这次活动诞生于一场正在兴起的环境运动。环保主义者惊讶于消费文化产生的垃圾——垃圾严重污染了河流，垃圾焚烧造成酸雨，各地公路上随处可见乱扔的垃圾。他们呼吁人们过更简单的生活。在能源危机期间，民众开始讨论为了使美国减少对外国石油的依赖，自己应该做出哪些牺牲。是否应该禁止挂圣诞灯饰？是否应该禁止政府官员驾驶豪华轿车？是否应该叫停印第安纳波利斯500英里[①]大奖赛？（该项赛事没有被叫停，但代托纳500比赛暂时将里程减至450英里。）

普林斯顿大学的历史学家梅格·雅各布斯研究过20世纪70年代的石油危机。梅格告诉我："这是人们第一次想起需要削减开支，这是美国人心态的一次彻底转变。"

美国人具体的反应如何呢？整整10年不断增加家庭开支。美国能源部前部长詹姆斯·施莱辛格在反思这种不可动摇的消费行为时说："要知道，我们正在谈论的是美国人的习惯。道德学家可能认为这些习惯应该受到谴责，但公众却觉得心满意足。"

在第二次世界大战和越南战争期间，在20世纪60年代的社会动荡中，在石油危机和环保主义兴起时，在接下来的11次经济衰退中，美国消费者都不曾停止消费。直到2009年，他们终于放下了钱包。在这次大衰退中，美国人的消费支出自70多年前的大萧条以来首次出现下降。其他很多国家的消费支出也有所降低。我们可以由此看到一幅人们区分需求和欲望的现代图景，其中并没有战争或流行病等灾难的阴云。

经济学家很久以前就发现，有些东西对我们的基本生存来说显然不必要，但我们还是认为它们必不可少。咖啡和酒这样的小乐趣（或者说"小瘾癖"）就是典型的例子。还有些东西，比如电和汽油，让我们感觉它们是我们所处时代的根本。它们被称为"必需品"，有时有人会说这是他们最不会放弃购买的东西。

悍马车型高大，采用四轮驱动，它有一句经典的广告语是："需

[①] 1英里约为1.6千米。——编者注

求是一个非常主观的词。"在消费文化中，我们买的东西对于我们如何向他人表达自己的价值观和身份至关重要。我们的财物不断表明我们是社会的一分子，同时也表明我们是一个个独特的个体。这些信号形成了一种语言，不管是有意识的还是无意识的，我们这些生活在消费社会中的人都能非常流利地"说"出这种语言，以至于如果信息十分明显，我们一下子就能注意到，比如"那个开着超大卡车的温顺男子"，"那个暴发户家里堆满了镀金雕像"。

我们是"僵尸消费者"，广告让我们买什么，我们就买什么，这种观点已经被推翻了。想一想去商场购物却空手而归的时候，你就知道了。这种现象很不可思议，但绝非罕见。假设我们想要一条蓝色牛仔裤。我们知道穿上牛仔裤会显得很合群——人类学家丹尼尔·米勒曾指出，随便哪一天去调查，都会发现地球上有一半的人穿着牛仔裤。此外，牛仔裤舒适耐穿，一般人都买得起。不过，我们希望自己穿的牛仔裤还能告诉别人更多关于我们的信息：我们是喜欢嘻哈音乐还是乡村音乐，倾向于反叛还是顺从，是脑力劳动者还是体力劳动者，等等。米勒在《消费——疯狂还是理智》一书中写道："说到琳琅满目的消费品时，购物者对自己有一个非常精确的认识。"如果找不到一条足够好的裤子，我们也许根本不会出手购买——手机上的广告、社交媒体上的网红，以及数百种可选的款式都影响不了我们。

任何东西都可能满足一种需求，不等于说所有东西都是必需品。对任何一个人来说，他可能会继续花钱收藏瓷娃娃，购买探索峡谷的专用鞋，每天去麦当劳就餐——除非生活变得走投无路。然而，在经济大衰退期间，作为一个拥有详细家庭支出统计数据的国家，美国的状况显示，当生活变得艰难时，美国人确实会以大致相似的方式将欲望和需求区分开来。

他们首先放弃的是什么？美国印第安纳州埃尔克哈特的社区给出了明确的答案。埃尔克哈特有"世界休闲车之都""拖车之城"等美誉，美国4/5的休闲车都是在这里生产的，包括房车、大篷车、露营车、陆地风帆车等。因此，埃尔克哈特长期以来一直是消费者信心震荡的风向标。例如，在1973年的能源危机期间，人们不再购买休闲车。一位制造厂主管说，这"就好像有人关掉了开关一样"。随着危机的缓和，4个月后，"没有哪家工厂的生产速度跟得上"人们的需求。大衰退在埃尔克哈特开始的时间早于其他地方一年多，休闲车的销售曾在一个星期内下降了80%。说到停止消费，房车首当其冲。

［说点儿离题的话。这里举个例子，可以说明在一种情况下可有可无的东西，在另一种情况下也许不可或缺。在新冠肺炎疫情防控期间，休闲车和房车的销量猛增（这种车的价格通常为10万美元或更高），原因是很多人希望在旅行过程中避开餐厅、酒店和飞机等需要与陌生人共处的地方。］

在大萧条时期，全地形车和休闲车并列成为最可以抛弃的商品；接下来是运动型多功能汽车和皮卡，它们的销量下降了近1/3；紧随其后的是观光飞机、摩托车和休闲船；然后是汽车。美国人在汽车上的花费下降了25%。这似乎凭直觉就可以知道，大多数人都会觉得这些大宗商品可以多用几年再换新的。下一个被砍掉的消费品是地毯。

接下来，更多的是日常用品。美国人在珠宝、鲜花、室内绿植、乐器和家具方面的消费削减了15%~20%；在教科书、冰箱和洗衣机等主要家用电器、快递服务、机票、工具和硬件、手表、运动器材（包括枪支，但枪支在新冠肺炎疫情防控期间的需求量是上升的）、炊具和餐具方面削减了10%~15%。阿伦·泽尔在美国亚利桑那州凤凰城做了几十年的商业房地产经纪人，他在想起那些歇业的商店时说道:"是的,你可能没必要买这些需要额外开支的东西。"

有些商品和服务,比如固定电话、照相机胶卷、录像带出租店,已经日渐式微,大衰退给了它们最后一击,彻底把它们扫进了历史的垃圾箱。然而,说人们全面削减花销是不准确的,在大衰退期间,也有不少广泛使用的必需品。电视销量飙升,因为人们换上了更新、更大的平板电视。我们在手机、个人电脑、数字产品和网络上的花费,每一年都在攀升。在很多国家,外出就餐不再是奢侈的表现,而是当代生活的一个重要组成部分,因此在餐厅就餐的支出虽然有所下降,但仅下降了6%。美甲店以负担得起的奢华为承诺,保住了自己的地位。不过,泽尔通过它们确实遭受了损失这一事实来侧面说明大衰退的严重性。"一般来说,它们是一种不受影响的业务类型,看起来会不断稳定地向前发展。"

大衰退结束10年后,如果从上空俯瞰凤凰城,仍然可以看到经济衰退的影子:在这个土砖色的城市里,散落着空荡荡的大卖场,像脸上被剃须刀刮伤后贴的小块纸巾一样。凤凰城仅亚麻织品商店就倒闭了13家,它们分布在大卖场和购物中心。不过,凤凰城的居民很快就忘记了这些废弃空间原来都是卖什么的。电子产品零售巨头电路城公司、家居装修零售巨头Linens'n Things、打折零售商凯马特……纷纷摘下了自己的牌子,现在这些大楼看起来都一样,在索诺兰沙漠烈日的照射下蒙上了一层灰白。它们象征着美国人生活中可以放弃的东西。

不过,经济衰退,即使是大衰退,也仅仅勾勒了人们不再消费的粗略轮廓。在典型的经济衰退中,很多人不会少买东西,只是会买更便宜的东西。富人像以往一样想买什么就买什么,而最贫穷的人甚至会减少基本需求。在大衰退中,美国人的家庭支出总体上只下降了

3.5%，这和消费主义的终结差远了。

世界停止消费的那一天会是不同的样子。虽然我们削减的东西可能会和大衰退时期差不多，但支出下降的幅度更接近于新冠肺炎疫情造成的停工歇业期间。虽然削减的东西里有必需品，但很多是我们在快速脱离消费文化时可能会转向的产品：自行车、切面包的刀、园艺手套。不过，如果全球消费减少25%，几乎所有东西的购买量都会降低，这是无法回避的一个事实。

迪林杰说，在世界停止消费大约48个小时后，整个服装和时尚行业的人都在纷纷猜测消费者的信心为何突然崩溃。这时，冲击波会向四面八方荡漾开来，从而影响数千万人。

服装贸易市场规模达1.3万亿美元。如果真有"时尚国"这样一个国家，它将是世界上第十五大经济体，在全球雇用的劳动力大约相当于美国的全部人口。仅棉花产业就为80个国家的2.5亿人提供了工作，这个数值约占世界人口的3%。李维斯每年使用的棉花不到全球总产量的1%，但这仍然意味着，李维斯的销量减半会影响全球大约125万人的收入，包括世界第三大棉花生产国美国在内。当购物减少时，与整体的消费行业相比，服装行业受到的打击往往更大。

就平日来说，李维斯从16个国家的棉纺厂购买面料，包括人们能从服装标签上看到的主要制造中心中国、印度、孟加拉国，还包括更远的巴林、莱索托和尼加拉瓜。再加上染色、缝制和其他制造环节的工厂，李维斯共有500多家供应商，这些供应商大多拥有数千名员工。李维斯计划大幅削减生产的消息会向下传递到实际存在的公司，这些公司的老板和员工都是实际存在的人。

"这个消息多快会传到拉链制造商和棉纺厂？"迪林杰说，"工厂多快会把消息传给棉花商？这些棉花商是从农民那里收购的棉花。

农民将是最后一个知道这个消息的，不过那时棉花可能已经种到地里了。"

具有讽刺意味的是，与传统公司相比，不断推出廉价新款式的快时尚服装商会更灵活地做出反应。有些快时尚品牌可以在几周内完成服装的设计、生产和上市。同样，它们也可以迅速停下来。对李维斯这样周转较慢的公司来说，完成现有订单，并在新加坡和上海这样的大型港口装上货船，需要几个月的时间。"我们不可能让船停下来，一直待在海上。它们肯定会到达港口的，结果就会产生严重的库存问题。"在李维斯的仓库里，未售出的牛仔裤和其他服装会堆积如山。

类似的影响几乎会席卷每个行业。智能手机是现代社会的必需品。消费下降时，我们很多人会至少再用一两年现在的手机，而不是马上更新换代。谁会受到影响呢？对苹果手机供应链的研究发现，从美国加州的设计师到荷兰的软件开发商，再到日本的相机技术公司，之后到中国的制造商，都受益于苹果手机。20多个国家的近800家企业都与苹果手机有关，这还不包括手机原材料的开采和加工。苹果手机会使用19种化学元素，比如我们熟悉的金、铅和铜等矿石，还有钇和镨等稀土矿物。

20世纪70年代，卡车是主要的货物运输工具。在能源危机到来时，卡车司机被称为美国消费放缓的"第一批受害者"。如今将会是亚马逊最先受到冲击。位于美国华盛顿州西雅图的亚马逊总部本身就像是一个市中心。西雅图阴雨天很多，碰到这种天气，从程序员到快递员，密密麻麻的人都打着公司橙白相间的雨伞。这种雨伞看起来很欢快，象征着亚马逊在这里的绝对权威。亚马逊仅在西雅图就投入了数百亿美元，其员工大军为咖啡店、精酿啤酒厂、素食餐厅、健身房和其他几十家企业贡献了销售额。

新冠肺炎疫情防控期间，随着购物转移到网上，亚马逊的生意蒸蒸日上。不过，它最终离不开家庭消费。从世界停止消费的那一刻起，橙白相间的雨伞将会收起。21世纪的第二个十年，纽约的送货上门服务翻了两番。如果网上订单减少25%，就相当于每天减少37.5万个包裹。美国最严重的交通堵塞几乎会在一夜之间得到缓解，多年来，曼哈顿最拥堵地区的交通速度将首次超过慢跑的人。

然而，最严重的混乱和损失将发生在贫穷国家的人民身上，世界上大多数产品和服务现在都由他们提供。萨拉·拉博维茨是休斯敦的一位人权倡导者。多年来，她一直致力于改善这些工人的生活条件。2013年，孟加拉国拉纳广场的服装厂倒塌，1 000多人丧生。这些人曾为英国、西班牙、意大利、美国、加拿大和其他国家的品牌生产服装。事故发生后，拉博维茨去了孟加拉国，询问服装工人有没有什么话要对西方消费者说。拉博维茨说："他们会说'有，请继续下单'。工人们希望有更好的劳动法，但他们最担心的是给他们付工资的行业崩溃。"

迪林杰的思绪立刻转向那些暴力的宗教激进者吸引了大量追随者的国家。在这些国家，服装业是国民经济的支柱。富裕国家是主要的消费大户。消费放缓的冲击会从富裕国家蔓延至贫穷国家，但存在反向发展的风险。"如果西方的消费支出不再流向土耳其、埃及、突尼斯、巴基斯坦，会出现什么情况，这是所有人都应该担心的。"迪林杰说，"那些地方虽然不待见我们，但我们流向境外的消费实际上换来了那里的政治稳定。"

停止消费和国际恐怖事件激增只有一线之隔。小布什说过的话此时显得很有预见性："要么与我们为友，要么与恐怖分子为伍。"

有一个地方不会感受到停止消费的突然打击，那就是你的衣柜。

一天不购物？迪林杰说："没有人会没有裤子穿。"一个星期呢？"大家还是有裤子穿。"一个月呢？有些人的身体会发生变化，需要新的衣服，比如孕妇或正在长身体的孩子。"但总的来说，大家还是都有裤子穿的。"时尚不会那么快就发生根本性的变化。迪林杰喜欢给人看一张20世纪90年代热播剧《宋飞正传》的演员照片，还有一张21世纪第二个十年的热播剧《摩登家庭》的演员照片。虽然这两部剧相隔20年，但如果把演员的服装互换一下，你几乎注意不到。迪林杰表示，如果把现有的衣服改一改，我们事实上可以在不增加任何购物的情况下为每个人提供衣服，即使世界人口攀升到100亿甚至更多。"我们有所需的所有原材料——你的衣柜里全都是。"他说。

迪林杰的观点是有数据支撑的。2016年，全球咨询公司麦肯锡报告，每10件衣服中有6件在生产一年后进入了垃圾场或垃圾焚烧炉中。这些服装中只有一小部分是因为卖不出去而报废的，大多数的下场是被我们买了之后扔掉。它们可能是别人送给我们的礼物，但我们实际并不喜欢；可能是在活动中发的促销T恤和帽子；可能是我们只会用一次的东西，比如需要在圣帕特里克节穿的绿色衣服。然而，越来越多的情况是，它们只是我们因为便宜而买的衣服，我们买的时候不太会考虑是否要长期留着它们。

如今，很多衣服的生产目的都不是经久耐用。短袜和连裤袜几个小时就破了，衬衫的扣子掉了，裤子扯破了，毛衣起球了，衣服缩水或弄上污渍，或在洗衣店被洗坏了。T恤上莫名其妙地出现了一些小洞，引得网友经常讨论相关话题。（是因为有飞蛾吗？还是虫子？不，是因为计划报废，那是一种为增加销量而故意制造不耐用商品的策略。如今的衣服面料太薄，这些小洞是衣服腰线处与台面等物体摩擦造成的。）衣服淘汰率最高的要属白T恤了，它的生产成本很低，很容易沾上污渍，在二手店也不好卖，因为没有人愿意穿价格低廉还带污渍的白T恤。

想象一下，你一年买了10件衣服。除去你通常会在一年内丢掉的6件，还剩下4件。现在再想象一下，你每年购买的衣服数量减半，就是买5件。你仍然可以留下4件，扔掉1件。

这就是消费困境的简要概括。少买一半衣服，对世界经济来说是一次小行星撞击，而你的衣柜丝毫不会受到影响。

第 2 章

消费水平不同，停下来的脚步也不同

正午时分，在李维斯公司总部以南 6 000 千米的地方，费尔南达·佩兹穿梭于南美洲厄瓜多尔首都基多暴晒的街道上。"我不贫穷，也不富有。"她笑着说，"在追求时尚方面，我就是个普通人。"世界停止消费的那天，她因此成为一个具有国际重要性的人物。

佩兹是一名出租车司机，女性做这份工作在世界各地都不太常见，在厄瓜多尔也是一样。我们见面时，她开着一辆普通的轿车——黄色的雪佛兰爱唯欧。她坐在驾驶座上对我说，她买的是二手车，在两年半的时间里行驶了 10 万千米。她说话的时候坐直了身子。佩兹个子不高，身材娇小，30 多岁，但看起来要更年轻。尽管如此，她却表现得很强硬。她有一个习惯，如果想让自己的话更有分量，她就会透过太阳镜的上缘看着你。

"没错，我有电视。"她说，"不过，我可不是每个房间都有一台电视。"

你肯定听说过，如果地球上的每个人都像普通美国人那样生活，我们将需要 5 个地球提供资源才能维持生活。可问题是，我们没有 5 个地球，我们只有 1 个。

作为非营利组织，全球足迹网络近20年来一直在对相关计算进行微调。该网络首先将地球的生物生产面积按公顷（1公顷比一般的足球场大一点儿）进行划分，然后给每公顷平均分配相应的生产力。这些地块被称为"全球公顷"。如果把它们平均分配给所有人，每个人将得到1.6全球公顷。想想看，如果平均分配世界上的土地和水资源，每个人可以得到的份额差不多就是这样——当然，现实中并非如此。

除了需求和欲望，关于停止消费还有一种区分方式，即我们的消费是否超出了地球所能承受的范围。全球足迹网络指出，人均消费现在需要2.7全球公顷。这就是我们的"生态足迹"的大小，比地球能够长期供应的面积多大概70%。（像大多数全球数据一样，生态足迹也是一个粗略的衡量标准。全球足迹网络的科学家表示，生态足迹是"人类对自然需求量的最低参考值"。）为了计算出如果我们都像普通美国人那样生活，将需要多少个地球，研究人员首先计算出为满足一个普通美国人的消费需求，需要多少全球公顷。一个普通美国人的生态足迹是8全球公顷，是世界上每个人可用数量（1.6）的5倍，所以我们可以得出需要5个地球来维持美国式生活的结论。

其他国家也可以进行同样的计算，我们因此可以清楚地看到全球消费有多么不平等。阿富汗是世界上最贫穷的国家之一。假设我们都像阿富汗普通民众那样生活，即使地球缩小一半，我们仍有足够的资源来维持每个人的标准生活。如果我们都像普通中国人那样生活，我们需要略微超过两个地球的资源；如果我们都像西班牙人、英国人或新西兰人那样生活，大概需要两个半地球；如果我们都像意大利人、德国人或荷兰人那样生活，则需要三个地球；如果像俄罗斯人、芬兰人或挪威人那样生活，就需要三个半地球；如果像瑞典人、韩国人、澳大利亚人或加拿大人那样生活，则需要四个或更多的地球。如果像厄瓜多尔人那样生活，我们只需要一个地球，实际存在的这个就可以。

人们认为，厄瓜多尔消费者的生活方式是"全球可复制的"，也就是说，我们所有人都可以像费尔南达·佩兹那样的普通厄瓜多尔人一样消费，而永远不会耗尽自然资源。有时，我们把这种方式称为"一个地球式生活"。

这种生活方式是什么样子的？换句话说，地球上的可持续消费标准是什么样子的？我们不是说想象中的那种未来，不是那种用风力驱动飞机、用羽衣甘蓝制成衣服的未来，而是说现在。

如果说安第斯山脉是一只大碗，那么基多就是其中的一块沙拉。从基多到佩兹所住的郊区卡拉彭戈，开车需要半个小时。卡拉彭戈呈狭长形，一边是环绕基多的山峰，一边是延伸至赤道的陡峭沟谷。厄瓜多尔因赤道从中穿过而得名，将地球分成南北两部分的赤道正好经过厄瓜多尔首都的北部。这里的街道并不整洁，到处都是涂鸦，一条主街两旁都是小商店，商店老板总会把门前那块破损的人行道扫得一尘不染。

佩兹说："我们这儿的人生活不富裕，但不用受苦。"

她的生活看起来似乎寻常得很。她的丈夫名叫亨利，他们有两个孩子（一个男孩和一个女孩，后来又生了一个男孩），还有一只叫洛基的标准型雪纳瑞。他们住在一栋装修主色是黄绿色的公寓的顶层，这栋公寓是她婆家的，公公婆婆住在楼下。每个人都不缺吃的。他们家人喜欢和足球相关的运动服，除非是在欧洲或北美的高端社区，否则他们的穿着在哪里都不会显得不合适。

然而，在很多富裕国家的人看来，佩兹的生活水平似乎有待提高。她住的地方没有热水供应，家人需要用电热装备烧水淋浴。孩子们共用一间卧室，每天有1.5美元的零用钱（美元是厄瓜多尔的法定货币）。家里有一台冰箱和一台洗衣机，但没有烘干机，他们会把衣服晾在阳台上。亨利在一家为通用汽车制造座椅的工厂工作。圣诞节时，他领到的奖励不是现金，而是够吃将近一年的大米、糖和食用油。家里还有一台台式电脑，只有大人有手机。"技术已经成为生活中不可或缺的东西，所以电脑和手机必不可少。"佩兹说。他们家的预算很紧，但不是完全过不上奢侈生活。佩兹一个人就有30双鞋。

他们家很少去餐馆，闲暇时全家人会一起踢足球，或与其他家人和朋友聚会。尽管卡拉彭戈有很多人没有车，但费尔南达一家有时可以坐她的出租车去厄瓜多尔的国家公园。他们家位于安第斯山脉间，海拔近3 000米。有时，他们也会去太平洋沿岸的海滩游玩。但是，家里没有人坐过飞机。

厄瓜多尔大部分地区的人都是如此，人们的生活方式类似于较富裕国家的人，但似乎有些缩水。这里没有"第三世界"的感觉。贫困是可以看到的，尤其是在城市的贫民窟，但中产阶级的生活也显而易见：人们练习跑马拉松，家人一起出去吃中餐，有很多新浇筑的路面。（有一个人对我说："我们有南美最好的公路，但没有最好的司机。"）人们有抽水马桶可用，夜间灯火通明。

不过，即使是四星级酒店的浴室，也只提供一小块香皂和一小瓶洗发水。空调很少见。饭菜饱腹可口，但没有多少肉，街边小摊用陶器和金属器皿盛装食物售卖，而不是一次性餐具，这种情况很常见。一般来说，商店、餐馆、咖啡厅和酒吧并不忙。令人惊讶的是，很多店铺周末都会关门。除了最富有的街区，很少有人说自己把购物当作消遣。如果你告诉基多人你在用脚步丈量他们的城市，他们会笑着说："啊，很像我们基多人会做的事。"

联合国按照人类发展指数对国家进行分类，曲线的最低端是"低人类发展水平"，最高端是"极高人类发展水平"。截至2018年，极高人类发展水平榜单上有62个国家，上面有你想得到的国家，还有你也许想不到的国家，比如智利、哈萨克斯坦和马来西亚。这些国家没有一个采用"一个地球式生活"。不过，也有一些好消息。有些高人类发展水平的国家正开始采用这种方式，厄瓜多尔就是其中之一。

要注意，"极高"和"高"之间是有很大差距的。对于很多人类发展水平极高的国家来说，如果生活水平换成厄瓜多尔的平均水平，代价是减少大约5年的预期寿命和教育经历。如果国家和国家之间进行比较，差距会缩小不少。美国人的预期寿命只比厄瓜多尔人多两年。加拿大作为一个人类发展水平极高的国家，其民众的受教育年限仅比厄瓜多尔多一年。虽然厄瓜多尔的收入不平等现象比大多数极度发达的国家（包括所有的欧盟国家）严重，但与美国差不多。事实上，厄瓜多尔收入分配的不平等程度甚至低于美国的一些州和地区。例如，它比波多黎各或华盛顿特区平等得多。

根据最新的统计，有9个国家既属于高发展水平的行列，又在消费上处于或接近"一个地球式生活"的水平。这9个国家是古巴、斯里兰卡、亚美尼亚、多米尼加共和国、菲律宾、牙买加、印度尼西亚、埃及和厄瓜多尔。它们还有一个共同的特点：这些国家的人均收入都远远低于富裕国家。世界银行的数据统计显示，厄瓜多尔的人均购买力相当于一个在美国每年赚1.15万美元的人，而美国的人均年收入超过6.5万美元。

购买力较低的人在商品和服务上的支出较少。坦率地说，提及消费，穷人并不是问题所在。至少有53个国家的人均消费位于或低于

"一个地球式生活"的水平。(如果我们都像印度普通人那样生活,只需要 3/4 个地球就可以了。如果我们都像非洲之角的贫困国家厄立特里亚的普通居民那样生活,我们只要一个比月球大一点儿的星球就够了。)这些国家的人口加起来几乎占了全球一半。

不过,尴尬的情况是,如果按生态足迹衡量,世界停止消费的那一天,全球的富裕国家需要大幅削减消费。与此同时,数十亿人还没有真正开始消费。有些人的消费已经超过了应有的份额,而很多人消费不足,仍在等待能够满足基本需求的那一天。

即使在最富裕的国家,也有一些人的消费水平位于或低于"一个地球式生活"的水平。在大多数情况下,这些人并不是城市居民中的素食主义者,也不是腿部肌肉发达、超爱骑自行车的人。他们是赚钱较少的人。

华盛顿特区的经济政策研究所研究了美国各地的生活成本,目的是确定一个家庭需要赚多少钱才能达到"适度但充足的生活标准",他们称其为"家庭预算"。

经济政策研究所的高级经济学家伊莉斯·古尔德告诉我:"这说的不是贫穷。这个国家有很多人——数百万人——在发工资前已经把上个月的积蓄花光了。这个概念反映的是这种情况。"

美国有家庭预算的家庭的支出比平均水平下降 25%——为了我的思想实验,他们实际上已经停止消费。这些人不仅能够生存,而且有能力参与社会和经济生活。正如消费者事务领域的先驱人物卡罗琳·瓦尔在 20 世纪 40 年代所说的那样,他们可以成为"经济公民"。他们可能没有最新款的苹果手机,但家里的大人都有手机。如果他们住在城市,住的可能是公寓;如果住在乡下,也许是一栋小房子。"他们通常会有一台电视、一张餐桌。家里会有坐的地方,房子里不会空无一物。"古尔德说。

他们的生活在费尔南达·佩兹看来会很熟悉,就像佩兹在厄瓜多尔的生活在他们看来很普通一样。拥有家庭预算的家庭至少有一间专门给孩子准备的额外卧室,有一台电脑和一辆车。他们的冰箱和橱柜里存有食物(可能不是有机食品,因为"他们会买便宜货"),很少下馆子。他们的衣服不是最新的款式,但不过时。"他们有钱买冬衣,也有鞋穿,但不会赶潮流。"古尔德说。在53%很少或从不乘坐飞机旅行的美国人中,他们占了很大一部分。美国生活成本接近家庭预算标准的地方包括佛罗里达州的德富尼亚克斯普林斯、田纳西州的弗伦兹维尔和堪萨斯州的大部分地区,那里都是游客从不会去的地方。就城市而言,底特律和休斯敦包括在内,但纽约和洛杉矶排除在外。大约一半美国人的消费位于或低于家庭预算水平。

这种生活方式还会让任何对20世纪还有印象的人想起过去的生活。去饭店吃饭是难得一次的享受,穿别人穿过的衣服,在离家近的地方度假,商业生活节奏缓慢,花钱是例外而非常规——现在还活着的大多数人仍然记得这些曾是常态。全球足迹网络指出,1970年可能是人类作为一个整体仍遵行"一个地球式生活"的最后一年。当然,较富裕的国家更早超越了这一水平。全球足迹网络的分析人员估计,美国的平均生活方式在1940—1960年超过了全球可复制水平。英国、加拿大、德国和其他大多数富裕国家也是如此。不过,有几个国家的步伐稍慢,到20世纪60年代中期才达到这一水平,比如西班牙、意大利和日本。韩国直到1979年才越过这个界限。我们可以这样想,美国今天的人口比1970年多60%,但整体的消费支出,算上通货膨胀,增长了400%。与1965年相比,增长了近500%。只需将时间倒退到 X 一代①，你就会发现全球消费已经超限了。

经济公民的标准在不断提高。我们在饭店吃饭的频率越来越高。我们为更多的场合准备了更多的鞋。新冠肺炎疫情加速了一种趋势，那就是装备齐全的"户外房间"，有时它们还配有大屏幕电视。汽车越来越新，车型越来越大。2000 年以来，全世界每年售出的汽车中，运动型多功能汽车的比例翻了一番。全新的消费领域无处不在，而 20 年前几乎看不到它们的影子——亚马逊式的送货上门，还有美食主义和五花八门的厨房小配件，具有讽刺意味的是，有大量产品是用来帮助我们精简房间的。不仅是服装，家居用品、家具，甚至是房子基本结构（房间大小、墙壁数量）的流行周期都在缩短。因为工作、娱乐和家庭等需要，人们如今坐飞机的次数与世纪之交的精英阶层差不多，这些精英包括外交官、电影明星、政治家、教皇。目前，即使是有预算的家庭里也可能充斥刷爆信用卡购买的一元店"垃圾"。我们的消费比以前高很多，但生活好像没有什么变化。

有些人不仅可以忍受按以前的标准生活，而且认为那种方式更好。厄瓜多尔吸引了很多这样的人，布鲁斯·芬奇就是其中之一。他之前住在美国得克萨斯州的奥斯汀，现在住在科塔卡奇，一个离基多约两小时车程的小镇。科塔卡奇位于火山脚下，这个小镇安静而忙碌。芬奇满头银发，下巴方正，戴着巴拿马帽，穿着 T 恤和短裤，一副典型外国人的模样。与其说他来到了厄瓜多尔，不如说他永远离开了美国。他说，驱使他离开美国的一个原因是"政治正确和与此相关的一切让人受不了的事"。但美国的生活方式也是原因之一。他在自己的家乡已经看不到那种生活方式了，但他在厄瓜多尔找到了。

---

① X 一代指的是 20 世纪 60 年代后期至 70 年代末出生的美国人。——编者注

"我仿佛回到了童年。小时候，我住在得克萨斯州南部的一个小区，那里的人彼此认识。你知道杂货店老板的名字。那种感觉真的很好。厄瓜多尔就是这样。"他说，"奥斯汀可不一样，你谁都不认识，还必须开车才能去杂货店买东西。在厄瓜多尔，我去哪儿都可以步行前往。我已经减掉了30磅[①]！我不是特意要减肥的，是这种生活方式的自然结果。"

芬奇现在搬到了科塔卡奇镇中心的一套公寓里。他没有回美国的打算。

"这里的人基本上都很快乐。"他说，"他们不像美国人那样拥有很多东西。美国人追求的就是物质——他们是物质主义者。这里的人不是。当然，他们也喜欢各种东西，但拥有这些东西并不会对他们的灵魂造成什么影响。"

"人们经常无知地说，墨西哥人很知足、很幸福。'他们什么都不想要。'当然，这句话的重点不是墨西哥人幸福，而是说这句话的人不幸福。"美国作家约翰·斯坦贝克这样写道。

80年前，他沿着加利福尼亚墨西哥湾漫长且开阔的水道航行，途中遇到了一些人。他后来说，这些人能够拥有的似乎就是一条独木舟、一支渔叉、一条裤子、一件衬衫和一顶帽子，但他们认为自己"生活得很好"。斯坦贝克并不相信自己的观察。这些人真的幸福吗？

极度崇尚物质主义的西方人如果去较贫穷的国家旅行，会十分羡慕当地人简单快乐的生活。一直以来，这种话我们听得太多了。（这些旅行的人很少有回国后立刻放弃物质主义的。）根据全球调查的结

---

① 1磅约为0.45千克。——编者注

果，我们如今可以在这个问题上更客观一些。我去厄瓜多尔的时候，它在自陈主观幸福感榜单上排名第50位。这比大多数富裕国家的排名低，但高于某些国家，比如科威特、韩国、日本和俄罗斯。

厄瓜多尔和其他许多发展中国家一样，有一个闪光点：人们的幸福建立在可持续的消费水平上。英国新经济基金会创建的"幸福星球指数"结合了生活满意度、预期寿命、生态足迹等衡量标准。根据这些标准，厄瓜多尔位于前10名。大多数极度发达的国家甚至没有进入前20名，美国在140个上榜国家中的排名骤降至第108位，加拿大则降至第85位。实际上，最富裕的国家存在一个效率问题：它们过度消费，却没有将大部分消费转化为幸福。在过去的15年里，美国消费增长了25%，它是否也为人们多带来25%的幸福感呢？或者说，它为人们增添过一点点幸福感吗？

在21世纪的头十年，厄瓜多尔在近五年的时间里一直有一位"幸福部长"——反正国际媒体是这么称呼他的，有时也称他"美好生活部长"或"康乐国务秘书"。他就是弗雷迪·埃勒斯。他经常在电视上露面，总是戴着标志性的巴拿马帽（每个厄瓜多尔人都会准确地告诉你，巴拿马帽实际上是厄瓜多尔人发明的）。他的实际头衔是美好生活国务秘书。埃勒斯认为他的头衔是没有办法翻译的。他对我说，这个词在英语里没有对应的词，英语没有生活得"更好"这个意思的词语，这让他对西方文化有了更多的了解。

"如果用'更好'这个词，你就必须与某些东西进行比较。"埃勒斯坐在国务秘书处办公室的一间会议室里对我说。这间办公室位于一个阴森废弃的机场里。"那拿什么来比呢？我想比祖父生活得更好，比父辈生活得更好，比我的兄弟生活得更好，比邻居生活得更好——更重要的是和邻居比。我想比我二十年前、十年前、五年前生活得更好。我们不提议更好的生活，因为这会毁掉地球。我们建议的是好好生活。"

埃勒斯是一个有争议的人物，他签署文件时不写自己的名字，而是画一棵微笑的树。他还劝说来访的人（包括国民军的上校）在午餐时间和他一起参禅。"贫穷不是谁的财产多、谁的财产少的问题。"他说，"贫穷是想要更多东西，永远不知足的状态。"在一个很多人买不起必需品，每天却会在电视上看到富人如何生活的国家，这很难让人信服。新政府班子成立后的第一天，埃勒斯就被解雇了。厄瓜多尔人很排斥他们拥有美好生活的说法。

费尔南达·佩兹是个例外。她说："我觉得我们的生活确实很美好。"

佩兹还是个小女孩的时候，一家人住在基多的一个机械师的车库里，他们给车库看门。在那里玩耍可不怎么安全。9岁时，她像其他孩子一样从一辆废弃的公共汽车后面爬上去，结果摔了下来，因骨盆骨折而卧床6个月。她的父母利用这段时间在卡拉彭戈盖了一栋房子，当时那里还是农村。佩兹后来搬进去的这栋新房子没有自来水，也没有电，但她说，住在那里十分宁静。

"人们过去常说，谁会来卡拉彭戈？谁会住在这样一个荒废的地方？现在看看！"她指着小镇的入口说。任何时候都可以看到很多人在泛美公路的路边等待公共汽车和出租车，或者在商品一应俱全的小店里闲逛。"我们卡拉彭戈什么都不缺。"

即便如此，她和亨利还是在附近的胡同里买了一块空地，打算在那里盖座新房。"我想我们会盖一座小房子。"佩兹说，"因为孩子们长大后会离开家，那时我们的房子就会显得太大了。"尽管如此，它还是会成为卡拉彭戈为数不多的一座独立房子。佩兹一家人的生活水平将高于厄瓜多尔的平均水平。在世界停止消费的那一天，即使是他们可能也要降低一点儿消费。

从全球范围来看，世界停止消费的那一天，将会上演近80亿个版本的个人故事。在贫困地区，大多数家庭几乎不会改变日常习惯，而少数富有的公民会大幅减少消费。富裕地区正好相反，只有少数人几乎没有注意到这种变化，而大多数人会陷入变化的洪流之中。这种冲击将是巨大的，好像要扭曲时空一样。

第 3 章
"当这一切发生时，人生变得更漫长了"

从麦当劳超值套餐到豪华特斯拉越野车，你可以在花园州广场购物中心的停车场买到任何东西，这里可以容纳 1.1 万辆车。在世界停止消费的那一天，这里几乎空无一人，商场周围环绕着石墨色的柏油马路。有一群小孩在一家关闭的梅西百货前玩街头曲棍球。冠蓝鸦的叫声从广场中传来。在六车道的公路上，偶尔有几辆车快速驶过。这种寂静有一种世界末日的气息，就像新冠肺炎疫情封锁期间的场景一样。这家商场关门了？肯定发生了什么严重的事。

《安息日世界》(The Sabbath World) 一书的作者朱迪思·舒莱维茨告诉我："以前这在美国是再平常不过的事了。花园州广场位于博根县，这里是美国最后一个周日仍禁止购物的县。"

我们都知道，很少听说人们会选择停止消费，但博根县不同，它每周会有一天休业。顺便说一下，这里并不是什么孤立的宗教飞地，潮流也不是 17 世纪以来未曾改变。事实远非如此，博根县与纽约市中间只隔着哈得孙河，从时代广场出发，半小时就能到达博根。那么，为什么周日关门的规定在这里能一直延续呢？"帕拉默斯。"保罗·康迪罗说，"这就是我能给你的答案。这里发生的所有事都与帕拉默斯有关。"

帕拉默斯是博根县的经济中心。康迪罗是博根的一位传奇人物，他现在已经90多岁了，曾在不同时期担任这一地区几乎所有的政治职务。他有着一双蓝色的眼睛，满头银发，一身贵族气质，完全可以在电影中扮演古罗马元老院的议员。1955年，他从布鲁克林搬到博根。当时，帕拉默斯还是农村，"后院有鹿和狐狸"，人们在县中心的主街上买东西，比如附近的哈肯萨克。如今，帕拉默斯社区拥有林荫覆盖的街道、殖民地风格的白色房屋，还有很多超级购物中心、折扣店和大卖场。

从20世纪50年代开始，吸引纽约购物者的折扣店开始出现在帕拉默斯的公路沿线。在政府的规划里，博根也成为第一批以购物中心为特色的郊区。当地的夫妻店担心，为了竞争，他们必须每周工作七天，于是他们与教会组织和担心交通拥堵的居民组成游说团。在第一家购物中心开业之前，帕拉默斯已经通过了限制周日营业的"蓝色法案"。（历史学家表示，美国这项有关周日停止营业的法案名称可能源于早期的清教徒定居者，他们用蓝纸印刷安息日的规则。它也可能源自那个时代清教徒的一句俚语。）

到1957年年底，帕拉默斯成为美国最大的购物中心所在地。这对当地小本经营的零售商产生了很大影响。3年之内，哈肯萨克主街10%的企业倒闭。新泽西州的立法者决定让下辖的每个县就"蓝色法案"举行公投，"蓝色法案"将禁止商店在周日销售服装、家具、电器和建筑材料。一半以上的县选择支持，包括博根。博根后来几乎完全禁止了周日购物。美国整体上逐渐成为全球最遵守安息日规则的国家。到20世纪60年代，除了阿拉斯加州，每个州都有各自的周日停业规定。如果不注意，我们很容易忽视这种做法其实很激进。在现代人听来，周日停业很稀奇，但如果明天就开始实施，购物时间会立即减少15%。

只有博根始终在执行完整的"蓝色法案"，原因正是消费文化的兴起。周一至周六，博根，特别是帕拉默斯，是一个集销售、饰品、趋势、时尚、娱乐和技术为一体的超现代集市。出售各色品类商品的商家全部入驻大型购物中心，在那里，你逛街留下的鞋印很快就会被拖把拖干净，只留下光亮的地面。每周有一天的时间，这一切都会停下来。一个周日上午，康迪罗在家休息时说，停业很受欢迎，各党派、宗教和文化都支持。"这一天是留给家人的。"他说。大家聚在一起吃饭、聊天、喝酒、做运动，一起去泽西海岸旅行。"或者什么也不做。"

这是反消费主义行为吗？

"我们不用这个词，"康迪罗回答说，"我们称其为'生活质量'。"

人们停止消费后会做什么？在新冠肺炎疫情暴发，消费主义陷入停顿以后，我们才依稀记起这个问题。在超过一代人的时间里，我们的经济始终处于一周7天、一天24小时的不间断运转中，全年365天都在营业的商店和餐馆不断增加。即使你住在遥远的地区——比如不丹或者南极洲，那里的消费文化还没有入侵日常生活的方方面面——你也可以随时用手机看电影，或者花2 300美元在网上购买能与应用程序连接的程控淋浴头。无论何时何地都能购物就像已经会游泳的人进入水里一样，我们很快就忘记了以前的生活不是这个样子的。

这种生活方式其实出现不久，并不寻常。在全球最富有的国家，周日停业的现象在30年前还很普遍。30年前并非遥远的时代，所以很多人还记得周日在商场空荡荡的停车场里学习开车，十几岁时在停业的市中心闲逛的日子。在世界停止消费的那一天，一种更久远甚至古老的时间架构被恢复了，这种架构的根基是不再用于工作或消费的时间。这是为个人转型创造条件的第一个变化。

即使是最早的人类文化，经济生活中也有休息日，但每周把一天专门设置为休息日，远离世俗工作，为精神腾出空间，这一想法始于犹太人的安息日——以色列诗人哈伊姆·纳赫曼·比亚利克称之为"希伯来精神最杰出的创造"。按照犹太人的传统，安息日是停止创造的日子，是一个由"对变化的感知"所定义的日子。这是一种早期的抵抗行为，抵抗的是分分秒秒都被忙碌的商业和交易填满的生活，换句话说，抵抗的是我们所了解的时间。

犹太人的安息日一般是周六，但全球大部分地区的安息日是周日，这一传统可以追溯到1700年前。当时，身为基督徒的古罗马皇帝君士坦丁大帝颁布了周日休业的法令。从那以后，定在周日的安息日有了各种版本：一个观看歌舞、参加宴会和饮酒的日子；一个保持道德纯洁的日子，那时做出像骑马这样的犯罪行为可能会被逮捕甚至鞭打；一个在电视上看体育节目的日子。不管具体内容如何，这一天始终是不能工作、不能购物的。

20世纪40年代末，一个名为"大众观察"的社会研究组织开始调查英国人在安息日究竟会做些什么。这项研究在时间上十分紧迫，也许是最后的机会了，因为伦敦的酒吧、公共交通、博物馆和电影院已经开始在周日开放，游泳池等休闲娱乐设施也一样。不过，大多数公共场所仍会歇业，包括餐馆和咖啡厅，体育比赛也在禁止之列。在伦敦以外的地方，周日几乎全面歇业。在苏格兰，人们甚至连儿童秋千都不能使用，这种景象直到70年后才会再次出现——在新冠肺炎疫情防控期间，游乐场紧闭的大门上贴着"警告"的标识。

几十年来，英国安息日的主导力量并非基督教。"大众观察"上街调查的时候，每 20 个人中只有 3 个人周日会去教堂，比去酒吧的人都少，连打理自家花园的人数的一半都不到。奇怪的是，大多数人在安息日会选择待在家里，和新冠肺炎疫情防控期间很像。周日的主要活动——如果可以这么说——不是追求幸福，而是追求毫无目的的生活。

人们会聚在一起闲聊。他们会睡懒觉、打牌、喝茶、做零工、写信。他们从周六晚上的宿醉中恢复过来。有人去拜访朋友，看望老人或残疾人。天气好的时候——在气候变暖前，英国没有那么多好天气——他们成群结队地前往公园、海滩和乡间。特别是年轻人，他们一整天都在骑自行车远足，以今天的体能标准来看，这似乎是不可能的，比如，从伦敦到滨海绍森德来回骑行 140 千米。年轻人会自己找乐子。哈默史密斯区建有一条自行车赛道，这里原来有几座房子，二战期间被德国的炸弹夷为平地。青年俱乐部的成员们戴着头盔，穿着橡胶靴和"仿皮革身体护具"在这条赛道上为荣誉而战。

"大众观察"用一个 15 岁孩子的话总结了英国人对周日的总体态度："没有什么特别的事情发生，但我不觉得无聊。" 2/3 的人喜欢当前的状态，更多的人对这一天至少可以说是感情复杂的。就在调查的几年前，两个被关押在新加坡樟宜战俘营的英国士兵因思念故土写了一首关于伦敦周日的歌，其中列出了各种被禁止的娱乐活动和事项。"看起来很奇怪，"这首歌写道，"却是我们的爱。"

周日的生活不仅仅更加安静，它完全是不同的，是拥有变化的一天。正如"大众观察"所说，"周日是一场读报狂欢会"。在周日，9/10 的人至少读一份报纸，超过 1/4 的人读 3 份或更多的报纸。他们的阅读方式也不同。在繁忙的工作日，人们主要关注每日新闻。周日的时候，他们会深入阅读（介绍时事背景的长篇文章），也会读浅显的新闻（娱乐新闻、八卦和丑闻）。他们还会听很长时间的广播。

人们的饮食方式也有变化，他们会准备更精致的大餐——一个值得注意的群体是家庭主妇，她们可以说是喜忧参半，因为周日相当于要做额外的工作。人们的穿着也变了，无论去不去教堂，都会穿上"周日最好的衣服"。喝酒的方式也不一样，人们在酒吧里喝啤酒的速度明显慢了下来。我们自然而然会得出这样一个结论：人们在周日这一天变成了另外的人。在英国的一个钢铁小镇上，一名警察和他辖区的民众推杯换盏，这种巨大的转变很好地诠释了上述结论。

> 一名50岁的督察每天中午会来酒吧喝两三杯半品脱的苦啤酒，他不请别人喝，也没人请他喝。可到了周日中午，他会喝九杯半品脱的苦啤酒，有人请他喝，他也会回请。这种场景在每个周日都会上演。

"大众观察"发布的报告给人这样一种感觉，人们在不同的时间里的表现转换得很老练、很纯熟。不过，我们发现在新冠肺炎疫情造成的停工时期，如今的人们在大多数情况下都做不到这一点。很多人面对大把的时间——不用通勤，不能去工作、购物、旅行，不能堂食，也没有无数其他的干扰因素——产生的感觉近乎恐惧。媒体几乎在第一时间就开始报道如何在这段时间进行自我提升：解除隔离后，我们的腰会瘦一圈，衣柜会整整齐齐，我们将学会自制荷兰酱，说一口流利的外语。如果安息日最初的要求是不刻意做任何事情（烘焙，甚至揉面都是被禁止的），那么在新冠肺炎疫情暴发的头几周，黄金标准则恰恰相反。我们中的许多人都说过我们渴望这个、渴望那个，但普遍没有把握住我们想要的。

"时间饥荒"一词有时被用来描述21世纪无休止的忙碌感。这种感觉的核心是一种矛盾：严格来说，几十年来，普通家庭在有偿劳动和家务劳动中投入的时间没有什么变化。问题是，我们现在所有的空闲时间都被填满了。在严守安息日的英国，如果人们到处闲逛，那是因为没有其他事情可做。当然，除了针线活儿、园艺、遛狗和社交等老式消遣，如今你还可以坐在咖啡厅里，和朋友在餐馆聚餐，去水上乐园，在步行街购物，上跳伞课，或者支持当地剧院排演《推销员之死》。智能手机很好地代表了自由时间的命运，就像洗衣机一样，它很可能成为节省时间的设备。当我们有了前所未有的能力来组织忙碌的生活时，我们的反应不是在更短的时间内完成同等数量的事情，而是给生活加入更多的事情。正如人类学家戴维·卡普兰在新千年之交所说的那样，"在这样一个社会中，当消费者是一种工作"。

很多人确实没有多少休闲时间，原因要么是自己的野心太大，要么是老板有强制要求，要么是低薪工作带来的对于财务状况的绝望。悠然自得、不紧不慢的自由时间普遍紧缺，但时间似乎在延长而非缩短。当无数的民众因为疫情要居家几个星期时，这种情况突然改变了。每个人都在谈论时间的可塑性，它有时像风中的落叶一样转瞬即逝，有时又像裂开的伤口一样漫长难熬，这是他们从未感觉过的。问题不仅在于我们熟悉的模式和时间表被打乱了，还有我们面对的是一种完全不同的时间：非营业时间。

周日停业的法令多次在美国最高法院接受考验。在这些对法律的质疑中，最重要的一次裁决是在1961年做出的。当时，马里兰州一家百货公司的员工因在周日卖了一个活页文件夹、一罐地板蜡、一只订书机外加订书钉，还有一艘玩具潜艇而被罚款。被告争辩说，周日休业的法案是将基督教的信条强加到他们身上，给他们带来了经济损失。法院不认同这一观点。首席大法官厄尔·沃伦在裁决中写道，周日休业保护的不是宗教上的安息日，而是一种"特殊氛围"，让它畅通无阻地在向多元文化世俗社会的过渡中被保留。

法院宣判："国家试图将某一天与其他日子区分开来，当作休息、养神、娱乐和享受安宁的日子。在这一天，家人和所有的社区成员都有机会相聚；在这一天，世界相对安静，人们与日常密集的商业活动隔离开来；在这一天，人们可以走亲访友。"美国将这一天定为周日。法院支持周日休业，认为这是一种人人得享自由的方式。

1949年"大众观察"在英国做调查时，受访者对安息日的理解与此基本相同。当时，一场民众运动正呼吁"错峰"实行休息日政策——我们今天就有这种制度，不同的人在不同的时间休息。还有人呼吁"照亮"周日，让人们有更多的机会去画廊、电影院、体育馆、咖啡厅、餐馆，甚至去购物。这立刻导致了一种进退两难的局面，"大众观察"对此如是评论："如果满足'照亮'周日的要求，那么这一天会不会有一半的人在工作，另一半人在娱乐？答案是什么呢？"

问题的关键在于非营业时间，用作家戴维·赫伯特·劳伦斯的话说，就是"生活古老的二元论"。正如弗兰克·特伦特曼在《商品帝国》中描述的那样，一个多世纪以来，世界上富裕国家的人已经接受了一项"巧妙的契约"。这本书是特伦特曼所记录的消费文化世界史。每周有六天被加速发展的商业文化支配，有一天几乎完全拒绝商业文化。今天，如果你不能租自行车或买拿铁咖啡，不能花三个小时在店里为步入式衣帽间选一种白颜色（亚麻白？杏仁白？）作为背景主色，就会觉得很荒谬。当你听说20世纪80年代的帕拉默斯试图禁止人们在周日操作计算机主机时，会觉得很滑稽。但核心问题不是宗教虔诚，而是这样一个棘手的事实：周日开展的每一项新的商业活动都让几乎没人工作或消费的非营业时间离消亡更近了一步。

现代世界最顽固的流行病"孤独"也是"大众观察"的受访者所面对的问题。他们的周日通常是和其他人一起度过的。在1949年的英国，一年有52个周日，再加上节假日，可以确保你认识以及不认识的每个人都不会在这些日子工作——人们除了读报纸，什么也不做。一位66岁的环卫工人虽然不喜欢周日，觉得这一天很无聊，但仍然强烈反对错峰休息。他说："这会比周日还糟糕，因为它意味着与大家失去联系。"

当我们错峰休息、"照亮"周日时，营业时间会变得永无止境。人们在休息时间不可能不打盹、散步或打牌，至少不会完全不做这些事。关键的区别在于，如今我们都是根据个人时间表在做这些事情的。同时，从商店在感恩节、圣诞节和夜间歇业，到纽约"三杯马提尼酒的午餐"①，再到在伦敦的工作日下午喝一杯啤酒，抵制永久生产力和消费的每一种形式逐渐被击败。对于现在的以色列来说，安息日是一周中最繁忙的购物日。西班牙的政客已经削弱了周日歇业的法律执行力度和午睡的传统——每天远离工作和购物的休息时间。历史上的安息日大本营，比如英国、德国和法国，减少了主要城市的周日购物限制，这种限制几乎不复存在。几年前，当德国最高法院支持"蓝色法案"时，不同政治阵营的媒体纷纷称赞。"周日之所以是周日，是因为它与其他日子不同。"一家报纸的社论写道，"这是使社会生活同步的一天。"然而，法院的裁决只是规定商店不得连续四周（及以上）在周日营业。

---

① 指20世纪50年代，华尔街经纪人的日子非常好过，多数经纪人可以惬意地享受"三杯马提尼酒"。当时是美国股票市场20世纪的第一个"黄金时代"，也被称为"三杯马提尼酒的时代"。——编者注

当然，对周日休业最大的打击很早就出现了。1994年8月11日，费城的一名男子从新罕布什尔州纳舒厄的一家网络购物中心订购了斯汀的个人专辑《十个布道者的传说》，这是我们所知道的第一笔无风险的在线零售业务。《纽约时报》以"购物者请注意：互联网开放了"为题报道了这一历史性事件。

博根县的"蓝色法案"也时常遭到反对。近期的一位反对者是米奇·霍恩，他在玩具反斗城感受到了"行动的召唤"。连续三个周日，霍恩都要去博根附近的哈得孙县购买婴儿用品，来回开车需要45分钟。而在其他时间，他可以去当地的玩具反斗城购物，路程不到5分钟。在美国其他任何县的周日，他这样做都是合法的。

"这事关我们的自由，"霍恩对我说，"我们应该有权在任何一天或任何时间买卖商品。"

违反"蓝色法案"的行为广泛存在，霍恩从中看到了令人鼓舞的迹象。一个周日，他在星巴克喝咖啡（咖啡厅是允许营业的）时看到一位店员从货架上取东西。

他突然转向店员，问道："法压壶？今天真的有人要买这个吗？"

"是的。"那名员工回答。

"那可是厨具，"霍恩开心地告诉我，"是周日禁止买卖的东西。"

霍恩这种想要消除"蓝色法案"最后痕迹的做法，很容易让人产生敌意。生物学家用"最后一个个体"形容濒临灭绝的物种中最后幸存的个体，这个词用来形容博根县的安息日正合适。然而，霍恩想要的只是世界上其他地方大多数人都已经拥有的东西，他的理由也和其他地方推翻安息日的理由相同：随着营业时间的增加，非营业时间已令人无法容忍。随着双职工家庭成为常态，工作时间会延长到深夜，或者人们不得不占用其他休息时间工作，周日不能购物变得很不方便。

随着城市生活成为消费的同义词，出现了购物即娱乐的概念。在商场逛一天和在教堂或球场待一天一样，成为家庭出行的一种形式。

值得注意的是，"大众观察"的受访者对安息日的评论中没有出现两件事。首先，没有人，或者说至少没有足够多值得注意的人抱怨周日休业的不便。甚至在当时，"匆忙"一词也常常用来形容生活。尽管如此，每个人似乎都认为七天中有六天可以购物已经足够了。其次，似乎没有人关心周日休业会对企业销售额或英国经济产生什么影响。随后的大量研究都未能证明周日休业对经济有任何明显的影响。比如，博根县是新泽西州最富有的一个县，也是美国零售业最发达的十大地区之一。也许英国民众根据经验明白了这一点。还有一种可能是：每周有一天能跳出营业时间，给了他们必要的视角，让他们看到经济潜力最大化可能不是生活不可或缺的意义。

在新冠肺炎疫情暴发之前，我们以为安息日已经消失，而且永远不会再出现，这样想是合情合理的。我们不禁要问：过去的人们每周有很长的一天盯着自己脑袋里的四面墙，他们的生活是否从某种程度上讲比我们更丰富？我们对自己和自己行为的反思是不是没有那么深刻？我们是不是没那么有思想深度，而是更喜欢关注无足轻重的细节？这些问题似乎已经无法回答，因为"那种周日的感觉"似乎永远销声匿迹了。即使非营业时间有了某种复苏的迹象，我们也始终彼此联结，无休止地追求目标和野心，面对太多分心的东西，没有机会独处，也没有机会和别人围在炉边谈论生命的意义。我第一次与朱迪思·舒莱维茨交谈是在疫情发生很久以前。她对我说："我们似乎注定看不到它的回归，我想象不到它的重现。这就是我在《安息日世界》一书中发出的近乎绝望的请求。"

守安息日不易，可我们发现不守安息日也很难。早在新冠肺炎疫情暴发之前，人们已经开始抵制舒莱维茨所说的"忙碌的稳定价值"。不过，他们的抵制只是局限在自己的生活和家庭中，没有扩展到整个社会。具有讽刺意味的是，这种抵制大多采取了消费的形式，比如水疗、冥想静修、全包式度假村、精简物品，但还包括毒品、酒类和其他逃避手段。

历史学家戴维·施在《简单生活》(The Simple Life)一书中追溯了从美国建国到现代，人们对物质主义生活方式的抵制。他认为忙碌本身就是消费文化的核心问题之一。他说："金钱、财产或活动本身并不会破坏简单，破坏简单的是对金钱的热爱、对财产的渴望，以及应酬的牢笼。"疫情防控期间，随着隔离期从几天变成几周，越来越多的人似乎离开了这个牢笼。人们对获得成就和完成接连不断的日常任务的关注度渐渐减弱。像过去守安息日的民众一样，很多人不仅可以在生活中减少所需，还可以减少自己所做的事。只有在这时，时间才不会令人忧心地无限延伸，它不再是一个需要填补的空洞，而是开始变宽、变慢。当这一切发生时，一个小小的奇迹出现了：人生变得更长了。

封锁政策实施一个月后，我尽可能广泛地调查了我能接触的人，从密友到点头之交。我收到的反馈是大家越来越疲于应对生产力要求，普遍沉浸在时间里。一个人用最简单的话概括了这种变化："我能更留心周围的事物了。"另一个人说："我们有机会真正地观察和享受春天，这种情况可能再也不会有了。"很多评论似乎都呼应了"大众观察"在70年前描述的失落的世界。"看到现在的人们有机会一起深入讨论某些话题，真的很有趣，"一位女士写道，"这让我依稀想起坐长途火车的感觉，那时大家会热情交流。"有几个人在完全没有提示的情况下说，封锁隔离就是一种安息日。

新冠肺炎疫情暴发以来,看着近乎空荡荡的高速公路和冷清的商场停车场,就像博根县的周日一样,我们不可能不想到灾难。不过,它们也提醒我们,最初的封锁象征着一种解放。如果你在博根县度过周末,那你注意到的第一个变化就是交通——车辆少多了,就像我们在疫情暴发时所看见的一样。但不仅如此。帕拉默斯的警察会告诉你,周日的交通状况很不一样。人们开车的速度变慢了,不再横冲直撞,也不会为了躲避主道堵车而驾车穿过后街小巷。

哲学家卢梭将空闲时间描述为对成年时光的一种逃避。的确,玩滑板的人在练习尖翻,父母在空旷的道路上教孩子骑自行车。在生命的另一端,疫情提醒我们,我们为孤独脆弱的老人留出的时间有多少。在帕拉默斯,养老院的停车场在周日总是满满的。

逐渐解封后,很多人庄严承诺要坚守这种更自由的时间观念。舒莱维茨在疫情防控期间离开纽约,前往她打算退休养老的卡茨基尔小镇。她准确地预测到,很少有人能够履行这些承诺。她说:"我只是觉得它不可能单独发生,只有其他人都这样做时才会实现,必须大家都这么做才行。如果这不是集体行为,路上的车就不会变少,人也不会待在家里,你也无法与邻居交往,因为他们带孩子去踢足球或购物了。"安息日就像停战一样,除非各方都参与,否则它根本不会存在。每个人都需要停止工作,每个人都需要停止消费。我们都这样做时,就会出现一种能开始重塑世界的时间。

在这些变化中,有一种即刻的变化发生在地球大气层中。在停止消费的那一刻,我们完成了几十年来一直无法做到的事情:减少了导致气候变化的全球碳排放。

第4章
突然在应对气候变化上打了胜仗

如果我们能够用肉眼看到二氧化碳污染——假设二氧化碳像雾霾一样明显，但不是棕色，而是上好的钢笔水那种浓郁的靛蓝色，那么气候变化的威胁至少可以说是美丽的。汽车驶过，排气管后面拖着微弱的蓝色气体，这是全球变暖的主要人为因素。工厂的烟囱远看就是一块模糊的蓝色污迹，仿佛上帝谴责的指印。抬头望去，像地中海一样颜色的薄薄气层在翻滚，风暴永不停歇。

我们大多数人将会被一片迷人的蔚蓝色薄雾包围着。当我们谈论大气中的二氧化碳时，仿佛它在我们之上很高的地方。事实上，二氧化碳在靠近地面的地方浓度最高，因为大部分二氧化碳是从地面排放的，随后气体慢慢地与高处的气体融合。如果乘坐商用客机在空中飞行（客机后面会留下一条长长的靛蓝色痕迹），在巡航高度上，大约离海平面10千米的地方，空气会清新得多。这里的大气层还像碳排放很少的时候一样。你可能会看到另一种蓝色：天蓝色。

从太空往下看，靛蓝色的大气层将会十分迷人：一缕缕蓝色烟雾从城市和工业中心升起，渗入淡蓝色的二氧化碳，累积的二氧化碳几乎均匀地扩散到全球的各个角落。你会看到这抹蓝色扫过大草原和海洋，涌入丘陵地区的隘口，在山脉后面打着涡旋，就像流水遇到了河中央的巨石一样。

北半球是二氧化碳污染最严重的地方，原因既包括自然因素，也包括人为因素。夏天，森林和草原迸发绿色的生命力，吸收二氧化碳并释放我们所需的氧气。这时，我们周围的蓝色大气将会变浅、变亮。然而，随着冬季临近，各地似乎都重新被靛蓝色的浓雾笼罩，不仅城市如此，郊区也是一样。植被不再吸收碳，随着植物枯萎和腐烂，二氧化碳反被释放。每年，大气中的碳排放峰值都出现在冬季结束时，届时北半球将消失在旋转着的厚厚的靛蓝色"斗篷"之下。春天来临的时候，它将再次开始褪色。我的这些描述基于美国国家航空航天局的可视化数据。该机构的一位发言人在向我描述这一周期时说，这仿佛是"地球的心跳"，扑通，扑通，扑通。

不过，正是人类的排放导致了二氧化碳在大气中的积累，对气候造成了严重的破坏。如果碳污染是肉眼可见的，那么从太空看，我们的消费和工业生产中心，比如西欧、东南亚、北美东部沿海地区，还有像加利福尼亚和日本这样较小的地区和工业中心，就像在无休止地排放蓝色的烟。南半球几乎不会这样。只有在旱季，非洲、南美洲和大洋洲才会升起巨大的蓝色旋涡，这并非来自人类活动，而是来自山火。（不过，因为气候变化，山火也越来越严重。）随着每年越来越多的二氧化碳被排放到大气中，天空的蓝色会愈加深邃，世界各地都是如此。

世界停止消费的那一刻，空气将会在须臾之间变得轻薄。几天内，地表的蓝雾就会明显变淡。从北半球升起的蓝色烟雾将减少许多。

碳污染的靛蓝色天空之下将形成更清新的空气，就像泥泞河口下的清流一样。

当然，我们看不到二氧化碳，它是一种无色的气体。然而，正如我们在新冠肺炎疫情防控期间所了解的，碳排放的减少绝对是可见的。

颗粒物污染，也就是城市中经常看到的棕黄色雾霾，从工厂、燃煤或燃气的发电厂和燃烧化石燃料的车辆中喷出。它们也是温室气体的来源。当全球消费经济因为疫情而停止时，雾霾开始消散。令人震惊的是，各个城市的天空突然间比之前更蓝了，人们开始反思自己的日常行为对地球造成的影响，这也许是有史以来人类最广泛的一次反思——它还说明我们肉眼看不到的碳排放也在减少。

起初，这种变化主要体现在世界上污染最严重的地方——大多位于印度和巴基斯坦，世界上的很多消费品都产于这些地方。疫情封锁开始的几天内，连印度加济阿巴德这座2019年全球空气质量最差的城市都有了蓝天。一般来说，在100个污染最严重的城市中，每年4月会有55个城市的空气质量因颗粒物污染达到"非常不健康"和"危害"级别。而在2020年4月底，仅有3个城市达到这些级别。（其中包括越南的河内。这是最早受到疫情波及的几个城市，现在工业活动已经重启。）在测量污染物的卫星图像中，这一现象好似一个燃烧的星球的火焰正在消退。

富裕世界的空气已经变得相对清新，其中一个原因是很少有产品在这里生产，这些国家基本上已经将污染性产业转移到了全球其他地区。然而，不久之后，肉眼可见的蓝天将显得更加真切，就像我们一直在浅滩涉水，现在看向了更深的水域。甚至温哥华等本来就是地球上空气最清新的城市也是如此。曾几何时，伦敦和纽约拥有世界上最清新的空气。多伦多充满城市建设以前的橡树和松树草原的气息。洛杉矶被清晨雨后灌木丛的清新气味唤醒。我们突然明白，几乎所有人都一直在呼吸比想象中更污浊的空气。可见的雾霾是看不见的气候污染物的替身，它的消失太能说明问题，甚至有些令人后怕。

很多人说，空气之所以清新，是因为大家都待在家里。更准确的原因其实是，消费经济已经停滞。工厂关闭，飞机停飞，航道空空如也。我们每天上班赚钱和出门花钱的习惯已被叫停。这让我们更清楚地看到了消费者的两难境地：我们的经济由消费驱动，但消费却增加了碳排放。它们的关系十分紧密，气候科学家长期以来一直将其中一个的增长视为另一个的增长指标。加快时尚周期，就会加速气候变化；减少圣诞节的购物热潮，当年进入大气层的二氧化碳分子就会减少。然而，政界的领导人从未认真考虑通过缩小消费规模来解决气候变化问题。

1972年，罗马俱乐部发表了《增长的极限》这一研究报告，警告世人地球的资源是有限的，无穷尽的增长会造成很多危害。从那时起，人们一直在争论我们能否同时拥有不断增长的消费经济和清洁健康的自然世界。人类能否在不损害环境的情况下，享受我们已经习惯或渴望的所有舒适生活——空调、每家三辆车、新衣服、各种新东西、环球旅行。《增长的极限》没有排除这种可能性。报告写道："正是成功突破极限构成了当今世界很多占主导地位的民族的文化传统。"

这种占主导地位的世界观从未改变。从服装厂到足球比赛，从养牛业到大众旅游，我们所有的经济活动都可以与环境危害"脱钩"，就像车厢与火车脱钩一样，这种想法现在是各国政府和企业的指路明灯。它是这种信仰的基石：科技可以解决气候变化问题，而不需要我们大幅改变生活方式。它是"绿色增长"的圣杯：不破坏环境、能永久增长的经济。

在2014年左右，"脱钩"的承诺似乎突然成为现实。2014年全球二氧化碳排放的年度数据陆续发布时，我们发现二氧化碳的排放量保持平稳，我们向大气层排放的碳不比前一年少，但至少没有变多。2015年和2016年也是一样。当时，劳拉·科齐对我说："我们有理由保持乐观。"科齐是国际能源署（简称"IEA"）数据处理团队的负责人，该机构代表着全球约30个主要经济体。

不过，我们也有理由感到悲观。碳排放量依然高得离谱。当2014年碳排放增长首次停滞时，数据位于历史新高。为了让大家理解得更直观，我们可以把大气层想象成一个浴缸。现在，在你想象的浴缸里放一堆乒乓球，乒乓球代表大气中积累的二氧化碳。一直以来的趋势是每年增加的乒乓球越来越多，直到我们在2013年创造了新高，比如增加了10只乒乓球。2014年，我们又增加了10只乒乓球，只是没有增加11只或12只。2015年，又多了10只，2016年也是如此。浴缸里的乒乓球总量，也就是大气中的二氧化碳含量，是持续增加的，但增加的速度终于趋于平稳。

好消息是，在碳污染曲线趋于平稳时，世界人口增加了1.7亿，全球经济增长了10%。人口和经济增长与二氧化碳的排放量不再同步，它们似乎终于分道扬镳，在经济增长持续上升的同时，二氧化碳排放量的增速停了下来。

碳排放放缓有几个原因。其中之一是，世界上最富裕的国家，还有中国，正在大幅削减二氧化碳污染。多年来，欧洲一直处于领先地位，世界第二大碳排放国美国也加入了这场斗争。西方国家的境外生产导致世界上最大的制造商中国成为全球第一大碳排放国。不过，中国消费者的人均碳排放量要低于几乎所有富裕国家的普通民众。另外，中国和西方国家一样，正在减少燃煤量，更多地使用天然气，并在可再生能源和核能方面做出了更大的努力。绿色增长真的在实现的路上。

然而，二氧化碳污染的增长趋于平稳还有一个关键原因，而这个原因却很少被报道。经济增长总体上已经放缓，尤其是在中国、美国和欧洲。使碳排放增长放缓的不仅仅是绿色科技，还有消费的减少。斯坦福大学的环境学家罗伯·杰克逊说："我们的碳排放处于脆弱的停滞状态。"杰克逊当时是"全球碳计划"的负责人，这是一个由气候科学家组成的重要的碳追踪组织。"如果全球经济蓬勃发展，碳排放的平稳状态将会被打破。"

杰克逊在斯坦福大学的一位同事和他打赌1万美元，说碳污染尚未达到顶峰，排放量很快会再次上升。杰克逊没有打这个赌。不过，他确实曾说，我们可能再也不会看到年度碳排放增量达到或超过2%。

接下来的一年，也就是2017年，根据"全球碳计划"组织的计算，排放量增加了2%。2018年，随着全球经济激增，排放量增加了近3%。煤炭的使用量再次增加，石油和天然气的使用量有增无减。尽管大家都在讨论"脱钩"，但更准确的说法是，经济增长和碳排放仍然紧密相连，只是紧密程度比过去稍有减弱。

全世界停止消费就相当于在全球范围内刻意减少碳排放。这是我们从未实现过的事情。

第二次世界大战以来，全球二氧化碳污染量只下降了4次，分别是在20世纪80年代中期、90年代初，以及2009年和2020年。在这几次下降中，没有一次的原因是"脱钩"、绿色增长或任何其他有意义的地球保护行动。每一次下降都涉及波及面很广的严重经济衰退。当世界停止消费时，碳排放就会下降。最急剧的下降发生在新冠肺炎疫情暴发期间，当年全球碳排放减少了7%。不过，疫情导致的碳排放下降可能不是最持久的。

"20世纪90年代苏联解体是我们看到的碳排放最大的抑制剂。当时，全球经济的很大一部分萎缩了。"美国俄勒冈大学的社会学家理查德·约克说。他的研究方向是社会结构对消费和污染的影响。

苏联于1991年解体。在接下来的十年里,这个曾经的社会主义国家大部分时间都在经历约克所说的"去现代化"。苏联的二氧化碳排放量最终下降了近1/3,甚至超过了中国在新冠肺炎疫情防治政策最严格的4周内的下降幅度——1/4。苏联经济的一落千丈,加上西方大部分国家的严重衰退,使得全球的总碳排放量连续下降两年,并且在整整十年中仅缓慢增长。大部分人已经忘了这段经历。西欧一些国家,比如德国和荷兰,当时已经在努力减少碳排放。不过,和苏联的下降程度相比,这些国家差远了。"这往往表明,如果经济规模没有发生变化,就很难在减排上取得重大进展。"约克说。

当然,问题是,在苏联解体或新冠肺炎疫情防控期间出现经济衰退时,数百万人的生活陷入了困苦的境地。拉斯洛·瓦罗在匈牙利布达佩斯长大,当时匈牙利还处于"铁幕"之后。布达佩斯离莫斯科很远,看上去颇有欧洲国家首都的样子,给人的感觉也是如此。即使在铁幕统治之下,瓦罗在20世纪80年代也能像西方年轻人一样自由地观看《星球大战》,喝可口可乐。就物质而言,在苏联时代,很多匈牙利人的生活实际上比现有的自由市场经济下更好。

然而,苏联解体时,匈牙利每五个人中就有一个人失去了工作。铁幕时代,能源是免费的;苏联解体后,有些家庭由于无力支付天然气账单,只能烧柴火。匈牙利的情况比苏联的许多成员国好,但消费仍然下降了至少25%,比大衰退期间美国的几乎任何地方都糟糕得多。

"这是一个异常严重的社会和政治冲击。"瓦罗说,"这种气候政策不具有任何政治可行性。没有人——真的没有人——想刻意这样做。你可能会遇到这样的问题,但你不会想住在这样的地方。"

目前，瓦罗是国际能源署的首席经济学家。国际能源署的一项主要工作就是描绘全球如何开始减少碳排放。瓦罗说，所有设想都以绿色增长为目标。国际能源署从未将人们自愿减少消费以应对气候变化这种可能性包括在内。换句话说，他们认为可以将不断增长的经济与气候变化脱钩，但经济"去增长"，即有计划地缩小经济规模，即使是最小的程度，也被视为不可想象之事。

瓦罗表示："我不知道哪个国家的政府会以'我们要刻意减少消费'的口号赢得民主选举。我们的假设是，人性不会改变。"

2008年，国际能源署敲响了警钟，如果国际社会不采取积极的措施实现"脱钩"，到2018年，能源需求将增加15%，由此产生的碳排放增加将会给未来的气候造成"令人震惊的"后果。回顾这份报告会令人十分不安——国际能源署的预测已经成真。它在这一年发布了应对气候危机的新设想，这次提倡的最可能实现的愿景是，未来20年，在保持全球经济和人口增长的同时，能源需求增加25%。为了实现这个愿景，能源效率必须大幅提高，世界上任何一个富裕国家的能源需求都不能增加。所有的增长将发生在发展中国家，因为那里的人民的生活质量仍需提高。

为了达到这种情况下的碳排放水平，天然气、风能和太阳能的使用需要大幅提高，幅度将比以往任何时候都大，可以用天文数字来形容。同样，只有发展中国家，主要是亚洲国家，可以建设新的火力发电厂。汽车用油必须在5年内达到峰值。不过，石油的总消耗量仍将增加（主要用于生产石化产品，为运输卡车、货轮和客机提供能源）。我们回收的塑料数量需要增加一倍，即使这样，也跟不上人类日益增长的对塑料产品的需求。

换句话说，国际能源署最现实的设想将需要全球共同做出巨大的努力——最终，我们将越来越不可能解决气候变化问题。二氧化碳排放量将会继续上升，尽管比以往的速度慢。国际能源署也承认，这一设想"与科学上应对气候变化的要求相去甚远"。

2020年，国际能源署提供了一个新的设想，可能与应对气候变化所需的条件步调一致。在这一设想中，到2050年，碳排放将降至零或接近零。要实现这一目标，就需要超高的能源效率，大家都使用可再生能源，坐火车而不是飞机，等等。所有变化的速度和规模相当于重塑全球社会。到2030年，总排放量需要下降45%——别忘了，尽管我们在"脱钩"方面做出了各种努力，数值却依然没有下降。一直在稳步上升的能源需求需要下降到2006年的水平，那时，世界经济规模只有预测中的2030年的一半。燃煤速度将恢复20世纪70年代的水平，当时世界人口只是现在的一半。我们的日常生活需要做出各种改变，比如，在这个十年结束的时候，所有飞行时间在一小时以内的航班都将停飞，少于3千米的行程（在很多城市属于跨城旅行）将需要以步行、骑自行车或其他低碳方式完成。电动汽车的年销售量需要飙升近2 000%。也许最难想象的是，我们仍需驾车出行时将不得不接受更低的速度限制。如果我们能做到以上几点，再满足其他更多的要求，我们可能会实现目标，防止全球气候变暖这一真正危险的后果。

当然，2020年有了一点儿"好消息"。因为疫情，全球经济发展放缓，能源需求减少，碳排放的增长速度低于这次突发公共卫生事件之前的预期。然而，国际能源署再次否定了消费经济增长放缓有利于应对气候变化的想法。各国领导人认为，我们可以迅速实现过去30年来一直未能实现的极端技术和文化变革，这个想法比说服人们少买一点儿东西更可行。

正如瓦罗所说："在过去的 5 000 年里，很少有证据表明人们会心甘情愿地这样做。"

很难预测在世界停止消费的那一天，碳污染会下降多少。在新冠肺炎疫情暴发的第一年，经济衰退影响了几乎所有的消费者，二氧化碳排放量的缩减超过了世界经济规模的缩减。而在大衰退最艰难的一年，碳排放的下降只是略低于经济的负增长。虽然消费的起伏往往与整体的经济情况紧密相关，但肯定有例外。

我们假设两者的下降幅度大致相同：消费下降25%，结果导致碳排放下降25%。我们暂且把肯定会出现的经济混乱放在一边，先把注意力放在气候危机上。在停止消费的第一天，我们将目睹碳排放的上升曲线不是变平，而是下降。全球碳排放量将迅速下降到2003年的水平，而不是停留在历史高位，也就是我们迄今为止在追求绿色增长方面取得的最好结果。

我们仍会往浴缸里添加乒乓球。为了使全球的温度保持稳定，大多数气候学家认为，我们需要将二氧化碳的排放减少到零。令人震惊的是，即使在全球范围内减少25%的消费，我们也只能达成1/4的目标。不过，这仍是一项巨大的成就，它为我们赢得了更多的时间来采取进一步的行动，避免全球温度上升1.5摄氏度。气候学家冷静地预测，1.5摄氏度是极限，"自然和人类届时会面临巨大风险"。按照我们目前的轨迹，21世纪30年代初会达到这一极限。"我们会有更多的时间做出改变。"杰克逊说。

令人沮丧的是，即使消费大幅下降，离解决气候变化问题仍然遥远。这就说明气候变化是一个多么艰难的挑战。然而，最近几十年的经验告诉我们，依靠绿色科技和清洁能源来解决这个问题也是极具挑战性的。我们通过放缓消费或经济去增长在减排上实现的每一个百分点，都会缩小必须通过"脱钩"减小的差距。疫情还产生了一座超现实的里程碑。2020年4月，全球有40亿人处于完全或部分封锁状态，全球经济规模大幅缩小，我们和实现用可再生能源为现代文明供电之间，从未这么近。

几年前，当碳排放曲线变平的时候，杰克逊不确定经济增长本身及推动经济增长的消费是否应该成为应对气候变化的讨论话题。他说："天哪，这要打开多大一个盒子。我觉得去增长的概念在政治上是不可行的，尽管这并非在说它是错误的。"当我在疫情暴发之前再次与他交谈时，随着碳排放再创历史新高，他的挫败感不言而喻，其观点也发生了变化。他说："我觉得必须将其纳入讨论范围。"

第5章
我们需要重新习惯黑夜

1962年2月20日，地球上大部分地区的夜晚一片漆黑。这一天，第一个进入地球轨道的美国宇航员约翰·格伦从地球白昼的一面进入黑暗的一面，下面地球上的人们正在等他回答一系列问题：从太空中可以看到闪电风暴吗？从20万米的高空能看到城市的灯光吗？甚至有几位物理学家预言，在那个高度往下根本看不到任何东西。格伦有一段时间在印度洋的黑色上空急速飞行。最后，他说："就在我的右边，我可以看到很大一片亮光，就在海岸上。我可以看出是一个城镇的轮廓。"

那片亮光便是澳大利亚的珀斯，这座城市正准备迎接宇航员的到来。珀斯人知道格伦将从上空经过，市议会投票决定不熄灭路灯（不久前，很多城市夜间会关闭路灯）。珀斯的民众也加入了灯光的海洋，他们打开走廊的灯和车灯，或者将手电筒指向天空。英国石油公司在当地的炼油厂甚至点燃了高架火炬。"很亮的光。"格伦说。当时，澳大利亚其他地区都笼罩在黑暗之中，只有珀斯熠熠生辉。"灯光很清楚，谢谢大家把灯打开。"格伦对地勤人员说。

时光飞逝，白云苍狗。到2020年，地球极地冰盖以外的陆地有近 1/4 的天空被人造光照亮。在美国国家航空航天局拍摄的"黑色大理石"照片中，北极、撒哈拉沙漠和亚马孙雨林的中心地带甚至都有小光点，真正的黑暗已经从全球各地消失，包括北美东部、西欧、尼罗河流域、印度大部分地区和亚洲东部，还有现在自称"光明之城"的珀斯。

当世界停止消费的那一刻，这种光辉会逐渐淡去。

亚当·斯托尼亚德已经目睹了它的发生。

斯托尼亚德是美国马萨诸塞州梅德福德市塔夫茨大学的经济学家。他利用世界上的灯光衡量经济变化，特别是针对其他数据来源有限的地方。事实证明，照明和碳排放一样，与消费经济紧密相连。随着能源效率和绿色科技的进步，灯光一直在增加而非萎缩。我们居住的地球正在不断变亮。

除了极少数情况，一个国家被照亮的面积和整体亮度，也就是辐射亮度，都与它的经济规模相符。人口则没有那么重要。例如，孟加拉国的人口密度高于荷兰，但前者未被照亮的地区更广。加拿大和阿富汗的人口差不多，但加拿大的亮度更高。世界上的灯光就像人类努力的很多成果一样，远不是平均分配的。

照明是用钱买的，我们消费的是光。平均而言，经济活动越多，就意味着需要越多的照明。原因很简单，大多数商品和服务的生产与消费都发生在室内或夜间——都需要开灯。2017 年，一个光污染专家小组在《科学进展》杂志上撰文写道："人类倾向于使用尽可能多的人造光，使用这些光所花的钱相当于大约 0.7% 的国内生产总值（GDP）。"如果是在地球上最亮的国家美国，这相当于每年花费 1 400 亿美元，即每人约 450 美元，这些钱用于照亮家庭、工厂、餐馆、商场、博物馆、体育场馆、公园等。相比之下，非洲南部国家津巴布韦每年在照明上的人均花费仅约 10 美元。

当消费经济下滑时，亮度会变暗，并且速度非常快。斯托尼亚德及其同事利用卫星收集的数据，测量了印度尼西亚 1997 年陷入金融危机之前繁荣时的亮度。一年后，该国的亮度下降了 6%。在 21 世纪的第一个十年，津巴布韦的经济下滑了 50%，很多人陷入贫困，该国的亮度也急剧变暗。

灯光减少时，地面上是什么样子的？"开车的人少了，小轿车和卡车之类的也少了。"斯托尼亚德说，"然后是公司，对吧？有些公司专门在晚上营业。餐馆或户外聚集的地方需要照明，招牌也需要点亮，如果它们停业了，不太可能让灯继续亮着。"

这种影响在发展中国家表现得最为强烈，但随着消费的减少，即使是富裕的国家也会开始变暗。2012 年，在经历了长期的经济低迷之后，底特律开始关闭一些路灯以节省开支，除此之外，该市剩余的灯近一半都坏了。在折扣店、汽车销售服务 4S 店和连锁餐厅灯火通明的郊区，黑暗的街区开始出现——想象一下凤凰城那几十家废弃的大卖场。斯托尼亚德说："看到美国城市的灯光在某种程度上开始减少，我不会感到惊讶。"

从太空中会看到一些极为耀眼的单个光源，其中包括油井和气井（就像约翰·格伦在珀斯附近看到的炼油厂高架火炬发出的"很亮的光"）。美国北达科他州的巴肯页岩油田随处可见燃烧的油井，那是美国最大的石油和天然气矿藏之一。那里的油井十分密集，覆盖面积很大，夜晚从地球轨道上看去，仿佛一张打了马赛克的图片。即使在经济衰退这样严重的情况下，石油和天然气公司也不愿意关井，只是调低了抽到地面的石油量，油井的气体燃烧因此变暗。然而，斯托尼亚德预测，世界停止消费可能会导致燃料使用的下降（用行业术语来说，就是"需求破坏"），所以巴肯页岩油田很快就会出现关井现象。新冠肺炎疫情证明他是对的。在全面封锁的第二个月，巴肯页岩油田和其他油田不仅变暗了，而且一个接一个地熄灭了。

小镇之类的地方可能会淹没于黑暗之中。马达加斯加的伊拉卡卡是卡车会停靠的一个小村子。1998年，从地球轨道上无法看到那里夜间的光芒。正是在这一年，伊拉卡卡附近发现了大量的蓝宝石和红宝石矿藏。5年后，伊拉卡卡成了一个明亮的光球，周围是人工挖掘的矿场，起着"瑞士银行"之类的名字。当世界不再购买宝石时，那里的景象将与约翰·格伦在珀斯看到的恰恰相反。伊拉卡卡不是在黑暗中点亮自己，而是可能没入黑色。

想象一下，芝加哥的灯光减少90%。想象一下，美国大多数城市的灯光减少1/3或1/5。想象一下，马德里或米兰灯火辉煌的街道和广场亮度减半。上海五彩斑斓的天际线仿佛在黄浦江上投下一道彩虹，东京八公广场笼罩在巨大屏幕的强光之下，想象一下，这些地方也安静下来，失去了光彩。想象一下，伦敦也暗淡下来，从太空中再也看不到环城M25高速公路。如果消费急剧下降致使全球变暗，这些城市的生活会是什么样子？

仿佛德国柏林一个普通的夜晚。

"至少从卫星测量的情况来看，德国比其他大多数富裕国家暗得多。"德国地球科学研究中心（GFZ）的物理学家和光污染研究员克里斯托弗·凯巴表示，"我觉得我们还没有真正理解其中的原因，与路灯有些关系，但也与文化有关。"

罗伯特·弗罗斯特曾写道："我早就已经熟悉这种黑夜。"凯巴说："这说的就是我。"他喜欢烛光餐厅。秋天已到，但夏天迟迟不肯离去，就像如今柏林常见的情形一样，但他没有任何被晒黑的迹象。

他的衣服都是黑色或灰色的。他穿的 T 恤上写着"因为每天都需要夜晚"。5 岁时，凯巴就意识到了光污染，因为他家住在埃德蒙顿南部的一个小镇上，可以看到南边夜空和北边灯光照亮的城市天空截然不同。

凯巴说，柏林的政策是"只提供合理且必要的照明"。路灯只有在黄昏真正来临时才会开启，而不是像其他城市那样，只要天色微微变暗就打开。伦敦、拉斯维加斯、罗马、首尔的广场熠熠生辉，而在柏林，广场上的灯光十分柔和，像智能手机照出的复古照片一样有颗粒感。与其他城市相比，柏林的店铺招牌和大屏幕广告一般都比较小，而且没有那么亮。凯巴估计，即使站在柏林特别耀眼的地方（比如凯撒·威廉纪念教堂附近，该教堂在第二次世界大战中被炸毁，残余部分保留下来，夜晚在泛光灯的照射下十分动人），他看到的星星也会比在大多数市中心看到的多一半。

不久之前，柏林还拥有 4 万多盏煤气灯，比其他任何城市都多。尽管柏林正换上更亮的节能灯，但许多柏林人抵制这种做法，他们更喜欢煤气灯的金色光晕——它是如此柔和，虽然并不适宜，但不失吸引力。在凯巴看来，这清楚地表明，城市居民不一定要把拥有明亮的灯光视为理想状态。

柏林的公园没有任何照明。"你会有这样的感觉，你正走进一个漆黑一片的地方，一开始会觉得很吓人。"凯巴说，"仿佛一旦走进去，就什么都看不见了。"其实，你的眼睛很快就会适应黑暗。你会看到很多人，青少年聚集在长椅周围，脸在手机的映衬下泛着蓝光。成年男女有的独自散步，有的在遛狗。恋人们在黑暗中喃喃低语。凯巴说："柏林人在某种程度上更习惯这种黑暗。"

夜晚并非一点儿亮光也没有。1900 年，美国民族志学者沃尔特·霍夫在巴黎的一次科学大会上讲述了"自然界中的许多光源,它们会在黑暗中帮助地球上的栖息者"。当然,我们都知道月亮,还有星星——尽管大多数人看到的天空因为光污染而失去了星光,但霍夫提醒与会者还有其他光源:北极光和南极光;黄道光,一种宇宙尘埃反射太阳光而在地平线上形成的三角形的朦胧光;麦哲伦云,一对在南半球清晰可见的云雾状星系;带电发光的云;发磷光的植物、真菌、矿物、水和"射气";陆地和海洋上的萤火虫,当时已知有 150 种能够自己发光的萤火虫。霍夫说:"在亚利桑那州的沙漠里,夜空晴朗,满天繁星,几英里外的东西轮廓清晰。你可以看清手表的指针,几乎不费吹灰之力就可以循着小路前行。"他指出,有些时候,金星投下的光就足够了,野外的旅行者不再需要其他光照。(凯巴曾经在推特上说,如果他有一份一生中必做之事的清单,那么其中肯定有一条是看到自己在金星照射下的影子。)

当世界不再消费时,更黑的夜晚将会带来诸多益处。在过去的十年中,有关光污染的研究剧增,研究显示许多生物依赖自然界的黑暗维持健康生活,人类可能也包括在内。大家都知道,蜣螂会把粪球滚回巢穴当食物存储起来,它们根据银河在夜空中的位置进行定位。如果看不见银河,蜣螂就会迷失方向。可如今,因为数百千米外的人工白昼,很多地方都看不到银河,世界上超过 1/3 的人在所住的地方无法再看到银河。银河是我们自己的星系在夜空中的印记,那么从某种程度上说,我们是否也会迷失在太空中呢?

再举一个例子说明一下光污染的影响。那是 6 月末,当夜幕降临在浩瀚的伊利湖时,气象雷达发现了一片不祥的"云",它在黑暗中迅速变大。随后,这片云开始向俄亥俄州的克利夫兰移动。"哦,我的天啊。"当地的一位新闻广播员在推特上说。

这团"云"由数百万甚至数十亿只蜉蝣组成。好在它们对人类无害，是鱼类和许多其他生物的最爱。几十年来，美国东部的河流和湖泊被毒素污染，致使蜉蝣无法生存。现在，它们又开始大量孵化。糟糕的是，蜉蝣现在直接被光污染源吸引——有位昆虫学家用"光弹"一词指代光污染源。在克利夫兰，蜉蝣误把泛光灯下的沥青和停放的汽车当作月光下的水，结果把卵产在干燥的地面上，这些卵的结局就是死亡。事实上，科学家现在怀疑，照明是全球范围内各个物种数量减少的原因之一。同时，世界卫生组织已将人类的睡眠障碍确定为引发癌症的可能原因，还有研究将光污染与抑郁症、肥胖症和其他健康问题联系起来。

在秋天柏林的街道上，树叶变成了红色、橙色和黄色这些象征秋天的颜色。但是，在树枝靠近路灯的地方，有些树叶还保持着绿色。有人工照明的一面是夏天，而黑暗的一面是秋天。还没有人知道这种效果是不是以树的正常生长为代价的。不过，有一点很清楚，柏林的黑暗确实有益于某些物种生存。凯巴说："柏林对夜莺来说很重要。"这种不起眼的褐色小鸟以在夜间唱歌而闻名，在过去十年中，欧洲一些地区的夜莺数量减少了一半。但在柏林，夜莺仍很常见。其中一个原因是，柏林还有它们可以唱歌的夜晚。

多年来，已经有一种技术解决方案可以减少光污染和生活照明所消耗的大量能源。不幸的是，这还不够，因为灯光已经根植于我们的消费观念中。

如果把塑料倒进海洋，如果土壤受到尾矿的污染，如果将二氧化碳排入大气，其影响即使不持续数百年，也会持续数年，这致使这些问题难以解决。不过，说到光污染，情况有所不同。凯文·加斯顿是英国的一位生态学家，他的研究方向是人造光的影响。他说："你完全可以把灯关掉，有些失去的东西很容易就可以恢复。"

节约能源也是一样。虽然绿色科技在许多方面进展缓慢，但高效节能的发光二极管（LED）已被广泛使用，而且价格合理。与以前的灯相比，LED 灯至少可以节省 75% 的能源，精心设计的灯具可以将光线集中在需要照明的区域，从而防止光污染。全球环保照明系统是可以实现的，照明科学家因此认为，我们应该用它来激发信心，相信我们可以应对更严峻的全球挑战。

但事实恰恰相反。随着 LED 灯的普及，越来越多的迹象表明，我们正把在能源上节省下来的钱花在更多的照明上。"媒体建筑"的热潮正席卷全球，越来越多的建筑物外立面装上了大屏幕。美国田纳西州孟菲斯的赫尔南多·德·索托大桥的灯光秀由 1 万只颜色可控的灯组成，它们覆盖了整座桥。在瑞士苏黎世著名的班霍夫大街上，仅在过去 5 年里，大屏幕数量就增加了 40 多倍。同样，私人庭院和家里的装饰性照明也在呈爆炸式增长。凯巴说："如果我们通过改用 LED 灯来提高所有户外照明的能源效率，但同时增加广告大屏幕和泛光灯的数量，那么我们在全球范围或全国范围内可能节省不了多少能源。"

当凯巴及其同事研究 2012—2016 年世界各地的灯光在数量和亮度上的变化时，他们发现大多数地方都在逐渐变亮。只有少数国家在变暗，而这些国家几乎都是饱受战争蹂躏或处于经济衰退的困境中。这些地方的消费已经放缓。

我们能否重新习惯黑夜？

在过去十年中，英国很多城镇和自治区开始调低甚至关闭深夜的灯光来节省开支。最近的研究表明，交通事故的数量没有变化，犯罪率也没有上升。（有些证据表明，在灯光调暗的社区，犯罪率有所下降。）大多数人根本没有意识到或者根本不关心路灯关了。英国乡村一位经常在熄灯后下班回家的酒保说："路灯只是件小事，有没有它们其实没多大区别。"

凯巴说，回归黑暗在很大程度上可能不会引起人注意，我们不应该对此感到惊讶。除非有人提醒他们，否则大多数来柏林旅游的人没有意识到这里的灯光异常暗淡。当维也纳每晚有一小时将灯光调暗50%时，除了天文学家，几乎没有人注意到（而天文学家则很高兴）。同样，LED灯的寿命通常是根据光衰超过30%所需的时间来衡量的，这时大多数人会意识到灯泡不能正常工作了。如果亮度下降不足1/3，我们甚至注意不到。

我们注意到的其实是夜晚本身。英国调查显示，在街灯关闭的地方，最常见的反应是人们看到夜空时的喜悦。在新冠肺炎疫情防控期间，空气污染和光污染水平急剧下降，世界各地的城市居民见到了一生中最清澈的星空，他们因此兴奋不已。20世纪，灯光在世界各地的蔓延被描述为"对黑夜的征服"，但任何征服都有得有失。当日本最开始普及路灯时，一位作家担心日本人将不会再欣赏暗影。当19世纪60年代巴黎用两万盏煤气灯照亮整个城市，因此成为最早的"光之城"时，夜晚的消失成为争论的话题。有些人认为它创造了一种顺应潮流的压力，而另一些人认为这将是"黑暗安全问题"的终结。

1998年，宇航员约翰·格伦在完成第一次绕地飞行的36年后再次返回太空。他看到了地球上一个别样的夜晚：世界上几乎每一座城市和城镇现在都是"光之城"。尽管如此，珀斯及其市民还是再次为他亮起了每一盏灯。格伦这次说的话并没有被地勤人员记录下来，但与他同行的宇航员说，当航天器再次到达珀斯上空时，格伦说："哇，珀斯比我上次看到时大多了。"然后他又说："好了，朋友们，你们现在可以把灯关掉了。"

世界停止消费后将会变成一个更加黑暗的地方，也许大家会思考即将到来的是一个什么样的时代。不过，回归黑暗的象征意义让我们感到担忧。大约50万年前，火的广泛使用是人类进化过程中最重要的一个时刻，它驱逐了黑夜。此外，用电照亮黑暗仍被视为人类发展的一座里程碑。在英国，即使是喜欢可以再次在星光下散步的人，也对这种变化是否代表文明的倒退感到不安。在新冠肺炎疫情防控期间，人们发现在地球轨道拍摄的图片中已经看不到油井时，甚至感到有点儿可怕。这些油井好似从天空中被抹去的星星，就像真正的星星已经从被照亮的夜景中消失一样。

世界停止消费后的最初几天也具有这种双重性。我们可以感受到一种绵长的寂阒和平静，一种时间延伸、回归过去的感觉。桌子上仍有食物，衣柜里仍有衣服。一切都是和平的、怀旧的，人们甚至会觉得时间过得太慢。除此之外，还有一种令人痛苦的感觉，那就是更加艰难的时代即将到来。

第二部分

崩溃

第 6 章

增长的终结并不等于经济的终结

在多伦多一个温暖舒适的下午，我告诉彼得·维克托，加拿大的家庭消费支出一夜之间下降了 50%。维克托是一位经济学家，已经从约克大学退休。他听完扬起了眉毛。在不同时期，总有人一再呼吁我们追求简单的生活，减少物欲，但他们似乎从未谈及如果所有人都响应这一号召，会发生什么。经济学家正好填补了这一空白。他们说，停止消费，经济就会停止增长，并开始萎缩。市场瘫痪，失业情况日益严重，店面关闭，供应链断裂，甚至可能出现暴民统治和饥荒，这一切似乎不可避免。

维克托从某种程度上认可上述说法。身为研究经济变化的专家，他经常在笔记本电脑上模拟经济衰退、萧条和市场崩溃。谈及消费，维克托的研究巧妙地揭示了我们的购物行为会在多大程度上受到经济力量——比如价格、税收、财富分配、利率等——的强烈影响。以特定的方式调控这些因素——政府有很大的权力这样做——会出现不同的赢家和输家，甚至能让经济在繁荣和灾难之间进行转换。维克托知道，停止消费，经济增长就会一蹶不振。他还知道，情况不仅如此，一切都会土崩瓦解。我们可以采取措施，防止暴跌转变成彻底的崩盘。

"让我们看看会发生什么。"维克托一边说，一边开始敲击键盘。

他采用的是麻省理工学院杰伊·福里斯特教授于20世纪50年代开创的系统动力学模型。该模型旨在探索系统中变量的关系，这些系统往往过于复杂，单靠我们的大脑是无法弄清楚的。如今，我们沉浸在这样的系统中，不断费力地解决我们的行为所带来的不可预见的计划之外的结果。其中有些案例引起了全球关注，但更多的时候，这些结果不会受到关注，只会影响那些与之密切相关的人。举个例子，随着科技的进步，太阳能和风能的成本降低了，这些可再生能源本应变得比化石燃料更具竞争力，但同时引发了其他问题。化石燃料公司开始使用可再生能源为石油和天然气的生产提供动力。换句话说，风能和太阳能被用来提高化石燃料的竞争力，使后者的竞争力超过前者。

维克托研究的是加拿大的经济体系。十多年来，他一直在电脑上建模，添加一个又一个细节，就像在瓶子里造船一样。他与英国经济学家蒂姆·杰克逊合作开发了最新的模型，只要按下一个按钮，就可以跨越时空建立关联。现在提高税率对30年后的温室气体排放会产生什么影响？维克托加上他的笔记本电脑就可以给出明智的预测。

不过，他一直以来的目标都是要回答另外一个问题：我们能否拥有几乎或根本不增长甚至萎缩的经济，同时维持一个宜居体系，甚至仍是资本主义体系？维克托在加拿大定居很多年了，但他其实来自英国，他对这个问题的研究灵感来自英国前首相玛格丽特·撒切尔。这位铁娘子是资本主义的伟大捍卫者，但她对资本主义的看法并不乐观。她把我们今天所熟知的经济体系描述为一种"统摄一切的意识形态"——一种监狱，不过很多人都愿意成为它的俘虏。她所支持的自由市场、个人主义、私营企业和紧缩政策，其核心支柱是经济的永久增长。撒切尔有一个外号是"蒂娜"（TINA），那是她常说的一句话的首字母缩写：没有选择余地。（There is no alternative.）

维克托说："那是一种难以想象的世界观。"

不过，它仍是世界的主流观点。最近，有一句流行口号："想象世界末日比想象资本主义的终结更容易。"增长的问题是消费困境的核心，有一种论点认为，之所以无法放缓消费，是因为这样做就会终止经济增长。从镇议会到总统办公室，无休止地扩大消费经济是政治家的目标。从国家公园的建立到移民法的通过，再到能否接受因新冠肺炎病毒感染而死亡的人数，主要看这件事会扼杀经济增长还是会促进增长。

维克托说，这很令人费解，因为在几乎整个人类历史中，低经济增长或零增长才是常态。

从古代到18世纪，全球经济增长十分缓慢，每年平均增长约0.1%。几乎所有增长都源于人口的逐渐增多。如果人口增加，社会就会生产和消费更多的商品和服务，经济就会扩张。然而，人均消费的商品和服务数量几乎没有变化。如果你生活在17世纪末以前的任何时代，你一生中拥有的财物可能会和你的父母、祖父祖母或曾祖父曾祖母差不多。事实上，你拥有的很多东西，包括衣服在内，都是从他们那里继承的。

直到19世纪初的工业革命时期，人均产出才开始急剧上升。随后，在1913—2013年这100年间，全球经济的年增长率是历史上大部分时期的30倍。每年制造和销售的东西越来越多，消费经济应运而生。

增长应该是经济成功的主要指标，这种想法甚至更晚才出现。俄裔犹太移民西蒙·库兹涅茨是位杰出的经济学家。在大萧条接近尾声时，他为美国制定了第一个国民收入核算体系。这是人们第一次能够知道美国经济在大萧条期间缩减了多少,答案是一半。这一发现使得富兰克林·罗斯福推出了新政。新政的主要目的是通过扩大政府开支,包括把钱放进消费者的口袋里,来重振经济。

库兹涅茨对国家经济总产出的衡量被称为GDP。到20世纪50年代,颇具影响力的经济学家将GDP增长作为一种神奇的解决方案,用以解决长久以来的矛盾,即投资者和企业家应获得多大份额的经济利益,劳动人民和社会又应获得多大的份额。最后,似乎有一种方法可以增加每个人的财富,同时不需要把富人的钱分给穷人。这种方法就是让每人每年赚更多的钱,生产更多的东西。支持者很快就把"增长主义"描述为"一潮起而百船升"。

然而,GDP从一开始就遭到了批评,批评者包括库兹涅茨本人。他在提交国会的第一份相关报告中指出,一个国家的福利"几乎不能"仅仅从国民收入中"推断出来"。他特别指出,新得出的统计数字并不能明确说明财富的分配情况。例如,从大萧条中可以清楚地看到,尽管大多数"船"会随着经济增长的起落而"升降",但有些"船"升得更高,有些"船"降得更低,这取决于社会结构和经济结构。

库兹涅茨还承认,并非所有的经济增长都是平等的。他后来在《新共和》杂志上撰文写道:"'提高'增长的目标应该具体说明提高哪一部分以及原因。"他还指出,在独裁国家,增长有时是通过压迫或煽动人们出于对外敌的恐惧和仇恨而更加努力工作来实现的。库兹涅茨希望国家账本有加减栏,不过哪种经济活动应该计入哪一栏有待商榷。他认为,应该从GDP中减去军事开支,而不是像如今这样将其涵盖在内,因为国防开支是一个国家因为潜在攻击者而被迫花的钱,这些钱本来可以用于提高人民的生活水平。库兹涅茨并不是消费文化的极大支持者。亚当·斯密认为，某些形式的经济活动是不可取的，是具有破坏性的，库兹涅茨对此表示赞同。他指出，GDP 应该"从更开明的社会哲学的角度，而非营利社会的角度"反映经济目标。他认为广告和金融投机应该被标为"危害，而非服务"。他说出了自己的疑惑：家庭主妇的无偿工作是否应纳入国民收入核算体系。

罗伯特·F. 肯尼迪后来呼应了库兹涅茨的想法。1968 年，肯尼迪在美国总统选举期间，也就是他被刺杀的三个月前，做了一次演讲。他在演讲中指出，美国的物质贫乏与更大的"满足感、目标和尊严的贫乏"匹配，他将 GDP 斥为衡量国家状况的一个糟糕标准。他表示："我们在太长的时间里积累了太多的物质，似乎已经在单纯的物质积累中放弃了追求个人卓越和社会价值。"他指出，是香烟广告、救护车、家庭安全、监狱、红杉林的破坏、城市扩张、凝固汽油弹、核弹头和美国警察在城市暴乱中使用的装甲车推动了 GDP。"它不包括诗歌的美或婚姻的力量，不包括我们公开辩论的智慧或公职人员的正直。它既没有衡量我们的机智和勇气、智慧和学识，也没有衡量我们的同理心和对国家的奉献。简言之，它衡量了一切，却把那些赋予生命价值的东西排除在外。"肯尼迪如是说。

如今，从世界银行的现任行长到日益增长的"去增长"运动，GDP 的批评者每天都在增加，他们详细阐述了库兹涅茨和肯尼迪提出的担忧。经济增长的成果还和以往一样，分配得极不平均。虽然印度等较贫穷的国家在经济增长的竞赛中正逼近欧洲、北美、澳大拉西亚和日本等老牌赢家，但重要的是，不要言过其实。如果平均分配，全球经济每年产生的财富可以给地球上的每个人大约 1.2 万美元。在仅占世界人口 5% 的加拿大和美国，人均收入比这个数字高 400%。

虽然国家之间的不平等在逐渐缩小，但国家内部的不平等却在加剧。正如法国经济学家托马斯·皮凯蒂指出的，这一点在世界最富有的 0.1% 的人中最为明显，而不是在最富有的 1% 的人中（从数字上看很明显，但在现实生活中可能很难看出来）。在美国，塔尖上那 1‰ 的人在过去 40 年里，税后收入增加了 420%，而人均 GDP 仅提高了 79%。（相比之下，美国收入较低的那一半工人的收入仅增加了 20%。）近年来，超高层阶级的收入一直在攀升，已经比全美平均水平高 100 倍。正如皮凯蒂所说，美国人的收入是"有史以来分配最不平等的"。不过，即使在贫富差距不那么大的地方，比如西欧，前 10% 的人的收入仍远远超过后 50% 的人。

自罗伯特·F.肯尼迪那个时代起，GDP 应做减法的说法得到了一系列奇怪现象的支持。当政府将纳税人的钱投到即将倒闭的银行，正如大衰退时期的做法时，是在增加 GDP。低效率，也就是浪费金钱来完成本可以用更少的钱完成的事情，对 GDP 是有好处的。正如金融记者戴维·皮林所说，如果每位妈妈都不给孩子喂母乳，而是选择购买配方奶粉，虽然这与几乎所有儿科医生的建议背道而驰，但 GDP 会因此上升。用有偿劳动取代志愿者将对经济增长产生巨大的推动作用。在新冠肺炎疫情防控期间，提供口罩、呼吸器、个人防护设备、疫苗、酒类和虚拟聚会软件的公司成为 GDP 的亮点，尽管这些公司象征着绝望或孤立。有些丧失道德的人在疫情防控期间囤积重要物资，然后哄抬价格以牟取暴利，但从 GDP 增长的角度来看，这些人实际上是在做贡献。

2019 年，新西兰成为首个正式放弃将 GDP 作为衡量经济成功主要指标的国家。苏格兰和冰岛已经宣布，它们计划将民众福祉作为主要指标。其他许多国家和地区现在也开始统计"真实发展指数"，即 GPI。（从 2010 年开始，美国马里兰州每年都会计算 GPI。）GPI 试图将经济中的社会成本和环境成本考虑在内。如果 GDP 显示，一个国家的工厂的生产力为正增长，那么 GPI 需要减去空气污染的治理成本。

过去 20 年的研究表明，GDP 和 GPI 走的是不同的路径。首先，GPI 的增长要慢于 GDP。其次，GDP 和 GPI 通常会随着国民经济的发展而增长，但只会达到一定的程度。在世界上最富裕的国家，GDP 自第二次世界大战以来急剧攀升，但 GPI 却没有清晰的走向，自 20 世纪 70 年代中期以来即使有增长，也十分缓慢。在过去的几十年里，世界上最大的消费经济体在将经济增长转化为生活满意度方面做得不尽如人意。

在这一点上，没有哪个支持增长的说法会免遭攻击。例如，经济增长使无数人摆脱了贫困，这是无可争议的。与经济快速增长之前相比，生活在极度贫困中的人口比例更小了。不过，虽然贫困人口的比例比以往任何时候都小，但是贫困人口却在增加。经过两个世纪的经济增长，如今地球上的极度贫困人口与 19 世纪初的全部人口一样多。

在一个风和日丽的日子，彼得·维克托坐在他最喜欢的橡树下，四周一片寂静。他并不想用消费的终结来吓唬计算机模型中的加拿大。为了模拟我的设想，维克托首先调低了经济学家所说的"边际消费倾向"，它衡量的是普通人每多赚一美元会有多少用于消费。如果他们的消费倾向按照 21 世纪迄今为止大部分时间的轨迹发展，50 年后加拿大人的消费将比现在多 170%。（如果难以想象加拿大这样已经很富裕的国家还要如此增长，那么就想一下现在年收入 6 万美元的一般加拿大家庭，年收入变成大约 16 万美元后的生活会是什么样子。）维克托把边际消费倾向下调了 50%，相当于加拿大一夜之间放弃了由消费驱动的经济。

他又做了一些调整，以确保消费不会卷土重来。通常情况下，当消费放缓时，强大的经济力量会试图使其重整旗鼓。政府会推出减税政策，并开始将公共资金用于创造就业的项目，比如修路和修桥。银行以极低的利率提供贷款。商店和餐馆会降低物价。但是，如果花钱的欲望确实降低了一半，那么这些手段都不会起作用。维克托看起来有些担忧。

他把电脑光标停在了一个标有"运行"二字的按钮上。

不一会儿，屏幕上出现了各种曲线图，有的线条上扬，有的线条下降，有的上下波动。维克托仔细研究了这些图。他说，失业率和债务太高了，已经超出了图的范围。投资人损失巨大。普通家庭60%的收入最终要用来缴税，因为政府正努力不让社会的文明程度退步至中世纪。尽管人口还在增长，但在世界停止消费的50年后，加拿大人的消费与照常购物相比，将减少近300%，甚至明显低于当今的消费。值得注意的是，在这种混乱的情况下，温室气体的排放量仍在上升，不过速度要比以往慢得多。从整体上看，维克托的模型预测了一系列严重的经济衰退，中间有短暂（且难以理解的）好转时段。

维克托向后靠在椅子上。一只羽毛比红天鹅绒还亮的红雀在他最喜欢的橡树上飞来飞去。在一个停止消费的世界里，他可能很快就会把那棵树当柴火烧了。他说："我觉得你可能在扼杀资本主义。"

维克托的"停止消费模型"和以下两点很像：一是疫情封锁造成的经济危机；另一个是维克托早期的一个设想，名为"无增长灾难模型"。在这个模型中，维克托假设加拿大的经济和人口增长都突然冻结，其结果是GDP急剧下降，失业率陡然上升，政府债务严重，贫困人口激增，唯一的好消息是温室气体的排放量下降14%。他说，停止消费的情况会更糟糕。他说："这是政策制定者如此重视消费增长的原因。每个人的收入都来源于其他人的支出。如果所有人都削减开支，那么我们的收入就会下降。故意大幅减缓经济增长速度会产生很大的危害。"

故事并没有到此结束。和环保主义者一样，经济学家也像皮凯蒂所说的，"对预测世界末日过于感兴趣"。由于经济高速增长的时代也是造就当今世界的时代，人们往往认为这两者是密不可分的，一荣俱荣，一损俱损。然而，当维克托第一次运行加拿大经济模型时，很快就得出了一个相悖的结论：没有增长也是完全可行的。

他说："我们不妨看看消费放缓4%的情况，可以称之为'放缓消费模型'。对于始终以消费为目标的文化来说，这可不是小事。"他运行了新的数据，结果虽然不是一场彻底的灾难，但却是持久的经济衰退，伴随着我们熟悉的苦难：人们失业，投资人亏损，政府收入蒸发。

维克托把身子往前凑了凑，做了进一步调整。人们在减少消费时，对商品和服务的需求会减少，经济活动水平相应下降。可供分配的工作也会减少。为了避免大规模失业，维克托采取了措施，把剩余的工作尽可能分给更多的人。他缩短了工作时间，大多数人每周只工作四天，而不是五天。然后，他调低了加拿大人口的增长速度，目前加拿大人口的增长全部源自移民。这一举措同时限制了找工作的人数。（不断有人因为年纪大了而退出劳动力市场，所以它仍可以容纳新移民。）接下来，维克托提高了绿色投资，这样做可以增加就业和收入，同时减少我们仍想购买的商品和服务所用的资源。此外，他调整了税率，以便更平等地分配财富——此时，经济仍在创造财富。

最后，维克托成功地将失业率控制在较低水平。同时，大多数人可以保持基本的生活标准。气候和环境给社会带来的压力下降了，甚至比单纯减少消费时下降的幅度还大——维克托收获了"脱钩"和"去增长"的双重好处。即使在他做过平滑处理的模型中，失业率有时仍会激增，但通过将更多的政府开支用于穷人（给教育和军事等其他大额支出留有较少的资金），贫困问题没有恶化。至少从理论上讲，我们有可能放慢消费和增长的步伐，并且幅度可以很大，而不会导致崩溃。正如维克托在《不依赖增长的治理》一书中所说的："有意放慢速度，大可避免灾难。"

这一切并不会自然发生，而是当权者决策的结果。在上述设想中，维克托是那位伟大的木偶大师，但在现实生活中，这项权力掌握在政治领导人和政府官员手中。人们可能会面临更残酷的选择。如果可供分配的工作时长减少，收入减少，政府可以让其集中在少数拥有特权的人手中。为了保护投资者，政府可能会任由贫困和失业情况恶化。减少消费的任务可能存在分配不公的问题：没有过度消费的人可能要被迫削减开支，这样那些过度消费的人才不用大幅削减。事实上，所有上述情况更符合我们当今的消费社会。

放缓消费模型类似于维克托最近提出的一个设想，即"可持续繁荣模型"。在这个模型中，GDP 增长在 50 年内逐渐下降到接近零的水平。他使用在消费支出下降 4% 的模拟中所用的工具，结果防止了就业率的严重恶化，同时减少了工作时间，缩小了收入的不平等。政府债务确实有所增加，但远低于现实世界中的水平，同时没有导致经济崩溃。家庭的总体财富持续增加，只是比经济强劲增长时更慢而已。

这还是资本主义制度吗？鉴于其强有力的财富再分配政策，很多人，尤其是美国人，会把维克托的制度称为社会主义制度。不过，在这种情况下，投资人仍然存在。他们赚的钱比现在少，但并没有少很多，企业和劳工之间的利益分配仍在历史的正常范围内。与此同时，可持续繁荣模型中的碳排放在不到 25 年的时间里达到净零，与经济增长期间致力于通过可再生能源和绿色科技来减缓气候变化相比快得多。

维克托赶紧强调，这些模型并不完美。仅举一个至关重要的例子，它们无法预测人们是否会接受他强塞给他们的巨大变化。不过，维克托在模型中使用的每一个工具都已经被高度发达的国家采纳，最近一次是为了在疫情防控期间防止出现爆炸性的社会不满。我们似乎真的可以随时开始有意放慢经济消费的速度。

当然，我的思想实验没有采取这种循序渐进的平缓措施，而是假设世界突然停止消费，随之而来的是突然、迅速、漫长而艰难的下跌。要想知道具体会发生什么，我们就必须去一个有过类似经历的地方。

比如芬兰。

第 7 章
从"真正的灾难"中解放"日常灾难"

一个 8 岁的小女孩看着爸爸在案板上切割半头猪。已是深秋,白天越来越短,小女孩金色头发的光泽随着夜幕来临而逐渐暗淡。她身上穿的衣服是自己家里做的。门口摆着的是她唯一的一双鞋,不穿坏是不会换的——她从未在屋里穿过这双鞋。眼前血腥的内脏既让她看得入迷,又觉得恶心,案板上的猪脑就像奇妙的粉红色珊瑚一样。

这个场景听起来似乎离我们的生活很遥远,仿佛来自第二次世界大战或是大萧条时期,一个在富裕生活、琳琅满目的品牌和快时尚到来之前的时代。不过,有些细节却很突兀。女孩的衣服里有一件虎纹毛皮夹克。厨房的角落里有一台录像机和一台电视。她的卧室里放着一根会发光的魔法棒,这是两年前的冬天一家人去佛罗里达旅游时买的纪念品。他们一起去了迪士尼乐园。

这些都是瓦尔普·波于吕的记忆。身为千禧一代,生活在富裕国家的她似乎年纪太轻,不可能记得以往艰难的经济时期。波于吕带着她的孩子罗莎坐在阿尔托咖啡馆里,这家咖啡馆坐落在芬兰首都赫尔辛基美丽的滨海大道上,大道从港口一直延伸到市中心。这家咖啡馆是以建筑师和设计师阿尔瓦·阿尔托的名字命名的,同时也展现了他对消费文化的特殊看法。咖啡馆融合了现代主义的坚硬线条，用皮革、木材和灯笼发出的黄铜色柔和光线加以衬托。这是寒冷国家特有的一种美。我们周围的芬兰人都身着秋装，这是出于习惯而非必要，让人难以相信的是，咖啡馆外10月的热浪正在翻滚。

波于吕是一名工程师，也是博客"她的芬兰"的创建者。这个博客以介绍芬兰的生活方式为主。不过，1990年她还是个小女孩的时候，一家人生活在森林环绕的库赫莫伊宁小镇。像很多孩子一样，她并不关注宏观经济。她在田野和森林中玩耍，在一所很小的学校上学，喜欢看芬兰经典动画片《姆明一族》。她说："我的童年真的是我所能拥有的最好的童年。"后来，她的妈妈开始根据肉制品包装上的有效期来安排全家的购物时间，以便半价购买。直到那时，她才意识到贫困正悄然来临。

突然间，库赫莫伊宁有一半的人似乎都失业了。波于吕的父母很幸运，保住了自己的饭碗，但不得不开始奉养波于吕的祖父祖母，因为他们已经入不敷出。"我还是不知道为什么会这样，因为我们从来不谈论钱，芬兰人就是这样。"波于吕说，"但是他们已经捉襟见肘了。"就在几个月前，一家人还把捕鱼和砍柴看作简单快乐的乡村生活，现在它们成了果腹取暖的手段。他们种满了一个很大的菜园，有一大片土豆。那个像"停尸冰柜"似的冰箱里装满了野禽和驼鹿肉。他们以后不会再去迪士尼玩了。那一年，最鲜活的记忆是有关猪脑的。

芬兰大萧条始于1990年，持续了4年，又过了7年，经济才真正开始增长。这是过去几十年来一个民主富裕的国家经历的最严重的"消费灾难"——人均消费支出下降了至少10%。

拉塞·耶斯凯莱宁说："这次打击真的太大了。"耶斯凯莱宁当时是赫尔辛基的一名金融记者。20世纪80年代，芬兰的股市和房地产市场在一系列措施的刺激下飞速发展，包括放松金融管制、宽松信贷、投资泡沫，还有人们因为常年繁荣而认为一切都会持续下去的信念。就像其他富裕国家一样，芬兰也进入了雅皮士时代，鳄鱼牌马球衫和克尔维特敞篷车就是明显的例子。80年代末，《商业周刊》警告说："整个体系正经历从投资到投机的转变。"如今，我们觉得房地产和股票市场好似巨大的赌场而非实物交易的地点，这种看法很正常。但是，在20世纪80年代，这种观点自"咆哮的二十年代"以来从未被广泛接受，芬兰也是如此。芬兰加入工业革命的时间较晚，很多芬兰人仍然记得他们在20世纪50年代第一次尝到进口橙子；20世纪60年代，肉还是一种奢侈品。不到20年的时间，生活方式就发生了巨大变化，晚餐时喝葡萄酒，飞到温暖的地方过冬变成了很普通的事。

"你会被发展的速度蒙蔽。"耶斯凯莱宁回忆说，"酒吧里的每个人都在试图模仿某个人。"耶斯凯莱宁是个怪人，他没有随波逐流。他是典型的高冷的芬兰人，爱好包括武术，喜欢喜马拉雅猫（但两者不能混在一起）。"我内心有一个小小的声音说'要远离这样的生活'。"

20世纪80年代末和90年代初，全球经济都出现了萧条的景象，而芬兰的危机因其最大的贸易伙伴苏联的衰退加剧了。在大萧条的第一个月，耶斯凯莱宁的房产价值就蒸发了1/3。随着人们停止消费，赫尔辛基各地的店铺用木板封住了窗户。"试想一下，纽约在两年的时间内有4万~5万家小企业倒闭。"

"消费灾难"这个词准确地描述了消费的重要性：只是放慢消费的速度，经济就会像遇到战争、饥荒和大地震一样。在大多数情况下，这种灾难是接踵而至的。哈佛大学经济学家罗伯特·巴罗仔细研究了全球宏观经济危机数据库。他发现，在第二次世界大战期间，残酷的消费灾难席卷了欧洲和亚洲大部分地区，有些地方经历了有史以来最严重的消费灾难。荷兰的消费下降了54%，苏联下降了58%，希腊和日本下降了64%，中国台湾下降了68%。然而，在新冠肺炎疫情暴发之前，有些国家已经有几代人没有经历过消费灾难了。

事实上，芬兰大萧条开始时，工业化国家的很多人认为，太平盛世会出现经济灾难的时代已经结束。然而，芬兰遭遇了历史上比美国大萧条更严重的崩溃，而且是在一个充斥着全球化、手机、电子游戏机和万维网的黎明时代。

芬兰人分析了他们的需求和欲望，就像美国人在大衰退期间所做的一样，但细节并不相同。芬兰是世界上社会福利最好的国家之一，令人震惊的是，这里突然出现了等待领救济食物的队伍。酒吧里，衣着暴露的女子端上了分量和酒精含量都减半的啤酒，廉价颓废之风尽显。然而，在芬兰大萧条期间，手机和互联网支出增加了10倍，成为新的必需品。用一位芬兰经济学家的话说，它们"就像面包一样"。随着经济的崩溃，人们开始买宠物猫和宠物狗，以此寻求安慰和那种至少有个活着的东西很需要自己的感觉。30年后，在新冠肺炎疫情暴发期间，宠物需求再次激增。

20世纪80年代的繁荣破灭后，大多数芬兰人因为高额的抵押贷款或租金而手头拮据，他们几乎没有钱买没用的东西。然而，那些打造泡沫经济的银行游说者和政客却指责普通公民，说是他们的贪婪和过度消费导致了经济崩溃。仿佛被打脸一般，在这个历来节俭的国家，很多人加大了削减开支的幅度，其实他们本不需要这么做。

"这是心理问题。"历史学家尤哈·西尔塔拉说。他下巴突出，眼睛像冰川一样晶莹透彻，仿佛刚刚从雪花纷飞的芬兰异教史诗中走出来一样。"当人们的生活水平超过上一代人时，他们就会怀疑自己超越了标准,而经济崩溃就是上帝愤怒的标志。他们不得不鞭笞自己,放弃一切,来安抚愤怒的灵魂和命运。"有些家庭被迫卖掉了他们几乎所有的东西;有些家庭因为无力抚养孩子而放弃了生育。正是在芬兰大萧条时期,这个鲜为人知的国家因自杀率奇高而广为人知。

在芬兰大萧条期间,消费在漫长的 4 年中仅下降了 14%——家庭支出适度下降的严重后果令人震惊。美国的大衰退使人们失业,无家可归,夺走了他们的生意和储蓄,但从名义上看,它没有被列为国家灾难,2020 年的疫情也没有。在过去的 150 年里,美国只经历了两次真正的消费灾难。第一次是在 1920—1921 年,一战后联邦开支的削减导致消费下降了约 15%。第二次是 10 年后的大萧条,消费在几年间下降了 21%。如果美国人想知道为什么在大衰退或疫情防控期间人们的日常生活看起来没有大萧条时那么糟糕,其中一个原因是虽然成千上万的美国人面临着巨大困难,但这两次事件都不是十分严重的灾难。

近期的经济危机之所以看起来没有以前那么严重,还有一个原因:富裕国家的大多数人经过很长时间才会跌到谷底。在 20 世纪 30 年代,普通家庭 1/4 的预算都用于购买食品,那时失业就意味着挨饿——我们都听过有人吃烂香蕉和动物饲料的事。在大衰退期间,许多美国消费者只是在 iTunes(一款数字媒体播放应用软件)少买几首歌,选择在价格较低的餐馆吃饭,改用更便宜的手机和有线电视套餐。如今,如果美国人的消费减少 14%,就是芬兰大萧条时下降的幅度,即使算上通货膨胀,也只会回到 5 年前的消费水平。但这也可以算是历史上最大的经济灾难之一了。

灾难的矛盾之处在于我们会经常深情地回顾它。我们这样做的原因可以追溯到 20 世纪 20 年代,当时几位社会科学家创建了"灾难研究"这一领域。他们在早期有一个重要的发现,与我们在好莱坞电影中看到的相反,遭受战争、地震或飓风等灾难的人们更有可能相互照顾而不是相互利用,更有可能理性且有目的地行事而不是被原始恐惧支配。

社会学家查尔斯·E.弗里茨是灾难研究的一位先驱。他有一次到访英国,当时二战造成的恐怖和匮乏已经困扰了这个国家5年。他后来写道:"我们以为这里的人会充满恐慌,厌恶战争,因为亲朋好友的死伤而感到愤慨,不满于长期以来物资匮乏的生活方式。但事实恰恰相反,他们深感光荣和幸福,充分享受生活,表现出快乐的心情和对生活的热爱,真的很了不起。""保持冷静,继续前行"这句持久的口号反映了英国当时的情形,它也因此被人熟知。很多其他拥有类似复原力的国家却没有被铭记,其中就包括德国。研究人员在评估空袭对德国人产生的心理影响时发现,遭受轰炸最严重的城市拥有最高的士气。不过,这也是有限度的:无论如何也没有人声称绝望的难民过着美好的生活。但是,除了绝对匮乏的情况,遭遇灾难的人始终会快速适应资源更少的生活,并且往往会变得更友好、更宽容、更团结、更慷慨。

正如美国作家丽贝卡·索尔尼特在《建在地狱中的天堂》一书中所指出的,灾难中的场景之所以让我们觉得印象如此深刻,是因为它们通常是不存在的。她的这种看法在一定程度上源自自己在旧金山一次大地震中的经历。在平常的日子里,我们很多人都会被社会孤立,总是觉得时间紧迫,面临收入和机会的强烈不平等,或是觉得生活没有什么目的或意义。索尔尼特写道:"日常生活已经是一种灾难了,真正的灾难会把我们从中解放。"

不幸的是,经济灾难似乎不同。正如芬兰所经历的那样,市场崩溃或经济衰退的受害者往往成为替罪羊,而重大原因却被忽视了——一般来说,主要原因是商业、社会和政治领域重要参与者的行为。经济危机非但没有让我们的生活充满意义,反而加深了我们的孤立感,让我们的生活失去目标,并加重了就业保障和账单支付等方面的日常焦虑。

这种悲观和失望有一个明显的例外:经济灾难往往会缓解与消费有关的地位带来的压力。例如,即使经济衰退可能会加剧收入不平等的情况,炫富往往也会被视为低俗的做法。人们会穿得更朴素,买不那么张扬的房子和汽车,节俭变得更容易接受。芬兰人整体上不怎么怀念大萧条的时光,但在那个年代的年轻人的记忆中,那是一种解放。20世纪80年代色彩鲜艳的服装和大肆宣传的品牌被人们抛弃,黑色皮夹克和牛仔裤成为新宠,而且牛仔裤越破越好。欧洲和北美在20世纪90年代全球经济衰退时也是如此。随着就业机会的减少,人们的雄心受挫,但想要获得成功的压力也随之消散。"低消费的生活方式会避免很多问题。"一位女士告诉我,"你不必担心穿什么,车是不是最新款,房子新不新。"当世界停止消费时,这种解脱感是最重要的一种心理转变。

1899年,挪威裔美国社会经济理论家托斯丹·凡勃伦出版了《有闲阶级论》,这本书客观地描述了上层阶级的行为。凡勃伦在书中创造了"炫耀性消费"一词,这种消费的主要目的就是让别人看到。他举了一个经典的例子:在他那个时代,一把手工制作的银勺大约20美元,机器制造的铝勺要价20美分,喝汤的时候,银勺并不比铝勺更好用,但为什么人们要花那么多钱买一把手工的银勺呢?

凡勃伦预见了支持购买银勺的人会怎么说:银勺的功能不仅仅是喝汤,使用做工精良、样子美观的东西还会给人带来一种愉悦感。凡勃伦毫不留情地做出了三点回复。第一，银和抛光铝虽然在"纹理或颜色等内在美"上存在差异，但不足以支持银勺的价格是铝勺的100倍。（许多人用肉眼无法区分这两种金属，铝和银都能很好地反射光线，它们会被用在高端镜子中，比如望远镜。）第二，如果人们突然发现所谓的手工制作的银勺其实是机器制造的，那么它的价值会立刻蒸发至少80%，尽管产品本身并没有什么变化。第三，除了金属重量的差异，铝勺的做工和银勺若完全相同，它们的价格仍然天差地别。凡勃伦因此得出结论，银勺的价值主要来自这样一个事实：必须是富人才能拥有银勺。每个人对此都心知肚明。

凡勃伦写道："勺子这个例子很典型。一般来说，人们在使用和欣赏据说很漂亮的贵重产品时获得的优越感和满足感，在很大程度上其实是以漂亮名义伪装的奢华感。"

自从凡勃伦提出"炫耀性消费"以来，这个词已经得到了广泛认可。20世纪80年代的雅皮士文化，21世纪的珠宝和照片墙（Instagram）文化，还有一位亿万富翁成功当选美国总统，其私人飞机的安全带扣子镀的是24K金，这一切都是"炫耀性消费"的体现。在众目睽睽下涂抹昂贵的口红，开兰博基尼，背价值5 000美元的香奈儿流浪包，短途旅行坐商务舱，都是现代炫耀性消费的典型例子。

炫耀性消费是广告最常宣传的内容，也是我们在谈论购物时常常会提到的内容。美国社会学家朱丽叶·肖尔在20世纪90年代再次掀起了炫耀性消费研究的热潮。她指出："在我们消费的产品中，与私下使用的产品相比，外在产品受到同辈群体的影响总是更大。"然而，炫耀性消费正变得越来越普遍。20世纪90年代时肖尔认为不属于炫耀性消费的商品，比如炉子、热水器或卧室窗帘，今天可以很容易在脸书（Facebook）或照片墙上看到，它们因此成为炫耀性消费。过去，我们很少会确切知道亲戚朋友是如何度假的，或是在餐馆吃了什么，更不用说陌生人了。但如今，我们往往能够实时看到相关的信息。碰巧，凡勃伦已经预见了这种情况，他写道："商品炫耀性消费的重要性应该会逐渐增加，直到炫耀性消费包括了所有商品，除了勉强维持生计的东西。"现在，几乎所有东西都是凡勃伦所说的这种商品。

凡勃伦对我们的这种行为做了大量思考。从人文角度来说，他的理论通常可以简化为：穷人羡慕富人，因此想要努力成为富人或模仿富人的行为。凡勃伦所说的"炫耀性消费"后来有了其他说法，比如竞争性消费、位置消费，甚至是招妒性消费，即有可能引起他人嫉妒、羡慕或愤慨的消费。凡勃伦没有这么不近人情。他说，我们进行炫耀性消费的根本原因，不是贪婪、嫉妒，甚或竞争，我们这样做是为了追求"我们称为自尊的自满"。

可悲的是，大多数人似乎并没有因为有饭吃、有衣穿、有房住而建立自尊。相反，如果我们觉得自己的生活没有我们与之比较的人那么好，我们注定会感到不满。这些人不一定是富人，或者说他们往往不是富人。他们是我们今天所说的同一个圈子里的人。

我们现在知道，我们把谁当作比较对象这个问题非常复杂——包括朋友、同事和邻居，包括名人，还包括社交媒体上的陌生人。由于我们不断用消费来体现自己在周围人中的位置，今天的学者经常称之为"位置消费"。事实上，我们给自己定位时十分小心，结果有些炫耀性消费竟然变得不那么显眼了。一条 Hiut 牌牛仔裤、一把 Robbe & Berking 的勺子[①]，或是一件印有动画片《龙猫》中灰尘精灵的 T 恤，对某些人来说是立即可识别的信号，而对绝大多数人来说则完全不

---

① Hiut 是英国威尔士牛仔裤品牌，Robbe & Berking 是德国顶级银制餐具制造商。——编者注

可见。

有些评论家认为，我们今天的消费方式太过个人化，谈论炫耀性消费已经没有什么意义了。然而，今天的许多消费仍免不了赤裸裸的地位竞争。举个例子，房子是十分重要的地位象征。研究人员发现，如果有两个选择，一是在大多数房子都是200平方米的社区里的一幢300平方米的房子，二是在大多数房子都是600平方米的社区里的一幢400平方米的房子，那么大多数人会选择300平方米的房子，因为它比邻居的房子大。有一项研究调查了哪些品牌在21世纪第二个十年是"地位高"的象征，结果显示，其中的大部分品牌在20世纪80年代就已经很火了。在美国贫富差距较大的地区，这些品牌在社交媒体上被提及的频率更高。以下是位列前十的品牌：古驰、奔驰、路易威登、劳力士、宝马、香奈儿、苹果、普拉达、阿玛尼和范思哲。我们仍然很清楚哪些是明显的财富指标。我们仍然会用消费来标记我们的社会等级。此外，这项研究有一个重要发现：几乎所有人都会说自己没有进行位置消费，但数据显示，几乎所有人都在这么做。

位置消费是消费主义导致不快乐的一个最明确的原因。40年前的一项研究揭示了这种行为的影响力量，结果令人意想不到。研究人员想要确定20世纪50年代电视在美国的普及是否导致了犯罪的增加，因为电视上经常报道犯罪案件。他们发现，除了一个例外，电视节目并没有导致犯罪活动的增加。无论哪里普及电视，盗窃行为都会随之增加，但偷取个人财产是一种在电视节目中很少看到的犯罪行为。在排除了其他可能导致偷窃行为飙升的原因后，研究人员将其归因于"与看到高端消费有关的因素——也许是相对的贫困和失望"。在当时的电视节目中，85%的人物都处于中产阶级和上流社会。经常看到炫耀性消费，似乎就足以促使某人犯罪了。

在私人访谈中，即使是非常富有的人也告诉凡勃伦，炫耀性消费既是一种乐趣，也是一种负担。他们有时会觉得被"复杂累赘"的"房子、家具、小玩意儿、衣柜和美食"压弯了腰。不过，"相对的贫困和失望"在这里依然适用。不管是勉强度日，还是安富尊荣，如果我们觉得自己跟得上大家的步伐，就会感到心如止水；如果我们先人一步，那便更好。（用凡勃伦的话说，就是"极其满意"。）如果我们感觉自己落后了，感觉自己在社会中的地位下降了，我们的幸福感就会被大大削弱。

现代研究证实，不平等有助于推动消费主义。它的主要途径是加剧地位竞争，使财富和成功的明显标志都变得更加重要，比如更贵的手机、豪华汽车、在社交媒体上发布的环球旅行体验，这进而提升了追求金钱的重要性。简言之，不平等推动了物质主义价值观。理查德·威尔金森是一位不平等问题的研究专家，他提出地位竞争必然导致"外在表现的折磨"。我们对这种折磨的反应各不相同：有些人成为典型的炫耀性物质消费主义者；有些人的自尊心不断受到攻击，因此陷入抑郁或焦虑；有些人因为逃避而沉溺于毒品、酒精或消费本身。（消费真的可以暂时当作治疗地位焦虑的"购物疗法"。）如果我们看看自己的生活，大多数人可能都会发现上述情况的影子。

记者阿努·帕尔塔宁从芬兰这样一个富裕且收入相对平等的国家搬到了收入不平等现象最严重的富裕国家美国。她根据自己的经历写了《北欧万物理论》一书。她坐在赫尔辛基的一家咖啡馆里回忆说，在离开芬兰之前，她从来没有觉得要把自己的成功展现出来。她觉得自己经济上有保障，而其他人的生活方式似乎与她差不多。事实上，芬兰的富人有时会抱怨说，他们不能炫富，只有适度享受才会受到尊重。

帕尔塔宁搬到纽约市以后，美国的物质主义显而易见，且令人无法抗拒。她不断遇到穿着更贵的衣服、住着更大更好的公寓、开着更炫酷的汽车的人。在媒体上，名人的炫耀性消费极为夺目。"他们想炫耀自己的大房子，还推出了相关的综艺节目，好像在说这是值得羡慕和人人想要的东西。他们做得太过头了，有一辆法拉利不够，必须得有十辆。"帕尔塔宁说。

与此同时，她在纽约的街道和地铁上目睹了极度贫困的状况，这和她在欧洲所见的完全不同。她意识到，在美国，失业甚或一份收入微薄的工作可能会导致无家可归、饥饿和绝望。让帕尔塔宁更加焦虑的是，虽然贫穷往往显而易见，财富却不是。她最终意识到，很多同龄人不是靠自己的收入生活，而是靠遗产或家里的支持。最糟糕的是，要赚足够的钱来建立家庭，送孩子上大学，买可靠的健康保险似乎真的很困难。矛盾的是，随着不安全感与日俱增，她发现自己想花更多的钱，而不是更节俭。

"让我震惊的是，我在北欧长大，以前从来没有这种感觉，但搬到美国后很快就不能自拔。我觉得我应该多多购物。"帕尔塔宁说，"你会想买更多的东西，这样你才会觉得自己走在成功的路上，自己是安全的。"

帕尔塔宁的经历正好反映了有关不平等的研究结果。现在有大量研究支持这样的理论：当人们觉得自己的物质和心理需求无法得到满足而缺失安全感时，就会加大对物质的追求，而那种不平等会加剧不安全感。贫富之间的巨大差距还创造了显而易见的机会，让人们将自己的生活方式与他人进行比较，进而开始关注需要拥有哪些财产或经验才能达到凡勃伦所说的"我们称为自尊的自满"。最后，帕尔塔宁回到了芬兰。她说，她马上就觉得可以把在纽约穿的那些象征成功的衣服丢到一边。她觉得自己不再有关注地位的压力，可以更自由地思考自己真正想要做什么。正如英国一位政治家曾经说的："如果你想实现美国梦，就去芬兰吧。"

不过，芬兰现在的不平等问题要比20世纪90年代经济崩溃前更为严峻。一位地理学家告诉我，在大萧条之前，这个国家的指导性愿景是建立一个"人人生活在同样的现实中，人人相互理解"的社会。在20世纪80年代的雅皮士时期，收入不平等有所加剧，但幅度不大。在芬兰大萧条时期，因为政府的支持，有收入人群的税收有所提高，无家可归和饥饿的状况在很大程度上得到了遏制——彼得·维克托在他的经济模型中就是用这些措施来缓和灾难的。当时没有发生暴乱，甚至没有大规模的街头抗议。

然而，随着大萧条的持续，芬兰最富有和最有权势的人效仿当时的欧洲和北美，推行了以市场为导向的政策。从那时起，芬兰的贫富差距持续扩大。与30年前相比，如今的芬兰更难忍受消费灾难。等待领救济食物的队伍从未消失。

不过，你可能会问芬兰众所周知的高自杀率是怎么回事。当然，这是芬兰大萧条的真实写照和惨痛代价。但几乎完全不为人知的是，芬兰的自杀人数在经济危机期间并没有增加，而是在20世纪80年代的黄金繁荣时期达到了顶峰。芬兰大萧条甫一开始，自杀率随之下降，这一趋势一直持续到今天。（虽然该国自杀率仍然高于大多数西欧国家，但与美国大致相同，并且低于日本或韩国。）事实上，消费灾难时期芬兰人的心理健康问题尚无定论。没有研究表明他们的心理健康严重恶化；有些研究表明，从大多数方面来看，芬兰人的心理健康反而有所改善。

没有人能够准确给出答案。不过，一个常见的解释是，在20世纪 80 年代飞速发展的消费文化中，芬兰人发现他们比以往任何时候都想与人激烈地竞争和比较。他们从未有如此强烈的感觉：整个国家正在分裂成赢家和输家两大阵营。芬兰古老的智慧警告说，自杀的年轻人不是死在黑暗漫长的冬天，而是死在春天到来的时候。"他们看到了一个充满可能性的世界，"一位女士对我说，"然后就自杀了。"他们直面的是日常生活的灾难。

小时候穿自己家里做的衣服、记忆中都是切割猪肉场景的瓦尔普·波于吕清楚地记得自己意识到芬兰大萧条已经结束的那一刻。在那段艰难的岁月里，波于吕会看电视，看当时流行什么，然后画下来，让母亲和祖母为她缝制。她 11 岁时看到电视上的人都在穿荧光色的衣服，就向家里要了一条荧光绿的裤子和一件荧光粉的衬衫。她说："我很自豪，我很赶时髦。"那时，芬兰的状况正在好转。

第二年，一家人去了希腊。波于吕在海滩上遇到了来自赫尔辛基的一群女孩，她们穿着当时的流行品牌。波于吕说："我穿着自己家做的衣服，我真的觉得，天哪，太丢人了。"

波于吕表示，芬兰很多像她一样的千禧一代很担心现在的消费方式。她不确定他们觉得什么更重要——是他们对芬兰大萧条的童年记忆，还是不可否认的全球环境问题。像世界各地有此担心的人一样，他们正在做出自己的选择，希望减少碳足迹。他们骑自行车，使用公共交通工具；吃燕麦代替猪肉；坐飞机旅行，又为此感到内疚。

然而，波于吕的童年还保留了一份财富，她并不害怕再次出现经济崩溃。"我不觉得自己被剥夺了什么。"她告诉我，"我没有想要什么就有什么，这一点很重要。它让我懂得我还是可以拥有美好的生活的。"她说她有赖以生存的技能，可以种粮食、养家畜、捕鱼，还可以做果酱、缝衣服、织袜子。

波于吕的脑海里突然浮现了一段回忆。你可能以为，身为一个孩子，她在困难时期会渴望生活在一栋大房子或热闹的城市里。相反，她梦想着过一种比她家当时更自给自足的生活。在她的想象中，她有一间简朴的小屋，使用太阳能，养着很多家畜，用苔藓代替卫生纸。虽然她是一个快乐的女孩，但她已经感受到了芬兰大萧条时期的焦虑情绪。她对自己说，黑暗时代即将来临。她并没有意识到那个时代已经拉开了序幕。

第 8 章
广告能否反其道而行之？

在伦敦的克拉珀姆公地地铁站，如果你从站台走出地铁口来到街边或是从地铁口走到站台，通常会路过 65 块广告牌。对于每个乘地铁上下班的人来说，一天就会看到 130 支广告，一周 5 个工作日就是 650 支广告，而这仅仅是他们每天穿过地铁站那一两分钟发生的事情。单单在自动扶梯上，他们就会经过 54 支各式各样的广告，包括衣服、香水、电影、鞋子、手机和演出。

突然有一天，这些广告都消失不见了。墙壁甚至旋转门上都换上了猫咪的照片：有经典的黑白公猫，有戴着紫色项圈的小猫，有长着傲慢绿色眼睛的长毛虎斑猫。这些猫与买卖无关，它们的照片被贴在那里并非想从你身上得到什么。它们之所以被贴在那里，只是因为猫咪会给人带来美好的心情——就像网上强调的那样，而广告往往让人有一种不安全感或是让人觉得缺少什么，换句话说，就是会带来不好的感觉。那么，为什么不多放一些猫咪的照片，少放一些广告呢？

这一幕真的在伦敦地铁里上演了。2016 年 9 月，英国罕见地被热浪裹挟，一群具有反叛精神的广告创意人把整个克拉珀姆公地地铁站租了下来。他们撤掉了所有卖东西的海报，换上了猫咪的照片。这个广告创意团体名叫"匆匆一瞥"。我们可以从这件事中瞥见如果广告从现实世界和人心中消失后可能会发生什么。

有一点我们是清楚的，在一个停止消费的世界里，广告数量会变少。如果说在那个重大日子来临时有行业会严重崩溃、无法复原，那非广告和营销行业莫属了。

当消费者停止消费时，各大企业首先会减少广告支出。在新冠肺炎疫情防控期间，即使是网络广告，也在短短两个月内骤减了近40%——要知道，人们在此期间的上网时间比以往任何时候都长。虽然公众会为危机期间的诸多商业损失感到痛惜，但在读到有关广告减少的媒体报道时却往往叫好不已。具有讽刺意味的是，大多数媒体报道都少不了广告的支持。

这种情况其实并不罕见，而是一直如此。2009年，当经济因大衰退而跌到谷底时，全球广告支出下降了10%，远远超过了消费者支出的下降幅度。美国营销行业的工作岗位跌至1995年的水平，相当于时间倒退了近15年。不过，广告业的那次暴跌并不是近期最严重的一次。20世纪90年代初那次经济危机期间出现过更严重的情况。当时，在较富裕的国家，市场营销行业的下滑速度比经济下跌速度快4倍。当然，最糟糕的是芬兰，其广告支出在几年内就下降了1/3以上。

消费和广告是紧密相连的，这一点毋庸置疑。从厄瓜多尔这样的国家飞到美国的任何一个机场，铺天盖地的广告会迎面袭来，让人为之一惊，而在较贫穷的国家，这种感觉要弱得多。收入差距缩小时，营销甚至也会下降，因为当人们觉得自己和周围人的生活水平差不多时，就会少买东西。

一直以来，广告有何作用，对我们有什么影响，人们对此的争论始终未停。相关领域的研究人员甚至对我们是否可以说广告有效都没有达成共识，因为广告只在某些时候有效，或者只对某些人有效，而且在很多情况下，我们根本无法衡量其影响。但是，我们内心知道，广告是一种强大的社会力量，这一点从全球每年广告支出超过6 000亿美元中就可以看出来。市场营销就像气候变化一样。我们不能说伦敦9月的热浪是全球变暖导致的，但我们知道全球变暖增加了热浪出现的可能性。我们每一次购物不一定都是受到了广告的影响，但广告的无处不在增加了我们购物的可能性。

营销方式是多元化的，就像我们认为不同的东西价值不同一样。广告会让我们相信某个产品很有用，能够解决某个问题，让我们的生活更有意义、更美好，可以提高我们的吸引力，标志着一个生活中的重要事件，满足我们的白日梦和幻想，消除我们的内疚和不安全感，说明我们是谁，表明我们的地位，加强我们与关心之人的关系，让我们与过去相连，或是当作礼物送人，等等。满足这些需求和欲望最终都有一个结果，一种同样的感觉，那就是快乐——可能是人们所说的"快乐的火花"，也可能是更为复杂的满足感，比如找到了合适的棺材埋葬亲人。广告给了我们永恒的承诺，那就是消费会带来满足感。

有人说，资本主义什么都能卖，只会多卖，不会少卖。文森特·斯坦利是户外运动品牌巴塔哥尼亚的一员。他在公司的角色有些奇怪，既是营销人员，也是一位哲学家。他在2011年最繁忙的购物日对上述论断进行了著名的测试。斯坦利建议，巴塔哥尼亚在黑色星期五的时候在《纽约时报》上刊登一则不同寻常的广告，这一天是全球圣诞购物狂欢的开始。这则广告的配图是巴塔哥尼亚最畅销的羊绒外套，标题为"别买这件外套"，其广告文案也同样直截了当。"不要买不需要的东西，购物前请三思。"它详细说明了这件外套的环境成本：制作和运输一件外套消耗的水足以满足45个人的日常需求，同时会增加近10千克的碳排放，这一重量远远超过了外套本身。

公司一些董事认为这样做确实存在风险，这则广告可能会引发"拉特纳时刻"，导致公司销量下降，甚至整体覆灭。要知道，美国1/5的零售额是在圣诞节期间创造的。尽管如此，他们还是同意做这个测试。"通常来说，我们采取这样的举动时没有计划，不会像下象棋那样提前想好两三步。"斯坦利说，"我们只是说，好吧，拭目以待吧。"

结果，在接下来的几个月里，巴塔哥尼亚的销量不降反升，那件公司不让顾客购买的外套的销量甚至也没有下降。从那时起，公司稳步发展，每年都会卖出更多的服装，开设更多的门店，而且往往是在曼哈顿上西区、首尔江南区、法国夏蒙尼等地方。很多喜欢购物消遣的有钱人常常会集于此，他们给巴塔哥尼亚起了一个绰号：巴塔古驰。

这一切似乎都为现代的愤世嫉俗论提供了动力。一个品牌竟然将反消费主义作为提高销量的方式，还有什么能比这更具讽刺意味？不过，我们也许还会有其他收获，可以瞥见在一个低消费的世界里如何做市场营销。

巴塔哥尼亚不经常打广告。该公司主要通过商品目录和网站进行宣传，就像现在很多巧妙的市场营销手段一样，与其说它不卖任何东西，不如说它什么都卖。巴塔哥尼亚所倡导的生活方式由自己的产品所支撑。它打造的是一个真实的户外世界，主打友情和成就，那里住着身体康健的人，他们体现的是"灵魂"和"精神"等词语。你可能会觉得购买巴塔哥尼亚的产品就会成为那些人中的一员，可能还会觉得这样做就离那个世界更近一步。

此外，巴塔哥尼亚还通过宣传公司的行为进行营销。最典型的是，公司通过参与环保运动来吸引人们的注意，但有时也会采用游击广告的形式。"别买这件外套"那则广告就是其中之一，媒体纷纷报道，而巴塔哥尼亚无须付一分钱。2016年的一次活动也是如出一辙，公司承诺将黑色星期五的销售收入全部捐给环保活动。斯坦利告诉我，他们预计会有250万美元的销售额，结果赚了1 000万美元。"在接下来的一周里，有顾客表示：'我们太疯狂了，买了太多东西，能退货吗？'我们说可以。"斯坦利说。

与此同时，巴塔哥尼亚还会采用典型的营销策略，比如你点击了7美元一包的脱水辣椒枸杞果干，就会立即被推荐其他4种产品。你还会发现巴塔哥尼亚使用经典的营销套路去制造需求——在这种产品出现之前，人们都不知道自己有这种需求。2018年，公司推出了"无声羽绒服"。之前的羽绒服在人们走动时会因为面料的摩擦发出沙沙声。一夜之间，穿有沙沙声的羽绒服仿佛落伍了，而且成了"不再年轻"的标志，会令人尴尬不已。

斯坦利说："有时我看着公司生产线的规模和产量，会有一些紧张。"前几年，一场灾难性的山火席卷了加利福尼亚州，他被迫从家中撤离。后来被烧成矿物质的裸露土壤在暴雨中变成泥石流，因此他无法去巴塔哥尼亚在圣巴巴拉的总部上班。他对环境问题的认识由此变得更加深刻。"要知道，我们的店面设计不像20世纪50年代卖酒的定点商店那样，里面只有一面绿墙和一些金属货架，让你在买酒时感到内疚。我们的店非常漂亮，所有商品看起来都很高档。"

巴塔哥尼亚这种令人费解的打广告方式有一个专门的名字，叫"反向营销"。西华盛顿大学的消费者研究人员凯瑟琳·阿姆斯特朗·索尔表示，历史上，反向营销只在广告中占有"极小"一部分。反向营销最早出现在20世纪70年代，目的是劝阻消费者过多地购买某种产品或服务。百威啤酒、柯达最初的傻瓜相机和巴厘岛旅游都是那个年代的例子，这些产品或服务的需求迅猛增长，甚至到了难以控制的局面，因而商家不得不进行反向营销。

当时，人们开始认识到世界上的资源并不是无限的。消费者研究人员菲利普·科特勒和西德尼·J. 利维是第一批研究反向营销的学者。他们很有先见之明，曾设想将反向营销应用于一个停止消费的世界。他们说，市场营销是在一个漫长的历史时期产生的，当时工业生产力和丰富的资源合力造成了商品"供过于求"。到20世纪70年代，大多数商业人士认为广告业是一份只适合顺境的职业，"在稀缺经济中会大幅减少"。然而，这两位专家在《哈佛商业评论》中写道，增加需求并不一定是营销的唯一目的或永恒目的。营销的真实目的只是"将需求的构成调整到公司希望或能够接受的水平"。我们没有理由不鼓励科特勒和利维提出的"反向营销"，即减少需求和消费。

最近，极少数的公司出于生态责任开始努力抑制人们的消费需求，这种行为被称为"绿色反向营销"。巴塔哥尼亚的广告"别买这件外套"就是一个开先河的案例，也是第一件引起阿姆斯特朗·索尔注意的事情。更近一点的案例是美国户外用品连锁店REI。从2015年开始，这家公司每逢黑色星期五就会关门歇业，同时鼓励消费者在户外度过一年中最繁忙的购物日。

很多人认为绿色反向营销很虚伪，这不无道理。当公司既利用营销手段促进销售，又用它抑制销售时，认知失调是不可避免的。巴塔哥尼亚并不希望"别买这件外套"的广告影响公司销售，反向营销也确实促进了公司业绩的稳定增长。同样，阿姆斯特朗·索尔有一次在黑色星期五之前去了REI的一家连锁店，她看到店员正在发折扣券。实际上，他们正在举办黑色星期五的促销活动，只是没有在黑色星五那天举办而已。

但是，绿色反向营销不仅仅是一种只顾自己、不顾他人的计策。户外用品零售商最常使用这种策略，其实并不奇怪。很多喜欢户外运动的人都比较有钱，而且比较关注消费对地球的影响。户外运动市场有很大一部分是由我们所说的"反消费人群"组成的，也就是那些希望减少个人消费和世界消费的人。

巴塔哥尼亚可以说是第一个具有全球知名度的反消费品牌。该公司将注意力越来越多地集中在反消费人群身上，同时积极鼓励人们降低消费，以此来扩大市场。在一个推行"计划报废"的世界里，很多公司故意把产品设计得很快就不能使用，很快就会散架或过时，但巴塔哥尼亚推销的产品主打经久耐用的特点。除此之外，巴塔哥尼亚的许多产品还特意采用了经典的颜色和风格，免得只能使用一个时尚流行周期。公司发起了"服装回收修补计划"，鼓励人们尽可能延长产品的使用时间。公司还经常发布打了补丁、褪色、破旧的服装的照片以作宣传。如果你的衣服需要修补，巴塔哥尼亚就会提供相关服务；如果你不想要了，公司就会帮你转卖或回收。巴塔哥尼亚依旧是一家不断成长的公司，它处于一个经济不断增长的时代，但它的行为让我们看到公司在反消费文化中可以如何做生意。

其实，这并没有什么不和谐的地方，一个低消费的社会只是会消费更少的产品，而不是完全不消费。即使将全球消费减少25%，也会有数万亿美元的消费支出。在经济大衰退期间，由于人们既想省钱，又不想减少购物，所以大部分消费流向了廉价商品和质量较差的商品。但是，巴塔哥尼亚注意到了一个虽然很小但对公司来说十分重要的趋势：在经济衰退期间，冲动性购买和炫耀性消费减少，有些消费者开始寻求高质量、更耐用的产品，而不是那种能立刻带来好心情的东西。

巴塔哥尼亚还观察到一种奇怪的转变，即转向反消费的消费品，这种转变在新冠肺炎疫情防控期间再次出现。

斯坦利说："整个户外用品行业从经济衰退中获得了好处，因为人们不再去豪华酒店度假，而是去国家公园或在家附近露营。你会看到顾客进店来购买帐篷、睡袋和外套。"

要塑造现代消费者，就需要大量的营销工作，而反向营销可以加速反消费人群的进步。在最近的一项研究中，阿姆斯特朗·索尔和其他研究人员向拥有不同背景的美国人展示了一张照片，上面是一位身穿黄色冲锋衣的男子，他面带微笑，做着和平手势。这位男子的脸饱经风霜，冲锋衣十分破旧，还沾着白色、粉色和亮蓝色的油漆。这项研究实际上是让受试者猜男子的身份。他是一个穷得买不起新冲锋衣的露宿街头的人？是一个经济宽裕、喜欢周末登山的人，之所以继续穿这件衣服是出于环保的原因，同时很享受这种波希米亚式的风格？还是介于两者之间的人？

受试者如何看待这个人主要取决于细节体现的微妙信号。有些受试者看的是原始照片，那张照片取自巴塔哥尼亚的宣传材料，冲锋衣上有巴塔哥尼亚的品牌标志，还打有"服装回收修补计划"的补丁。研究人员还为受试者讲解了巴塔哥尼亚公司的宗旨和"服装回收修补计划"的意义（衣服穿旧了也不扔是一种环保美德）。其他受试者看到的也是这张照片，只是其中的品牌标志和补丁被去掉了。那些看到品牌并知道其含义的人更有可能猜测照片中的人收入和环保意识很高，他们本人也更有可能考虑购买巴塔哥尼亚的产品，即使它们的价格很高。

如果我们知道某个人减少消费是刻意为之，而不是出于经济上的需要，我们就会觉得这种行为更高尚。它是一种炫耀性反消费行为。

"我们的很多消费都是这种行为推动的。我选择这个产品，不仅是因为它与我相配，还因为我想让大家知道我是什么样的人或是我想成为什么样的人。"阿姆斯特朗·索尔说，"把反消费这一理念反过来再传输给那些践行反消费行为的消费者——我觉得，这需要很多传统意义上的广告。"

詹姆斯·特纳是传播创意领域的一位专业人士，他创建了"匆匆一瞥"，就是在伦敦地铁站贴满猫咪照片的那个组织。他们这么做的唯一目的就是让人们意识到，墙上可以贴比广告更好的东西。特纳表示："我们需要目前从事广告工作的人重新塑造消费主义，把他们在推销消费品上所付出的精力和智慧用于推销即时满足的替代品。广告业的从业者应该作为这场新运动的领导者，或者至少发挥部分领导作用。"

特纳指出，许多消费者广告销售的不仅仅是产品，还包括让我们更有可能购买这些产品的地位体系。同样，反向营销不仅可以抑制商品的销售或改变我们与商品的关系，还可以推行一种新的地位体系。全球最好的广告人能否说服我们，下一件大事是当志愿者，是与大自然重新建立联系，是寻求智慧？

特纳说："我有一个模糊的想法，我希望创意成为下一件大事。"他想象着这样一个世界：我们的身份建立在追求创意和自我表达上，我们不再用"品牌之锚"证明我们是谁。他认为，这将需要广告创意人的巨大努力。"问题是，这个体系能否给他们所有人提供工作？"

文森特·斯坦利表示，也许不能。在新冠肺炎疫情防控期间，巴塔哥尼亚是否应该保持增长不再是一个哲学问题。与大多数公司相比，它更早地关闭了仓库、门店、办公室，甚至停止发货。在疫情暴发的头几个月，公司承诺会给正式员工发工资，但几个月后，公司宣布将大规模裁员。斯坦利当时说："公司正在萎缩。也许从长远来看，这对生态圈更有益。但在很长一段时间内，公司将要蒙受极大的损失。"

尽管如此，公司仍计划继续采取双管齐下的办法，既要加强产品的环保力度，又要想办法少卖新的产品。毕竟，这场疫情可能会促进目前规模还很小的反消费市场的增长，因为人们已经知道他们生活中有很多东西是用不着的，有很多东西他们甚至都不会再想念。

在正常情况下，消费支出会带动广告的投放，而广告又会带动更多的消费，两者形成了一个不断扩大的反馈环。如果用广告呼吁创意表达、公民义务或志愿者服务，并不能像鼓励消费那样获得同等的回报。当人们停止消费时，广告的投放像消费品的生产一样，也会放缓。市场营销使我们几乎时时刻刻处于杂乱和分心的状态，而现在那种感觉荡然无存，我们好似从未体验过。斯坦利笑着说："这样更好。"

利奥诺拉·奥本海姆是一位住在伦敦的艺术家和设计师，20年来一直生活在没有多少广告的环境中，就是那种我们会在消费主义不那么强烈的世界中看到的情形。她认为自己因此改变了很多。

奥本海姆的成长环境与广告业密不可分。她父亲是做市场营销的，主要卖香烟和烟草。奥本海姆15岁时有了第一份工作，是在一家广告公司。她的第二份工作是在沃尔夫·奥林斯，那是一家拥有50年历史的全球品牌设计公司，曾与通用电气、谷歌、微软和阿里巴巴等公司合作。从孩童到成年，我们大多数人只是单纯地吸收营销行业抛给我们的一切，结果对各国地理的了解都不如对各大品牌多。但是，奥本海姆却知道广告的制作过程，知道它的目的是以特定的方式影响受众。

正是这种意识使她在伦敦大学学习设计时陷入了危机。"我当时正朝着高端、奢华、试验性的设计进军——室内设计、家具，各种各样的东西。"她说这句话时正坐在艺术家工作室中，这里原来是伦敦一个废弃校舍的地下咖啡馆。"环境影响的问题确实让我偏离了原来的方向。"

她开始反感催促我们购买商品和服务的机制，因为它导致了气候变化、森林砍伐、海洋中的塑料垃圾，以及更多的问题。她说："它就像污染，感觉就像视觉和精神上的污染。比如，你去盖璞网店上找裤子。在接下来的一周里，你不仅总会在浏览器上看到盖璞的广告，那些你开始觉得可能想要但后来决定不要的裤子也总会出现。可以说，那些你试图不买的产品正在网上追赶着你，它们要磨平你的意志，直到你购买为止。"

21世纪初，奥本海姆开始主动回避广告。起初，她坚持看没有广告的BBC（英国广播公司）的节目。随着互联网时代的真正到来，她成为最早使用无推销应用程序的人之一。后来，无广告杂志和付费流媒体服务出现以后，她也成了拥趸之一。她说："我现在看到最多的广告就是乘坐公共交通工具的时候，比如广告牌、公交车、地铁上的海报。"这时，她会转移自己的视线。

奥本海姆回避广告有一个明显的结果——她会买大多数人不会买的东西。批评者的目光集中在广告如何大肆宣传，提醒我们买这个或是买那个，但他们却闭口不谈正是这些广告支撑着世界上大部分的媒体——包括播客、音乐流媒体、社交媒体和新闻报道——及其创造者。新冠肺炎疫情揭露了这种模式的弱点：当人们为了消遣和信息而使用媒体时，资助媒体的广告数量却猛跌不止。尤其是规模很小的地方媒体，在读者、听众或观众数量达到历史新高的同时，却面临着财务危机。奥本海姆自己营造的世界让我们看到了一种可能的结果：作为消费者，我们将要为信息、娱乐和社交支付更多的费用，可能是直接支付，也可能是通过政府和非营利机构支付。这很可能意味着广告会越来越少。

　　有些产品制造商已经不再投放广告。例如，总部设在巴西的法国运动鞋品牌 Veja 从不花钱打广告，或是请明星代言——公司表示这些花费往往占一双运动鞋成本的 70%。这样做可以支付员工更高的工资，也可以购买价格较高的可持续性有机材料。Veja 是奥本海姆愿意穿的少数名牌产品之一，因为她想公开宣传它的价值。

　　她爽朗地自嘲道："这样做很傻。"她想知道，自己最初回避广告是想过一种不崇尚消费的生活，还是因为过不起大肆消费的生活，因此需要浇灭想要拥有自己无法拥有的东西的欲望。这其实是一个鸡生蛋、蛋生鸡的问题，不过，这个问题现在已经不重要了——她现在已经欣然习惯了自己属于反消费人群的身份。

　　"我的首要目的是希望精简进入大脑的信息种类，"奥本海姆说，"希望可以整理好这些信息，觉得自己有一定的掌控感——尽管这听起来可能很天真。"

　　有关消费者的研究一致表明，人们每天接触的广告随随便便就会有数千条，其中大部告诉我们，金钱、财产和良好的形象是通往幸福、成功和实现自我价值的途径。然而事实上，它们往往会让我们自我感觉很糟——特别是在城市（现在大多数人住在城市）里，周围全是消费者和广告，我们会因此怀疑自己的社会地位。用英国经济学家蒂姆·杰克逊的话说，我们被人劝说，把我们还没有赚到手的钱花在我们不需要的东西上，想给我们并不在乎的人留下印象，而这种印象并不会持久。

　　一个戒掉咖啡的人如果后来喝上一杯，就会意识到咖啡因的作用多么强大。同样，奥本海姆说，当她再看到广告时，可以清楚地感受到广告给人带来的不安全感。她说，在一个广告变少的世界里，人们的精神会更健康，没有那么大的压力去表现自己（"不管你圈子里的人喜欢表现什么"），而且可能不再那么抑郁，自杀的想法也会变少，因为让他们对自己的外表和自我价值产生疑虑的机会变得更少了。

奥本海姆说，最起码，我们不会怀念被广告环绕的日子。在新冠肺炎疫情暴发之前，奥本海姆发现，她接触的越来越多的人有一种时间加速前进的紧张感，甚至就像经典电影《土拨鼠之日》中所演的那样，他们在无休止地重复着同样的生活。很多人觉得，新冠肺炎疫情带来的沉寂让人迷失方向，甚至感到害怕。奥本海姆却觉得这种感觉很熟悉。她通过控制自己的心理，很早以前就有一种时间变慢的感觉，仿佛自己沉浸在一个越来越大而非越来越小的平静的泳池中。

"我觉得越安静越好，"她说，"我想更多地倾听自己的声音。"

20年来，奥本海姆一直生活在一种不同寻常的放逐之中。在她周围的大多数人看来，她好似一个局外人。奥本海姆不单是拒绝广告，而是拒绝了一个更大的东西：她已经与物质主义分道扬镳。

第 9 章

我们的适应速度比想象中快

要想知道停止消费是什么感觉,我们不妨从 30 年来的研究结果说起:物质主义价值观对我们的心理健康没有好处。

美国心理学家蒂姆·卡塞尔 30 年来一直在研究这个问题。他告诉我:"物质主义说好也好,说不好也不好。如果你在意的是地位、财产和财富增长,那么物质主义绝对是好的;如果你在意的是个人、社会和生态健康,物质主义就没有那么好了。"

人们已经从很多角度研究了物质主义,所有研究都有一个相同的结论:它的负面影响已经覆盖男女老少。物质主义的不利一面在很多人身上都有体现,不管收入、教育水平、性别、种族和文化背景如何,甚至在律师、商学院的学生和企业家等高度崇尚物质主义的群体中都是如此。事实上,越是崇尚物质主义,其影响就越严重。那些最看重金钱和财产,把它们当作成功标志的人,那些认为金钱和财产是幸福必要条件的人,那些把金钱和财产置于人情之上的人,受到物质主义的负面影响最严重。此外,崇尚物质主义的程度决定了自恋、自私和操纵他人的倾向的严重程度。物质主义者的功利心更强(他们常常会"利用"别人),建立的人际关系更不持久,也更浅薄,而且他们可能更孤独。由于物质主义与同理心相悖，物质主义者不太可能自愿帮助他人或关心环境。

简而言之，物质主义之所以无法带来持久的舒适感、满足感或幸福感，是因为它的作用并不在心灵。相反，它会燃起你的焦虑，激起你的不安，把你叫醒，为成功奋斗。正如卡塞尔对我说的，"它不会滋养健康"。

研究表明物质主义会让我们不快乐是一回事，解释它究竟是如何做到的又是另一回事。事实上，物质主义的运作方式是让我们在财富和地位上缺乏安全感，而这只是问题的一部分。更重要的因素是，人的一生时间有限。

心理学家将我们可能持有的价值观分为两大类。外在价值是指他人的认可会给我们带来满足感。"赶时髦"就是外在价值的一个例子。你可能会从自己的穿衣品位中得到满足，但要想觉得自己很时髦，最终离不开那些你觉得意见很重要的人，你需要他们的赞许目光、赞美语言，需要他们给你发送着迷的表情包。外在价值是炫耀性消费的核心，是广告和购物文化的基石。如果你有时觉得社交媒体很讨厌，到处都是点赞、分享、转发和投票，那么你所反对的正是其背后赤裸裸的物质主义。

内在价值让我们感到满足的方式是直接的、内在的，不需要外界的认可。"拥有支持你的亲密朋友"就是一种内在价值。有些人可能会因为你拥有的亲密友谊而羡慕你或是嫉妒你，但这种认可并不是友谊给你带来满足的必要条件，根本原因在于友谊本身。内在价值也经常被用于营销。（你爱你的未婚妻吗，能给她买个钻戒吗？你关心你的孩子吗，能给他买辆拥有这些安全功能的汽车吗？你尊重你自己吗，给自己买昂贵的手表了吗？）不过，这样的广告是值得怀疑的。这些东西其实并不是表现真爱、关心孩子或保持自尊的必要条件。

卡塞尔表示："内在和外在的动机和冲动是人类的基本特征——我们本来就是矛盾的存在。真正有趣的问题是，我们什么时候体现外在价值，什么时候体现内在价值？在日常生活中，什么情况会促使我们更倾向于二者之一？"

他指出，即使在物质至上的社会中，绝大多数人也表示，内在价值最重要，比如健康、家庭、朋友，以及自己努力成为一个能干且和蔼的人。只不过，物质主义正将它们排挤出去。我们在追求外在价值时，会耗费时间和精力，而这些时间和精力本可以用于更好地满足我们的心理需求，比如活出真实的自我，提高专业技能，与我们关心的人建立牢固的关系。结果，我们太过忙于向世界展示我们的胜利（或者至少没有输），却无法在生活中取得真正的成功。

然而，这些理论似乎并没有充分回答物质主义的某些问题。其中最重要的是，如果购物不能使我们快乐，为什么我们还会买这么多东西？为什么这么多人会做明显不符合我们最大利益的事情？

要解释这个悖论，我们先要明白一个事实：如果我们仔细观察，就会发现有关物质主义的研究并不精确。没错，一般来说，物质主义对任何地方的任何人来说都有害，但害处并没有那么大。它的影响很小，即使是我们自己也很难察觉。物质主义在社会上的负面影响泛泛，它并非什么自然法则，没有规定说买新东西只会让我们感到痛苦并总是因此痛苦。有快乐的物质主义者，也有不快乐的非物质主义者——他们属于数据中的离群值。换句话说，少即是多，但不一定是很多。对某些人来说，多就是多，少就是少——你可能并非这样的人，即使你觉得自己是。

物质主义只是影响幸福感的众多因素之一。例如，幸福感研究有一个相同的发现：更富有的人觉得自己更幸福。拥有更高的收入，不仅可以购买商品和服务，还可以拥有地位、安全感、机会和对生活的掌控感。然而，一旦基本需求得到满足，额外收入所带来的幸福感就会下降，直至消失。经济学家约翰·梅纳德·凯恩斯认为，这一时刻标志着社会解决了"经济问题"，它已经提供了"绝对"需求，"无论其他人的境况如何，我们都能感受到这些需求"，并开始满足"相对"需求，"只有当这些需求的满足使我们高于其他人，赋予我们优越感时，我们才能感受到这些需求"。（凯恩斯在1930年写这些话的时候已经看到"第二等级的需求"可能无法被满足，因为优越感的标准随时可以提高，而且绝对需求并不局限于衣食住行，还可能包括诸如生活中能提供一定程度的舒适和享受等的必需品。）凯恩斯写道，人类社会面临的挑战将是何时能意识到经济问题已经得到了解决——他根据长期的经济和人口趋势预测，很多国家将在2030年意识到这一点。在此之后，人类就可以把"金钱动机"放在一边了。凯恩斯谴责这种动机是"一种有点儿令人反感的病态"。

　　财富在提高幸福感和开始降低幸福感中间存在一条界线，消费文化的一个基本特征就是使这条界线模糊不清。例如，近几十年来，很多中国人享受到了收入增加带来的好处，全家摆脱了艰苦生活。如今，地位竞争不断，收入不平等显著，年轻一代的消费者开始质疑贪婪的后果，他们与老一代物质主义者的代沟越来越大，财富的增加对国民幸福感的贡献越来越少。中国消费文化最引人注目的一个特点是绿色物质主义的力量。中国已经成为全球生态文明的主要倡导者之一，通过规划和技术，越来越丰富的消费生活方式将被"绿化"——这对于一个拥有超过14亿人口的国家来说，是一项非凡的挑战。

　　尽管消费文化很难为人们提供持久的满足感，它却极其擅长提供新奇感，正如一句俗语所说，它能给人带来一时的快感。购买最新款的入耳式耳机的确可以带来快乐：它们有时尚的设计，能向他人说明你在技术上与时俱进，或是它们属于你这个简单的事实。即使我们认识到买东西带来的小乐趣基本不会持久——大多数人至少有些时候会意识到这一点——但在消费文化的驱动下，我们还是非常容易反身去寻找更多的这种小乐趣。如果把它们串在一起，就会形成一种合情合理的持久满足感的幻影。这是消费主义的另一种讽刺，虽然它的实际作用仿佛是一个心理陷阱，但我们往往把它看成一种逃避。正如一组研究人员所说，消费是"一种文化上认可的应对策略"，包括应对消费资本主义的压力。

这让我们回到了追求物质主义最直接的原因：我们迫于强大的力量和体系才这样做，而这些基本上是我们无法控制的。正如我们在新冠肺炎疫情开始时所看到的那样，我们自己的生计，还有其他人的生计，甚至包括文明的根基，似乎都取决于无止境的赚钱—花钱这一循环。自1960年以来，全球消费经济已经增长了600%以上。它是一台难以想象的巨大机器，同时也很脆弱，永远处于燃料耗尽的边缘。除了价值6 000亿美元的广告业，我们所处的现实和虚拟环境也日益复杂，它们不断鼓励我们的物质主义行为。消费主义在我们出生前就布好了局，让我们轻而易举地给自己安上身份，还为我们提供能得到普遍认可的成功标志，但如果称其为我们遵循的道路则不公平。它有许多条路，前行的方式丰富多样，但都会引导我们走向更多的消费。如果我们放慢消费速度，正如彼得·维克托的模型所显示的那样，管理者就会迅速做出反应，降低价格，提供利率更低的信贷，减少税收，甚至不加掩饰地发钱来刺激消费。

这些影响加在一起，使得我们难以长久地追求内在价值——追求外在的物质主义价值反倒更容易。"我用自行车道打个比方。"卡塞尔说,"我可能想每天骑车上班,但如果没有自行车道,只有四车道的公路,上面跑着时速超过80千米的汽车,那么我可能知道如何骑车,也有自行车,但社会并没有提供便于我骑车的环境。事实上,社会是在努力阻止我骑车。在消费文化中,有成千上万种表现方式让我们感到内在价值无法实现,而物质主义价值却可以实现。我越来越相信,确实有人想要实现他们的内在价值,但却很难真正做到。"

在世界停止消费的那一天,我们的价值观会发生转变吗?在2020年1月30日的一次交谈中,卡塞尔告诉我,他觉得会。当我们背弃物质主义和消费文化时,内在价值将会变得更有意义,它可以替代原来的价值观为我们带来一种不同的生活方式。

这种情况还要多久才会出现?

"我不知道。"卡塞尔回答。

当天晚些时候,世界卫生组织将新冠肺炎疫情列为国际关注的突发公共卫生事件。6个星期后,世界对这种疾病的反应演变成一个全球实验,它所探讨的正是卡塞尔不确定的那个问题。答案是,转变的速度几乎比任何人想象的都要快。

在新冠肺炎疫情伊始,不断创新高的消费主义迎来了最后一次狂欢。人们开始囤积食品和卫生纸等家庭必需品,疯狂地购买各种古怪的消遣用品,以备隔离之需,比如烹饪和园艺产品、拼图和棋盘游戏、蹦床、网络摄像头、家用健身器材。富人纷纷开始在自家后院建造游泳池。

新冠肺炎疫情暴发5个月后,我和卡塞尔又聊了一次。他告诉我,这种反应符合有关物质主义的研究结果。不安全感和威胁感是刺激购物和消费主义最有力的因素。这一点在大规模危机中是如何体现的相关研究并不多,其中有一项把重点瞄向了2009年的严重经济危机,冰岛因为那次经济危机几近破产。那项研究追踪了几百名冰岛人 6 个月。他们中有一些人面对灾难时确实转而关注内在价值，有一个人说："以前，我们想成为企业家，现在我们只想做个好人。"不过，大多数人走上了另一条路，他们变得更加物质化，尽管这样做使他们的幸福感大幅下降。这是物质主义发挥作用的一个案例：当基本需求受到威胁时，提高警戒水平有助于我们存活。不安全感已经自然而然地成为消费资本主义的一个核心运作原则，从让我们怀疑自己是否与时俱进的广告到信贷体系带来的压力，再到创业者对"破坏"我们所熟悉的体系的痴迷，不安全感已经渗透生活的方方面面。

具有讽刺意味的是，停止消费会带来一种挑战，使我们觉得在经济上没有安全感了，这可能会导致我们再次购物。（你现在肯定已经注意到了，我们的消费方式中存在很多讽刺、悖论和矛盾。）不过，就本次思想实验而言，并没有发生这种情况。停止消费并不像普通的经济危机。不过，它们有一点相似之处，在新冠肺炎疫情最严峻的时期，我们待在家里，与日常生活中许多鼓励我们消费的因素隔离开来。

这时，全球各地无数的人立即调转方向，开始追求那些研究表明可以提高幸福感的东西，比如社会关系、加深感情、接触自然、个人成长和发展、灵性和正念，以及主动拒绝物质主义。尽管停止消费是被迫的，而非自己选择的，但他们还是这样做了。人类似乎有一种好好照顾自己的本能。

在最严峻的封锁期间，我仔细观察了自己的朋友圈，我的朋友们的经历反映了很多人的情况。当然，有些人沉浸在死亡、疾病、焦虑、失业或公司倒闭的苦难中。不过，面临逆境的其他许多人正迅速发生转变，更积极地融入生活。

举个例子，在一个拥有 200 万人口的城市的中心，一位父亲终于有时间陪伴自己年幼的女儿们了,这是他之前梦寐以求的。他说:"我们家的笑声比以往任何时候都多。"英格兰南部一位村妇之家有种被隔离的感觉,她说自己仿佛生活在"超现实的乌托邦",她用土豆换取蜂蜜和鸡蛋,收到邻居的手工礼物。她还和一位与她政治倾向完全相反的村民一起把当地的一个电话亭改装成了一个分享食品的地方。纽约大学的一位教授说自己长大以后几乎所有的饭菜甚至咖啡都是买现成的,而在封锁期间,她在自食其力中找到了满足感。她说:"煮咖啡并不难。"

一位商场经理写道:"我正在用社交和做饭来取代消费主义。"他所住的城市不大不小。事实上,几乎每个人都表示,在隔绝的状态下,他们的社交比以往任何时候都频繁,他们会关心朋友、家人,甚至陌生人,还会通过视频电话联系长久未曾联系的朋友,这一点颇具讽刺意味。自我反省和个人成长的潮流势头很猛。所有人都开始重新亲近自然,大家都有一种奇特的发现,那就是鸟比平时多了,这至少说明我们在关注它们。此外,全球各地都有关于"善意也会传染"的报道。

同样有趣的是公众对公开炫富的排斥。新冠肺炎疫情暴发早期,有一件令人难忘的事,即电影界的亿万富翁大卫·格芬在照片墙上分享了自己在加勒比海巨型游艇上隔离的图片——多年来,社交媒体认为很重要的那种炫耀性的照片。此举招致了公众的愤怒,结果他不得不关闭了自己的账号。女性从消费社会对她们形象的期望中解脱了,不用再为越来越多的产品费心,比如高跟鞋、塑身衣、聚拢内衣、丁字裤、假睫毛、美甲、染发剂。她们因此觉得松了一口气。有一个被忽视但显然规模不小的群体——不喜欢购物的女性——也在这一时期为人所知。同时,《纽约时报》采访了娱乐行业的一位男性高管,他曾经拥有210件衬衫,但在连续70天召开的视频会议中,他只穿了一件。(他说:没有人注意到我没换衣服。)我有一个朋友住在多伦多,他写道:这场疫情的最大好处就是我觉得不必再和他人攀比。

很多研究预测,远离消费文化将会提高我们的幸福感。很少有研究证明这种情况多快会发生。其中有一项研究最为精确,它是由位于蒙特利尔的麦吉尔大学的心理学家在约十年前做的。研究人员先引导一群学生思考各种内在价值,比如"致力于个人成长和发展","当志愿者去服务社区",等等,然后调查他们幸福感的变化。研究人员让另外一群学生思考的是日常活动。与后一组相比,那些把心思放在内在价值上的学生立即觉得生活更美好了。这样的发现似乎很难让人相信,但新冠肺炎疫情向我们证实,这种变化很快就会发生。在世界停止消费的那一天,我们可能真的会在早上一睁眼,甚至还未吃早餐时,就觉得生活更加美好了。

卡塞尔说:"内在价值具有外在价值所不具备的特点,那就是前者会给人带来愉悦的心情,至少会比原来的感觉好。对我来说,内在价值的这种上升反映了通常施加于人的枷锁——造成他们外在行事方式的枷锁——从某种程度上说已经被打破了。内在价值可以更容易地显现。"

曾几何时,苦修者会穿上刚毛衬衫——内衬是又粗又硬的动物皮毛。他们用刺痛感提醒自己,物质上的舒适并非生活的意义所在。今天,任何对物质主义的排斥往往会被说成相当于"穿上刚毛衬衫",放弃消费乐趣,去追求令人不适的克己生活。事实恰恰相反。在新冠肺炎疫情防控期间,我们并没有穿上刚毛衬衫,而是终于把它脱了下来。

结果,事情变得越发复杂。

随着新冠肺炎疫情的持续,这种情况发生了变化。烘焙面包很简单,也有很长的历史,它是一种自力更生的行为。烘焙会给人带来满足感,成为隔离生活的一种象征。然而,社交媒体上到处都是在漂亮厨房为可爱家人做美味面包的图片,这几乎立刻成为地位、野心和成就的竞争标志。健身不仅是为了健康,还要向全世界炫耀完美的腹肌。人们突然开始关心以前被忽视的关系,有的是面对面,有的是通过视频电话,结果其中充满了情感挑战,比如不知道该如何与平日较为疏远的父亲联系的孩子,还有积累了不少怨恨的老朋友。很多人许诺要抓住新冠肺炎疫情带来的好处:工作时间变短,生活节奏变慢,欣赏不曾留意的小事,有更多时间陪伴自己关心的人,也有更多时间留给自己——总之,人们在外在自我和内在自我之间达成了更好的平衡。然而,随着消费文化在网上重生,商业生活小心地回归,大多数人再次陷入了熟悉的模式。

甚至在新冠肺炎疫情暴发之前,卡塞尔就警告我,停止消费一开始很容易,但很难持续。他对我说:"你在刚开始时可能会从脱离消费文化中体验到一些幸福感,但你会发现内在价值并没有那么容易追求。你不一定有培养内在价值的能力,不一定能够成功。"

其中还存在一些隐患。最明显的是,很多人并不擅长表达本心。在重点关注外在目标和信仰的社会,很多人擅长推销自己,但却不擅长发展更深层次的关系。他们擅长在亚马逊上寻找适合自己形象的衣服,但却不擅长自己种菜吃;他们能够应对满满的日程安排,但却不能长时间安静地独处而不感到焦虑。从擅长的事情转向不擅长的事情时,我们很快就会有挫败感。因此,我们很容易将内在动机驱动的行为转化为外在动机驱动的行为,尽管我们可能没有意识到自己在这么做。"这样做其实于我们有害。"卡塞尔说。

外在自我和新的内在自我之间的紧张关系,就像非营业时间重新出现一样，会让人感到迷茫。触及自己内心更深处的感觉很好，但之后要走向何方呢？卡塞尔说："只有你觉得自己在实现内在价值时，内在价值才会对你有好处。如果你很在意内在价值，却没有实现它们，这实际上不利于你收获幸福感。"

新冠肺炎疫情暴发几个月后，内在价值的表现越来越不明显，我的这个宏大的全球性实验看似已经失败。卡塞尔有理由相信，情况并非完全如此。毕竟，内在价值的本质是内在感受和私下表达，而不是在聚光灯下引人喝彩。倾向于内在价值的转变并没有减弱，而是在不断加深。

2020年5月末，随着第一波疫情席卷全球，美国明尼阿波利斯的警察暴力执法，导致非洲裔男子乔治·弗洛伊德死亡，整个过程都被拍了下来。"黑人的命也是命"很快成为一场有关种族不平等的全美运动，随后发展为全球性运动。这件事不大可能出现什么明显的转折。全球正笼罩在新冠肺炎疫情的阴影下，这并不是数百万人上街抗议的好时候。同时，没有任何明确的理由表示这件事不会转瞬即逝。不幸的是，警察对黑人暴力执法并不是新鲜事，类似的死亡事件的视频已经被传播多次，有的事件发生后会引发骚乱，甚至弗洛伊德临死时说的话"我无法呼吸"也在之前的黑人被杀事件中出现过，这很令人不安。但是，2020年"黑人的命也是命"也许是美国历史上最大的抗议运动，几星期前似乎还无法想象的变故层出不穷：纪念奴隶贩子的雕像被推翻；密西西比州的州旗去掉了奴隶时代的标志；华盛顿红人队同意改变其含有种族歧视的名字；洛杉矶和明尼阿波利斯等大都市采取措施，对维护治安的方式进行改革。在两周的时间内，这项运动的支持率比前两年还要高，每个年龄段的人，无论教育背景和所属种族，对该运动的支持率都在上升——这些都发生在一个公众舆论分歧固化的国家。卡塞尔说:"有些东西让人们更愿意接受这些想法了。"

我们可以从心理学的两个方面对其加以解释。一是非营业时间的影响。很多人由于不用上班、上学、通勤或消费,有了难得的自由,可以关注更大的问题。二是向内在价值的普遍转变发挥了作用。研究一致表明,不那么崇尚物质的人也不那么凸显自我,而且更有可能对他人报以同情心。他们的种族偏见和民族偏见往往更少,也不太喜欢凌驾于那些和他们不同的人之上。

换句话说,一个大家本来再熟悉不过的警察暴力执法事件却引发了比平常更多的变化,其中一个原因可能是更多的人在解读这一可怕事件时,心态明显不同于往日以工作和消费为中心的时候。在一个停止消费的世界里,个人转变可能会化为社会剧变,而这种变化也许就是几分钟的事。

第 10 章
只有看到废墟，才会想到重建

麦克·布洛维见证了一个经济体的消亡。

布洛维 70 岁出头，身材修长，看上去很健康。虽然他在加州大学伯克利分校当了几十年的教授，但还是带有一点儿英国口音。我拜访他的那天，他穿着黑色的运动服，搭配一双跑鞋，看起来不怎么像一个知识分子。从他的公寓可以俯瞰梅里特湖。梅里特湖是当地有名的景区，湖边的灯光亮起时，仿佛一条美丽的项链。从他的公寓还可以看到奥克兰以前臭名昭著的市中心，现在那里到处可见建筑工地，正忙着为千禧一代建造公寓。

1991 年春，布洛维在极地家具公司工作，这家公司地处苏联偏远的工业城市瑟克特夫卡尔。布洛维的工作是给木板钻孔，这份工作至少可以说很不寻常。一方面，布洛维并不擅长这项工作，他告诉我："我并不胜任这份工作，这是显而易见的。"另一方面，苏联和西方国家之间的冷战正值高潮。有几个苏联同事怀疑他是间谍，因为真相太奇怪了，实在让人难以置信。事实上，布洛维是一位采用"参与观察法"的社会学家，这种方法要求研究人员完全沉浸在他所研究的生活方式中。当时，他正在观察一家为政府住房开发项目生产墙壁的国有工厂的内部运作情况。他没想到自己目睹的竟然是苏联最后的日子。

他到苏联时,这个国家正饱受"短缺经济"之苦,因为它正与西方国家进行军备竞赛。极地家具公司的领导已经开始以物换物,从糖和酒的配给到员工子女假日营地的名额。

布洛维说:"如果当时你走进苏联的任何一家商店,除莫斯科外,你会觉得人们正在挨饿。"与此同时,各家各户的厨房里堆满了食物。在外人看来,苏联的体制看上去是极其失败的,但对那些了解其内部运作的人来说,生活足够舒适。布洛维深情地回忆起苏联上好的面包,上面涂着厚厚的酸奶油。国家提供的住房虽然粗野破旧,但大多是免租金的。他认识的苏联人都把自己的公寓装扮得温暖宜人。极地家具公司坐落在一座现代化的大楼里,配备了从德国进口的先进技术,工人工资可观,还有退休金和便宜的食堂饭菜。人们的家里有烤面包机、电视、汽车和洗衣机。布洛维说:"你不会说他们过着富裕的生活,但他们不穷。他们有房子住,只不过有时非常拥挤。他们有就业保障,孩子的学校也还可以。很少有无家可归的人。"

布洛维于1991年7月返回美国,一个月后,苏联发生政变,陷入混乱。12月,一度强大的苏联解体,其中央政府崩溃。不幸的是,经济一直掌控在中央政府手中。

布洛维表示:"没有人在和平时期见过一个经济体下滑得如此迅速,就好像任由一个现代资本主义民主国家、一个下跌的股市或失灵的银行系统走向完全崩溃——就好像全球消费经济停了下来。"5年内,1/5的俄罗斯人生活在贫困之中,工人的死亡率几乎翻了一番,GDP几乎要缩至以前的一半。俄罗斯成为一个罕见的例子,国民家庭富裕程度急剧下降,物质消费长期以来大幅减少——在10年中整整减少了 1/4。

第二年夏天，布洛维回到俄罗斯。用他的话说，那时许多俄罗斯人的生活正陷入"原始消耗"阶段。与消费社会相反，人们不是逐渐积累财产，而是出售或交换他们所拥有的东西，以换取最基本的必需品。街道和市场两边很快就摆满了临时摊位，有的人直接在人行道上铺一块毯子，开始卖自己的东西。布洛维记得一个俄罗斯学生说："这不是自由市场，而是跳蚤市场。"

布洛维继续关注他以前一些同事的生活。其中有一位被他称作"玛丽娜"的女士，她在苏联解体之前的生活对我们很多人来说都很熟悉：40 岁的她拥有稳定的工作，为女儿在学校的优异成绩感到骄傲。经济崩溃时，极地家具公司勉强度日，一直维持到 1998 年。那时，工资往往以物品的形式支付员工。玛丽娜在公司得到的最后一笔工资是一张长沙发。她的丈夫是国家内务部的一名木匠，每次发工资之前，他都不知道这次会领到什么，也许是一张公交卡，也许是一袋面粉。玛丽娜告诉布洛维，最糟糕的一次，她拿到的是人道主义援助的食品，她觉得那种东西只适合给狗吃。当时有传闻说，当地学校老师的工资是伏特加酒，这对提升教学质量可没有益处。

苏联解体后，女性的境况往往比男性好，因为烹饪和缝纫等传统技能仍有需求，她们在还没有完全崩溃的诸如教育和保健系统中工作。与此同时，因绝望死亡的人数攀升，其中大多数是男性，死因包括毒瘾、疾病、事故和自杀。最重要的生存方式是住在乡间别墅，它既包括富人在乡村修建的大型宅邸，也包括带有木屋的园地。在苏联解体之前，修建乡间别墅是一种消遣，就像西方国家的人醉心园艺一样。1992 年，大约有 1/4 的家庭有乡间别墅。仅仅一年后，比例增长到了近一半。

布洛维最后一次见玛丽娜的时候，是在21世纪之初，她家四口人住在一座破旧小木屋的一个房间里，玛丽娜的姐姐和外甥女住在小屋的另一个房间里。他们没有自来水，在屋外厕所解手。布洛维当时写道："很难想象他们六个人是怎么挤在那座狭小、阴暗、潮湿的房子里生活的。玛丽娜在乡间别墅种了菜，但很多蔬菜都被偷了。"

到后来，小偷连白菜都偷，经济彻底崩溃时就是这个样子的。当时，赚钱的工作很少，没有人买得起很多东西，人们必须依靠自己、家人和认识的人才能过上用现代标准衡量的最基本的生活。

俄罗斯的这次动荡就发生在约30年前。西欧自第二次世界大战以来从未经历过类似的危机。美国历史上也没有哪次经济危机严重到超过俄罗斯的程度，其中最接近的一次当属大萧条时期，当时工业生产下降了62%，超过了其他任何国家的下降幅度，除了波兰。每四个工人当中就有一人失业。今天，人们对大萧条的记忆主要来自那些吸引人的棕褐色老照片：无业游民跳下火车；曾经的股票经纪人穿着西装在街角卖苹果；美国西南部的贫困移民驱车离开风沙侵蚀区，前往加利福尼亚，他们把所有的家当都绑在破旧的汽车上。斯特兹·特克尔所写的《艰难时代》会让我们想起这些熟悉画面背后的残酷故事：婴儿饿死了；男人、女人、儿童，有时多达五六十人，挤在货车车厢里沿途寻找工作或政府援助；破产的商人自杀了，以便妻子和孩子领取寿险；被链子拴在一起的黑人"罪犯"在采摘棉花，而他们仅有的"罪行"是失业和无家可归。特克尔是犹太人，他称之为"打着大萧条旗号的大屠杀"。

纽约大学斯特恩商学院的金融学教授埃斯瓦斯·达莫达兰指出，这种现代版本的"大屠杀"将是停止消费的必然后果。他说，为什么说一个消费主义不那么盛行的社会更好，是因为当今的每个人都知道如果谁摆脱了赚钱—花钱的循环，简化生活，那么他最终一定会更加幸福。矛盾的是，只有一定数量的人可以选择这种幸福，否则将会引发经济灾难。达莫达兰表示："如果明天全球消费下降25%，这将是螺旋式的下降，数百万人将会失去工作。我们将会面临极度痛苦的调整期，人们将不得不全面减少各项消费。"

达莫达兰在印度东南部城市金奈长大。他说，降低消费的生活并不是从沃尔玛和亚马逊时代退回到夫妻店时代的怀旧行为，相反，它会让人们过上他在金奈目睹的那种生活。目前，很多人都知道，金奈集传统生活和现代舒适于一体，但达莫达兰记得这座城市还没有加入全球消费经济时的情况。"当时没有玩具店。一个拥有数百万人的城市只有三家餐馆、一家书店。谁会需要书呢？主街不怎么漂亮，没有什么吸引力，只有一些卖基本物品的商店，因为人们只买得起这些东西，也只有这种商店能够存活。"

达莫达兰表示："会出现经济萧条，而且它一直存在。"

苏联的结局并不乐观。最后，它放弃了几乎完全由中央政府控制的经济，开始自由市场的尝试。布洛维称其为苏联的"资本主义陷落"。地方黑手党填补了国家解体后留下的空白，很快接管了以物易物的经济。

然而，当麦克·布洛维回想起苏联的陨落时，首先想到的不是斗争或贫困。布洛维说，这次解体最特别的一点是，文明并没有走到尽头。（他后来写道："这里既没有大规模饥饿的情况，也没有罢工和粮食暴动；社会既没有被摧毁，也没有发生爆炸式增长。"）他记得最清楚的是乡间别墅，人们聚在那里一起干活。在苏联解体达到顶峰时，全国92%的马铃薯收成来自乡间别墅和园地，尽管它们的面积只占全国农业用地的不到2%。到了晚上，人们会享用自己的劳动成果，还会打牌、辩论、喝酒。在这场极端的经济灾难中，他们有一种奇怪的兴奋之感。布洛维说："乡间别墅里的聚会无休无止，因为这里比公寓更宽敞。我很喜欢回忆那些年的往事。我们拥有的东西很少，但我们很快乐。"

那个年代的影子似乎一直萦绕在布洛维的周围。他更喜欢简单的生活。他不用手机，家里除书架外没什么家具，小摆设屈指可数，其中一个是纪念品泰迪熊，小熊的T恤上印着苏联国旗。布洛维坐在椅子上，身体前倾着说，苏联解体给了人们一个基本的教训，那就是巨大变化是可能发生的，而且人们可以忍受，他们唯一需要知道的是未来可能更有希望。

在苏联解体的头几个月，人们的生活可能出现短缺，以往的舒适环境可能一去不返，但未来充满了可能性。人们觉得，以往看似不可改变的旧制度已经瓦解，在此基础上，他们可以实现几乎任何梦想。俄罗斯人转向的是消费主义。如今，在世界的许多地方，不断增长的消费经济似乎都不可避免。我们感到无法改变方向，因为唯一的替代选择似乎就是崩溃。

布洛维说："有困难，但它令人兴奋，人们就像刚从监狱里被放出来一样。"

世界停止消费的结局也许真的是灰烬和废墟。至少，我们必须接受这样一个事实：历史上所有呼吁我们简化生活、降低物欲的声音，不管是有意的还是无意的，建议的其实都是动荡和破坏。

不过，文明从不会止步于瓦解，它总是立即开始复兴之旅。我记得和保罗·迪林杰谈论停止消费可能对李维斯有什么影响时，他提出了这个想法。"最初会出现紧急的反应。后来，一旦善于思考的人跳出困局，走入当下，我们就可以开始询问：这是真的吗？这会持续多久？为什么会这样？如果这就是新的常态，那我们想成为什么样的人？"迪林杰说，"这种破坏带来的现实非常可怕，会有很多人失业。不过，我们也有机会将消费重新调整到一个可持续的水平。"

那是在新冠肺炎疫情暴发之前一年多的时候。当时李维斯的官方立场是，殷切盼望大家不要停止消费。公司首席执行官奇普·伯格的口号是："以盈利为核心，不断扩张。"李维斯想做大做强，卖出更多的产品，在这种情况下，公司还能允许迪林杰说出他的想法，需要不同寻常的勇气。

新冠肺炎疫情暴发5个月后，也就是李维斯在世界各地的大部分门店关闭4个月后，我再次向这家公司了解情况。迪林杰曾预测，停止消费的冲击波会席卷全球。事实证明，他的大部分预测是对的。我想知道他关于重新调整的看法是否也是对的。

这一次，我去了公司高级副总裁兼首席营销官詹妮弗·塞伊在旧金山的家中。正如当今许多企业的领导所做的那样，她一开始就滔滔不绝地列举公司如何减少产品对环境的危害。然后她说："但当我们更深入地研究这个问题时，我们意识到，仅仅是减少消费就能产生最大的影响。如果能说服消费者购物前三思，这是件好事，但实际上，我们能产生的最大影响是说服他们少买一点儿。这种想法很激进。你想一想，我是市场营销主管，我的工作就是让人们购买更多的东西。"当时，李维斯是尚未公开承认这样一个事实的最大品牌，即消费（包括公司自己的产品）是地球上最严重的环境问题。2020年秋，李维斯开始将"购买更少但更耐穿的衣服"这一信息纳入营销，并推出了回购和转售二手产品的平台。公司宣称："与回收衣服相比，重复利用对环境更好。"李维斯计划未来提出更有力的减少消费的理由。

是什么发生了变化？

"我确实觉得，在疫情隔离期间，人们开始明白自己的行为是有后果的。如果我们少开车，空气就会更清新。"塞伊说，"最大的影响是过度消费，我们无法再回避这个事实了。你可以尽自己最大的能力实现绿色行为，甚至在生产方式上采取温和的举措。但是，这样做不会抵消过度消费的影响，事实上就是不能。我的意思是，摆在眼前的事实就是如此。"

甚至在新冠肺炎疫情暴发之前，塞伊就感觉到人们对快时尚购物模式的不满已经到了顶点，有人说快时尚就是"随时准备扔掉"。塞伊在2020年的新年愿望中提出，除了李维斯自己的产品，她只买二手衣服。2020年1月，随着新冠肺炎疫情在全球的蔓延，她对李维斯首席执行官伯格说，公司应该直面过度消费的问题，伯格对此表示支持。一个月后，随着疫情开始在美国大肆传播，她在李维斯的一次领导层峰会上提出了这个问题。她告诉我："当时有些人表示，哦，我们不能这样做。"但是，随着消费因为封锁而停止时，以减少消费为核心的商业模式很快变得更有意义。塞伊说："疫情让我们更快去思考，并相信这样做的意义。"

在李维斯所期待的商业模式中，消费者会购买更少的东西，其中大部分比当今市场上的一般商品质量更高，这是一种少而精的经济模式。这种品牌叙事对李维斯很有利，因为公司的主营业务是耐用产品和可以穿很多年的衣服。塞伊告诉我，他们已经计算过了，相信公司可以卖出更少的东西，但仍保持业绩增长。要做到这一点，公司现有客户就要购买更少的产品并延长使用时间。同时，公司会吸引那些正逐渐远离快时尚、转向反消费思维的新客户。

从一个层面说，这是一种典型的公司战略；从另一个层面说，这是一种开创性的变化，而且并非没有风险。至少可以说，在我们试图走出有史以来最严重的经济衰退之时，传播"少买东西"的信息打破了常规。随着经济在新冠肺炎疫情防控期间的重启，广告将购物者描绘成英雄。号角已经吹响，号召消费者引领经济复苏。"我认为，我们可以放弃疯狂的超额增长，同时也能赚钱。"塞伊说，"我认为我们想要的是合理且可持续的长期增长。"

建筑师约翰·布林克霍夫·杰克逊说过："废墟是必要的。"我们需要看到旧世界的衰败，才能完全迈入新世界。正如我们所看到的，这种观点的改变在经济衰退中并不罕见。正是在大萧条期间，巴塔哥尼亚看到了反消费市场的真正潜力；正是在芬兰大萧条时，人们感受到了摆脱炫耀性消费的自由；正是在新冠肺炎疫情防控期间，再次有无数人转向了新的价值观。当我与亚利桑那州凤凰城的商业领袖谈论大衰退时，我很惊奇地听到，很多人说整座城市因为那次危机变得更好了。有几个人指出，在经济衰退之前，凤凰城已经成为"世界连锁餐厅之都"。大衰退开始时，美国家庭减少了下馆子的次数，橄榄园、辣椒烧烤店和其他连锁餐厅很快像空无一人的大卖场一样关了门。相反，自主经营的社区餐馆遍地开花，填补了连锁餐厅留下的空白，地方感开始扎根。亚利桑那州立大学的房地产教授马克·斯塔普说："进入经济衰退时，我们的经济以交易为主；走出经济衰退后，我们的经济出现了转型。"具有讽刺意味的是，随着凤凰城的复苏，它再次吸引了那些在困难时期倒闭、没有固定办公场所的不知名企业。

如果没有发生这种情况怎么办？如果反消费文化持续存在怎么办？为了弄清楚此时的社会可能是什么样子及可能的运作方式是什么，我们需要让自己的思想实验从崩溃的黑暗中走出来。我们可以先从一只小小的灯泡开始。

第三部分

适 应

第 11 章

对物品的持久性越发依赖

在过去的 120 年里，美国加利福尼亚州利弗莫尔市 6 号消防局车库的灯泡从未熄灭过。不过，它总有"寿终正寝"的那一天。当那一天到来时，这只灯泡肯定不会被扔掉，甚至不会被回收，它将会"长眠安息"。

"你必须用对词。"汤姆·布拉梅尔轻笑着说。他曾经是消防队的副队长，现已退休。打眼一看，你就会觉得他是消防员——烟灰色的眼睛和头发，因吸入过多烟气而一直咳嗽。（"我每天都吃一袋止咳糖。"）我和他交谈时，他已是利弗莫尔市一位研究灯具历史的领头专家。这只灯泡自 1901 年以来几乎一直亮着。到 2015 年，它的服务时间约为 100 万个小时，根据吉尼斯世界纪录，它是世界上点亮时间最长的灯泡。人们可以上网看到这只灯泡，它的粉丝遍布全球。给它录像的网络摄像头坏了好几个了，可它依旧亮着。

这只灯泡究竟为什么如此耐用，究竟是因为哪个部件或哪种材料，这个问题仍是个谜——原因很简单，你无法剖析一盏始终亮着的灯。关于这只灯泡的已知信息如下：它大约在 1900 年由俄亥俄州的谢尔比电气公司制造，设计者是法裔美国发明家阿道夫·沙耶。它有一根像头发丝那么细的碳丝，和现代灯泡中的钨丝差不多。它是一只60瓦的灯泡，不过现在的亮度大概调得和夜灯差不多。为了获得更多信息，研究人员对谢尔比电气公司同一年生产的灯泡进行了研究，但结果发现公司当时尝试的设计是各种各样的。

这只灯泡最神奇的地方在于它是白炽灯，也就是说将灯丝通电加热到白炽状态而发光。有人把白炽灯称为"瓶中之火"。我们如今仍使用这种技术生产灯泡，这种灯泡的寿命很短，所以人们不得不一次又一次地购买。如果你在商店买一只普通的白炽灯，接通电源，它大约可以工作1 000个小时；如果你一直开着灯，它一共可以亮42天。

"现在的东西做得都不怎么耐用。"布拉梅尔说。这句话肯定说出了几乎所有人的心声。

经济学家罗伯特·索洛曾借用一位德国朋友的话，提出了"万物衰败定律"，他没有说出朋友的名字。我们现在购买的东西都符合这一定律，大多数人似乎都会认同这个说法。不过，可以肯定的是，这并不是在怀旧。我们现在购买的东西真的比5年前、10年前或20年前的东西更差吗？

美国新墨西哥州阿尔伯克基的材料科学家戴维·伊诺斯告诉我："就消费品而言，我想这是千真万确的。"伊诺斯在桑迪亚国家实验室工作，该实验室管理着美国的核储备。身为产品耐久性方面的专家，他的工作就是开发能够在极端条件下长久耐用的东西。举个例子，他研究了如何生产可以在纯蒸汽环境中储存在山里的容器，容器的寿命很长，可以等到核废料分解成无害物质。他说："100年、1 000年、100万年都是我们的目标范围。"

不过，伊诺斯刚踏入职场时，主要的工作是为普通喷墨打印机制作电路。电路板铜线上镀有 20 微英寸[①] 厚度的黄金，目的是提高耐腐蚀性。伊诺斯说："20 微英寸的厚度仿佛在悬崖边，如果低于这个数值，耐用性就会迅速下降。"你知道那时会发生什么：打印机会停止工作，你需要买一台新的。

伊诺斯说，如果哪家公司电路板铜线的镀金厚度达到 25 微英寸，打印机的耐用性就会大幅提高。但问题是，大多数人不会买它，因为其他品牌的打印机的数据是 20 微英寸，成本因此更低。伊诺斯指出："现在很多人都有这样一种心态，即买的东西越便宜越好。我们能不能做出能用十年的手机？没问题。我们当然有这样的技术，但成本会越来越高。没有人愿意花 5 000 或 1 万美元买一部手机，然后说，嘿，这部手机能用十年呢。大多数人会说，嗯，是不错，但我不想要，我想两三年就换一部新手机。"

在世界停止消费的那一天，这一切都会发生变化，那时更耐用的产品将成为人们根据常识做出的选择。如果你想在一生中尽可能少买手机或打印机，那你就要准备花更多的钱买更耐用的产品。你买东西的原则必须是"少而精"。

不幸的是，我们不知道建立在这种产品基础上的经济究竟如何运作。

从利弗莫尔市消防局那种持久耐用的好灯泡到我们今天用完即弃的灯泡，这趟变化之旅始于 1924 年。那一年，世界上最大的照明公司代表齐聚瑞士，成立了"太阳神卡特尔"，其中包括飞利浦、欧司朗和通用电气等我们熟悉的品牌。这可以说是第一个具有全球影响力的垄断组织。当时，发明家正稳步延长灯泡的使用寿命，其结果用

[①] 1 微英寸为 2.54 微米。——编者注

"太阳神卡特尔"一位高级成员的话说，就是使营业额陷入了"泥沼"。如果每家每户都装了使用寿命很长的灯泡，那么几乎没有人需要购买新灯泡。

"太阳神卡特尔"的成员公司同意将灯泡的寿命缩至 1 000 小时。30 多年后，到 1960 年，以揭露黑幕闻名的记者万斯·帕卡德让民众知道了"计划报废"一词，这个词是指制造商故意将产品设计成很快就会报废、散架、无法修理或过时的样子。"太阳神卡特尔"缩短灯泡寿命的决定被视为工业规模上计划报废的最早的例子。

"太阳神卡特尔"经常被刻画成由邪恶的大企业组成的阴谋组织。它甚至出现在了托马斯·品钦的《万有引力之虹》中。在这本小说中，这个阴暗的组织派了一名戴着石棉手套、穿着十几厘米高的高跟鞋的特工，去拧下那些使用时间超过 1 000 小时还没坏的灯泡。品钦写道："任何灯泡的平均寿命都不得延长。"他用产品的标准化比喻压迫和社会从众性。"你可以想象，如果发生这种情况，会对市场造成什么影响。"

当使用寿命为 1 000 小时的灯泡成为标准时，计划报废已经不是什么秘密了。人们开始公开讨论它能否解决一个日益严重的问题。工业革命使快速廉价地生产大量商品成为可能。但是，如果一家工厂生产的产品质量好、使用寿命长，那么不久之后，社会对这家工厂所提供的产品就没有什么需求了。经济学家和企业经营者开始讨论，除非卖的是棺材，否则产品只能卖一次就说明生意很糟糕，经济体系也不健全。他们说，在低质量和频繁销售之间寻求平衡，会使社会更加充实。（当时，人们并不关心有限的资源或对自然界的破坏。）到 20 世纪 20 年代末，重复销售的模式已经十分流行，有一位顶尖的金融家把"计划报废"称作美国商业精英的"新神"。

任何政治派别中都有倡导缩短产品寿命的人。吉尔斯·施耐德在《作出突破》一书中追溯了"计划报废"一词的来源。他发现这个词最早出现在 1932 年一本名为《通过计划报废结束大萧条》的小册子中，它宣称使用寿命短的产品对工人阶级有利。1936 年，《印刷者墨汁》杂志发表了一篇主题类似的文章，宣称耐用产品已经"过时"，并提出警告："如果不加快商品的磨损速度，工厂就会闲置，人们就会失业。"

一位商业写作领域的作家对大萧条时期的这个论点做了总结，说它是一个"关于自由消费和浪费的合理真诚的理念"。而这个论点也成为现代消费经济的另一个关键部分。我们不会只买一次产品，而是会在一生中反复购买。现在，重复性消费几乎融入我们购买的一切东西。正如施耐德所说，计划报废已经成为"美国人观念体系的试金石"。

30 年前出现了一项新技术，给计划报废带来了挑战。如果在反消费社会，我们会想要这种产品。它持久节能，在各方面都比它要取代的产品好。它是一种灯泡。

1962 年，通用电气公司位于纽约锡拉丘兹的一家工厂发明了 LED，但直到 20 世纪 90 年代，LED 的发光效率才超过白炽灯。这是一项名副其实的革命性技术，LED 的广泛使用成为减缓气候变化的重要一步。

LED 灯有着传奇般的耐用性。它照明技术的基础是半导体，这种材料很容易实现耐久性。5 万小时寿命的 LED 灯并不少见——如果你忘记关灯了，它会持续亮将近 6 年。五金店卖的 LED 灯通常都有 2.5 万小时的使用寿命，这已经很长了。就一般的美国家庭而言，每盏灯平均每天只开 1.6 小时。那么在正常情况下，一盏普普通通的

LED 灯能用 42 年以上。

到 2019 年，LED 灯已经成为一个蓬勃发展的行业。这似乎告诉我们，反消费不一定会以失败告终，它也可能带领我们迈进一个"良好增长"的时代，企业会创造高质量的产品，代替过去用完即弃的东西。质量好的产品实现增长，质量不好的产品逐渐减少。

然而，LED 灯的发展还告诉我们，良好增长不会永远持续。照明行业有一个术语，叫作"灯座饱和"，指的是世界上大多数使用寿命较短的白炽灯从灯座上被拧下来，换上持久的 LED 灯的那个时刻。至少从理论上讲，那时全世界都不用再买灯泡了。当所有灯都能使用半辈子时，照明行业会发生什么情况？正如伦敦照明市场分析师法比安·赫尔岑拜因所说："这是一个事关 10 亿美元的问题。"

21 世纪第二个十年快结束的时候，"灯座饱和"似乎近在咫尺。但是，这一天始终没有到来，因为 LED 灯被消费文化同化了。我们已经看到其中的一种情况：我们用 LED 灯省下的钱买了更多的灯。就像 20 世纪 20 年代使用寿命较长的白炽灯很快被使用寿命较短的白炽灯取代一样，寿命长的 LED 灯也被寿命短的 LED 灯取代。亚洲有很多新的制造商迅速降低产品的成本和质量。一项耐用的技术正转变成用完即弃的技术。

赫尔岑拜因告诉我："你可以在易贝（eBay）上买到质量很差的灯泡，当你把它拧上时，会触电。"他听说，有的地方 LED 灯论斤卖，买家知道其中有的能用，有些可能根本无法使用。

一些政府为 LED 灯制定了最低寿命标准，以维持其耐用性的优势。即便如此，还是出现了一种销售更多灯泡的方法，那就是把 LED 灯内置到仍会计划报废的商品中。智能照明行业应运而生，比如，有的灯在你起床时会逐渐变亮，在你玩视频游戏时发出强光。灯具成为物联网的中心,与扬声器、安全系统和其他设备连接。换句话说,LED 灯经历了"装置化"的过程,很容易受到手机、平板电脑和其他数字产品持续升级的影响。美国 LED 照明公司科锐的发言人贝蒂·努南告诉我:"我们并没有引发这种消费行为,科技公司才是始作俑者。我家换了好几次平板电视,就是因为想要外壳更薄、画面更亮的。"

但是,当世界停止消费时,我们不会再用节能省下的钱买更多的 LED 灯,我们会更喜欢使用寿命长的而非寿命短的灯泡。我们会更加怀疑数字产品升级的必要性。因此,我们将面对自 20 世纪初以来一直没有答案的那个问题,即如何让一个产品质量高、耐用性强的社会有效运作。

设计学教授蒂姆·库珀是英国诺丁汉特伦特大学可持续消费研究小组的负责人。他说:"我的出发点是把经济学彻底搞清楚。"他研究产品耐久性已有近 30 年的时间。我们倾向于认为消费经济是高度复杂的,从许多方面讲,它确实如此。这个体系令人十分困惑,在某个大洲种植的棉花可能在另一个大洲被纺成纤维,再在另一个大洲制成 T 恤。有一点很矛盾:投资人可以让自己的资金在全球范围内快速流转,但大多数工人却不能自由跨越国界寻找工作。然而,这种经济的基本运作原则是简单明了的。商品和服务是为消费而生产的,几乎所有消费都是由个人完成的,它们代表的也是个体消费者。(一位经济学家对我说:"我们不会向火星人出口产品。")经济随着人口的增长而扩张,但最重要的是,通过不断增加的新产品和新体验,我们在这些东西上的消费速度越来越快。导致消费速度加快的最重要的因素是我们购买的东西的使用寿命越来越短。

库珀表示,世界停止消费后仍属于消费经济,但它是以质量而非数量为基础的。也就是说，产品制作精良，设计的使用寿命更长。由于质量更好的商品的制造过程通常需要更多的时间和更好的材料，价格将会大幅提高，这至少可以在一定程度上弥补因产品总体销量下降而造成的收入损失。这也意味着，在我们用心向一个产品少而精的市场过渡的过程中，就业率会高于严重经济衰退导致消费放缓的时候。与此同时，反消费经济更大一部分的驱动力将来自使用寿命长的产品生命周期。在整个周期中，产品可能需要维护、修理或升级，被出租、共享或转售。库珀说，这将是一个"彻底的系统性的变化"。反消费经济能达到与消费经济一样的规模吗？库珀表示，这个问题的答案取决于人类的聪明才智。但他怀疑，至少在最开始的时候，它将导致经济增长放缓。

"是什么推动了用完即弃的文化？往往是因为人们想拥有与时俱进的产品。"库珀说，"也有人想拥有最古老、最好的东西。"

耐用性将成为低消费文化的核心，这一想法至少可以追溯到1982年，当时经济合作与发展组织（OECD）敦促各国政府延长产品的使用寿命，从而减少世界各地垃圾填埋场即将坍塌的垃圾山。很明显，OECD想要的结果并没有出现。直到快到2020年时，库珀才看到国家针对产品耐用性采取的行动。2015年，法国将计划报废划为非法行为，将这种做法定义为故意缩短产品的使用寿命，以提高更换率。违反者有可能被处以高额罚款，甚至坐牢。2018年，瑞典将维修相关业务的税收减半，这是一项开创性的尝试，是通过减少消费而不是将其"绿化"来解决碳排放问题。2021年，欧盟准备将"维修权"纳入消费政策。维修权是指更好地获得修理产品所需的工具、零件和信息。欧盟的下一个目标是在产品标签上注明使用寿命。

耐用性对共享经济尤其重要。最开始，共享商品是作为一种从本质上会减少消费的行为进行推广的。常识告诉我们，如果我们与他人共享东西，比如汽车或电热慢炖锅，那么我们就不需要人人都有了。事实证明，共享经济要比这复杂得多，最有名的就是打车服务。它非但没有激励人们拒绝购买汽车，反而提高了许多人使用优步（Uber）等服务的次数，而步行、骑自行车或乘坐公共交通的次数随之减少。在很多地方，交通状况并没有因为打车服务而得到改善，甚至恶化了。但是，耐用性从更基本的层面上对共享经济产生了影响。除非对车辆进行专门设计，使之能够承受共享带来的持续磨损，否则它们的损坏速度会更快。

美国俄亥俄州哥伦布市有一家美国最古老的共享工具库，朱莉·史密斯在这里做了很多年的负责人。她说，即使是最简单的共享也会受到计划报废的影响。史密斯告诉我："我们觉得现在买的东西的质量比不上我们继承的旧物件。它们就是没有那么结实了，使用的材料不同了。要知道，铲子是可以磨尖的，但如果用不能磨的材料做成，那就只能买一把新的了。"

耐久性有两种，制造质量更好的东西产生的耐久性只是其中之一。另一种存在于我们的内心，即我们与物件关系的耐久性。

我们的垃圾填埋场已经堆满了耐用品，旧垃圾慢慢会被上面一层层新加的耐用品压垮。丢弃的灯罩、茶几、自行车、键盘、毛衣、热水壶、游戏机、马桶、儿童玩具等层层叠叠，其中很多东西根本没有损坏。这说明问题不在于东西的使用寿命，而在于我们缺乏继续使用它们的动力。

几十年来，新奇和新颖一直是消费文化的核心。不过，我们对一些东西的喜欢没有随着时间的流逝而减少，有时反而会增加。皮夹克、铁锅、蓝色牛仔裤、土耳其地毯、复古手表，还有知名演员的面容，我们很欣赏时间给他们留下的印迹。要想理解一个停止消费的世界，我们就需要放大这种欣赏，把它从长期的沉睡中唤醒。

一千多年前，日本人提出了"侘寂"的概念。这个词较难翻译，但会让人联想到忧郁的沉思和时间的流逝，就像走过废墟时的感觉。关于这个概念，我们最熟知的是，它赞美那些褪色的、古色古香的、适度且简单的东西。这一点在金缮修复中体现得淋漓尽致。金缮修复是一种源自中国的拥有500年历史的修复工艺，比如，修复摔碎的瓷碗时，不是掩盖裂缝，而是用金色或银色的漆凸显断裂处。修复后的东西有闪亮的痕迹，它们和未损坏时一样有吸引力，甚至比原来更具吸引力。

这个概念和几乎所有东西一样，已经被消费文化吞噬了。有关侘寂设计的书称赞它是"精妙之典范"。冬天的田野在风中摇曳的美景已经不复存在，取而代之的是一尘不染、整齐划一的房子，里面装饰着精选的古董，很难想象这种房子里会住着孩童。但是，"侘寂"的范围可能不限于此，它涵盖了受损、沾有污渍、肮脏的东西，甚至包括丑陋、做工不好或不完整的东西。它不是一种外观或风格，而是一种在不完美中发现美的态度。

在一个减少消费的世界里，你拥有的东西会伴随你更久。很多东西看起来都用过，而且磨损了，因为你不会经常换新的。这很容易让人感到压抑。事实上，我们现在之所以痴迷于新鲜事物，是因为这样做可以阻止我们去思考衰老和死亡。侘寂能让我们从那种生活感受中解脱，并逐渐适应生活原本的样子。

早在20世纪初，建筑师阿道夫·路斯就反对在风格上无可挑剔的住宅。他说，只有一个东西有历史、有故事时，它才真正属于我们。路斯儿时的家里最令人难忘的物品之一是一张桌子。他说，那就是胡乱堆在一起的木头，上面摆着难看的装饰品。"但它是我们的桌子，我们的！"他说。如果东西设计得耐用性很差，或者一旦它们看起来已经不新或不再时髦时，就会被换掉，我们就失去了产生这种联结感的机会。

侘寂是一种心态，它给过去的东西赋予当下的生命，同时也可以是对未来的展望。在途经阿姆斯特丹的时候，我参观了公平手机（Fairphone）的办公室，这家公司的主营产品是经久耐用的手机。公司生产的手机是模块化的，这意味着拆卸很容易。公司人员向我展示了如何在一分钟内更换破碎的屏幕，或是将原来的相机升级为最新款。此外，公平手机公司提供的软件和安全支持的时间也远远长于主要的手机制造商。公司的很多客户觉得快速更换手机很浪费，但他们发现了另外一种反消费。事实证明，很多人换新手机时心情是矛盾的：他们对自己的手机产生了依恋，包括它的划痕和凹痕，还有将其握在手中的感觉。他们并不想扔了它。公平手机公司满足了这些用户的需求：他们可以保留旧手机，还能享受新功能。

未来充斥着破旧的、布满灰尘、饱经风霜、临时搭建的东西，这是科幻小说中最受欢迎的一种美学。《银翼杀手 2049》中肮脏街道上的巨大全息图，《黑客帝国》中尼奥领口有洞的破旧运动衫，还有蒸汽朋克持久的吸引力——它将鲸须衬裙、量子计算、大型飞艇和太空旅行混搭，这一切都属于侘寂。《星球大战》中的宇宙也是如此，其中的航天器类似于 20 世纪 70 年代的破旧汽车，酒吧脏兮兮的，英雄们穿着打着补丁的破旧战服，这种风格可以追溯到 1 000 年前。动画片《机器人总动员》的背景是一个废弃的地球，与人类迁移的新居——闪亮的太空殖民地相比，这里在某种程度上感觉更像我们的家园。影片的摄影师杰里米·拉斯基说过："这是一种衰败之美，就像走进被遗弃的老房子一样。"

在一个停止消费的世界里，我们不仅可以制造持久耐用的东西，而且可以让其在老化的过程中保持优雅。不过，我们首先有一个更具挑战性的任务：用侘寂的眼光看待身边的东西，在垃圾看起来都很漂亮的时代看待那些完美的人工制品。灯泡快要掉下来的电灯，摇摇晃晃的高脚凳，嘎吱作响睡不了人的床，这些东西我们还能继续用多久？我们最终能对它们产生依恋吗？侘寂未来的第一个象征之物可能不是一只代替塑料袋的漂亮手提袋，而是一只修补过的塑料袋，这样它还可以让人再用一小段时间。

第 12 章
快时尚：走下神坛，但未必消亡

快时尚与少而精的购物方式恰恰相反，它是卖更多、更差产品的最典型的例子。

经历史学家考证，时尚的出现至少可以追溯到 14 世纪初，这种时尚的特点随着时间的推移而变化，人们也在追赶时尚的脚步。然而，几个世纪过后，商店售卖的成衣才取代了自制或定制的服装。100 年前，男人穿什么样的衣服喜结连理，就穿那套衣服入土为安，女人穿母亲和祖母穿过的衣服，这都是很平常的事情。直到 20 世纪 60 年代中期，学者才开始评论因为大规模生产和大众传媒而逐渐缩短的时尚周期。

我们并没有强烈要求快时尚这种东西出现。1902 年，德国历史经济学家维尔纳·桑巴特撰写了第一份关于时尚产业的详细阐述，即使是那本著作也否定了时尚跟随消费者的品位而不是反过来的说法。桑巴特写道："近来，创造时尚的驱动力完全来自资本主义企业家。巴黎交际花和威尔士亲王最多仅是起到调节的作用。"如今的社交媒体网红和嘻哈明星起的作用也是一样的。相比之下，时尚行业的人提前很长时间就定好了当年的流行色和衣裙尺寸，他们要么拥有非凡的读心术，能够读懂消费者的心理，要么就像桑巴特所理解的那样，掌握了决定风格的大部分权力。

就算我们没有要求快时尚出现，我们也热情地接受了它。仅就过去的15年而言，服装的年销量大约翻了一番。现在这个数字已经超过1 000亿，地球上平均每个人每年会买大约15件衣服。当然，现实生活中并不是平均分配的。巴西、中国、印度和墨西哥等国家的销量飙升，而富裕国家的消费者不仅买了更多的衣服，购买次数还在继续增加。

这些衣服的宿命基本就是成为垃圾。《纽约时报》采访了美国、英国和澳大利亚的普通年轻人，结果发现，认为每次外出不应该穿同样衣服的年轻女性大有人在。英国威姆斯洛一名每天都网购的16岁女孩说："如果一件衣服我只穿一两次，我就会想买最便宜的。"一个反馈环已经形成，较低的价格鼓励购物者加快更新衣服的速度，这会促使公司生产只能穿几次的衣服。在21世纪，衣服的使用寿命比以往任何时候都短。

如果你因为看到越来越多打上"绿色"、"可持续"或"有机"标签的衣服，就以为这些问题正得到改善，那你就错了，情况绝非如此。根据新冠肺炎疫情暴发前的趋势来看，到2050年，整个行业将会变成原来规模的4倍。此外，我们没有理由认为时尚周期不能变得更短。全球咨询公司麦肯锡最近的一项调查发现，时尚业高管的首要任务就是缩短流行周期。鉴于快时尚周期短、价格低的特点，"衣服必须看起来像刚买来的"正快速成为社会规范。我们越来越忍受不了衣服有穿过的迹象。

英国艾伦·麦克阿瑟基金会在2017年的一份重要报告中指出，"增加衣服的平均使用次数"可能是减小服装业对环境影响的最佳方式。如果把衣服的使用次数增加一倍，就可以将服装贸易导致的气候污染减少近一半。将全世界的服装生产暂停一年，相当于所有国际航班和所有海上运输暂停同样的时间。

然而，我们又一次陷入了两难的境地，因为很多人以生产衣服为生。这些工人大多来自高度依赖服装业的发展中国家。中国是全球最大的服装生产国，排位第二的是孟加拉国。孟加拉国人口是美国的一半，但面积还没有艾奥瓦州大。孟加拉国超过 1/3 的制造业工作和近 85% 的出口来自服装业。在这个 1/5 的居民生活在贫困线以下的国家，服装业为 400 多万人提供了就业机会，其中 60% 是女性。

新冠肺炎疫情开始在全球蔓延时，我联系了孟加拉国的工厂老板们。阿卜杜拉·马希尔回复了我，好像他一直在等我的电话似的。马希尔是法基尔时装有限公司的首席执行官，公司为 H&M、Zara（飒拉）、Pull & Bear、C&A、Esprit（埃斯普利特）、Gina Tricot 和 Tom Tailor（汤姆泰勒）等主要品牌生产针织服装。马希尔告诉我，法基尔时装有限公司的工厂位于孟加拉国首都达卡东南部的纳拉扬甘杰，这栋高楼耸立在一条狭窄的马路边。公司有超过 1.2 万名员工。在时尚周期的顶峰，公司每天生产多达 20 万件衣服，而且公司正在设置更多的生产线。法基尔时装有限公司及其工人似乎完全依赖于人们的服装消费。

我对马希尔说，假设购物停止了，全世界的消费者突然听从了那些批评者的意见，开始少买衣服，从而减少服装业对环境的影响，会发生什么？

马希尔停顿了一下，用神秘的口吻说："其实，结果不会那么糟糕。"

法基尔公司是家族企业，公司的名称取自伊斯兰教的托钵僧。托钵僧聚焦于精神生活，不受财物的干扰。时代的变化让该群体无法生存。

孟加拉国的制衣业有着悠久但不乏讽刺意味的历史。几百年来，达卡周边地区以手工制作的高质量丝绸和棉纺织品而闻名。一段犹如"流水"或"空气"那么丝滑的上好织物，可能需要两个织工花费一年的时间才能编织出来，而且过程中需要保证足够的湿度，这样纤细的丝线才不会断。

棉花可以说是全球消费时代的第一个产品。在 17 世纪初，西方国家的大多数服装颜色都很暗淡，因为羊毛和亚麻布不容易染色，而丝绸价格高昂。到 17 世纪末，大量进口的印花棉布，也就是来自当今印度和孟加拉国所在地的鲜艳印花棉布，传入英国，而后是整个欧洲，上层阶级因此穿上了多彩的服装。这种布料最后扩展至广大民众。正如历史学家弗兰克·特伦特曼所说，随着这场"服装革命"的爆发，我们所熟悉的现代消费模式有了雏形：价格便宜的服装，快速变化的风格，更快的周转速度。消费文化加速发展的模式大抵如此：一点喜悦的火花燃成熊熊大火，最终失去了控制。

在 18 世纪，欧洲贸易出现了逆转。欧洲大部分地区禁止从南亚进口基本的棉纺织品，目的是提高自己国家的行业竞争力。随着工业革命从纺织业开始，英国以更便宜、更丰富的织物和衣服占领市场。服装业随着大英帝国的强大而快速发展。孟加拉国直到 20 世纪 70 年代末才再次成为服装的主要生产国。从那时起，这个曾经以全球最好纺织品闻名的国家已经沦为廉价快时尚的代名词。

优素福·阿里·法基尔是法基尔家族上上辈的家主。他开始做的是黄麻纤维的生意，后来转向纺织品。黄麻纤维是一种粗糙的纺织品原料，可纺成绳索、股线和粗麻布。20 世纪 80 年代，优素福的下一代成为孟加拉国成衣行业的先驱。2009年，这一代的三兄弟巴德鲁扎曼、卡马鲁扎曼和瓦希德扎曼创办了法基尔服装有限公司，公司的目标是成为全球最大的针织品生产商，同时也成为社会和环境责任的典范。马希尔说，刚过10年，公司就吸取了惨痛的教训。他说："没有人为此付出代价，没有人关心这个问题。"

马希尔活泼爱笑，即使在毫不掩饰地表达对时尚业的厌恶时也是如此。他在这个领域拥有丰富的经验，工作经历几乎涵盖服装业的各个方面。他曾负责西尔斯公司在孟加拉国的业务长达数年。他回忆说，刚工作的时候，他遇到了美国公司的一位副总裁。那位副总裁坐的是头等舱，住在达卡最好的酒店，还抱怨那里的瓶装水质量太差。马希尔说："酒店后面是一个建在沼泽地上的贫民窟，房子搭建在竹竿上，那里的人直接喝湖水和河水，都是工厂的工人。当天晚些时候，那位副总裁要求降低这些工厂生产的产品的价格。"马希尔回想起他在大学时期读过的查尔斯·狄更斯的作品，其中描写了维多利亚时期不平等和不公正的故事。"这些故事都是一样的。"

在过去的20年里，马希尔看着这种情形一次又一次上演，各大服装品牌要求孟加拉国的供应商降低价格，同时要求它们加快完成订单的速度，并不断改善工作场所和环境标准。法基尔时装有限公司已经获得很多认证，包括处理废水，收集雨水，更多地使用太阳能，为工人提供膳食和子女托管服务，雇用残疾人，在当地建立学校，等等。公司一直无法将相关费用转嫁给服装品牌或消费者，因为后者仍然希望用更少的钱买到更多的东西。

有句老话说：如果某个东西太便宜了，那肯定是别人在帮忙付费。马希尔那家公司的工人每月赚120~140美元，每周工作6天，这种工资不仅在全球来看很低，按照孟加拉国的标准来看也很低。他们的工作因为快时尚周期的加快运转而越发紧张。走出工厂大门后，这些工人还要忍受国家为保持产业竞争力走捷径所带来的环境后果。曾有"东方最佳城市"之称的纳拉扬甘杰，空气通常是黄褐色的，有时会让外国游客闻着恶心。在新冠肺炎疫情封锁期间，这座城市奇迹般地出现了蓝天。孟加拉国是受气候变化影响最严重的国家之一，尽管这里的人均碳排放远远低于较富裕的国家。（孟加拉国的人均碳排放是德国或日本的1/26，是美国或加拿大的1/40。）孟加拉国的大部分地区位于巨大、低洼的三角洲上，源自喜马拉雅山的河流流经该国，所以它很容易受到冰川融化加快、强大气旋更频繁出现和海平面上升的影响。马希尔是在吉大港市上的大学，现在这座城市的大部分地区会受到洪水的侵袭——在一年中的大部分时间里，每次涨潮都会淹没城市60%的区域。马希尔说："潮水在人们家里起起落落。这里正变成'威尼斯'，但没有人来这个'威尼斯'旅游。没有人愿意前来，没有人愿意死在这个城市的脏水里。"

不过，马希尔最在乎的是一种不那么显而易见的伤害。当他看到公司生产的衣服卖得那么便宜，看到它们那么不值钱时，他觉得这是一种侮辱。"Z世代[①]和千禧一代确实想要道德产品。"他说，"但是，当你花4美元或2美元买一件快时尚T恤时，从来不会问：'这件衣服这么便宜，是怎么到达柏林、伦敦或蒙特利尔的？种植棉花、轧制、纺纱、编织、染色、印刷、缝制、包装、运输，总共才4美元？'你不知道自己影响了多少人，你付的这点儿钱根本不够支付他们的工资。"

我问马希尔，要想改变这种情况，价格需要提高多少。他想到的

---

① Z世代指的是1995—2009年出生的人，又称"网络世代"。——编者注

第一个数字令人大为惊讶：2美分——这点儿钱实在太少了，很多国家都会做四舍五入的处理。如果他的工厂生产的每件衣服价格提高2美分，相当于每个工人每月多拿两天的工资（提高了7%~8%）。另外，价格提高2美分可以让法基尔公司生产更少的衣服——公司可以把衣服做得更好，或是不用那么着急赶制衣服，同时不会有人因此失去工作或减少收入。想象一下，如果消费者愿意多付10美分，会是什么样子？

值得注意的是，快时尚不仅让处于低端服装市场的马希尔苦不堪言，还阻碍了那些试图为反消费经济制造服装的人。在地球的另一端，美国罗得岛州普罗维登斯的阿曼达·林德勒和丈夫乔纳斯·克拉克呼吸着清新的海滨空气，卖着高质量的礼服衬衫——这些衬衫可以穿十几年。不幸的是，他们不得不与马希尔熟悉的那套经营模式竞争。

2013年，林德勒和克拉克创立了自己的品牌塔克曼（Tuckerman & Co.）。他们曾希望使用美国种植的有机棉，在美国本土纺织，生产美国制造的耐穿衬衫。然而，大部分服装企业都致力于快速生产廉价的穿完即扔的产品，塔克曼想做的一切都是挑战。

要做一件耐穿的衬衫就需要长绒棉，这种棉花纺出的线更细、更结实。美国种植的棉花不少，但有机棉（约占市场的1%）和长绒棉的需求非常少，塔克曼不得不利用全球供应链。公司打了500通电话才找到一家纺织厂，该厂既能按照塔克曼的标准生产面料，又愿意为了它的订单调整普通棉和有机棉的库存。这家纺织厂属于意大利北部的阿尔贝尼集团。该集团是家族企业，现在已经传到了第五代。身为塔克曼的首席执行官，林德勒告诉我："这是能够为我们生产面料的唯一一家企业，可能也是世界上最好的面料制造商。"

衬衫衣领和袖口所用的有机衬布，在全球范围内也只有零星几家公司可以提供，塔克曼选择了一家德国供应商。耐用的纽扣是用巴拿马的象牙棕榈（一种可再生植物象牙）制成的。成衣制作在美国完成，塔克曼选择的是新泽西州纽瓦克的甘伯特衬衫公司。最终，每件衬衫的价格是 195 美元。相比之下，沃尔玛卖的礼服衬衫只要 15 美元，它卖的很多衣服都产自孟加拉国。

一件制作精良的衬衫在整个生命周期都有价值：每周穿一次塔克曼衬衫，坚持五年，每周的花费约为 75 美分，这比买一件 60 美元的衬衫并在一年后扔掉更划算，也比买一件 15 美元的衬衫穿 10 次就扔掉好得多。然而，很多家庭要么买不起这么贵的衬衫，要么不愿意花这么多的钱。全世界的消费者都从快时尚中获得了经济上的好处，这是不争的事实。在英国和美国这样的国家，如今，家庭预算中衣服花费所占的比例已经从 20 世纪初的 15% 左右下降到了 5% 或者更低。美国劳工统计局的数据显示，人们省下来的钱主要用在了不断上涨的住房费用和"非必需品"上，包括周末出游，还有家里和储藏室摆满的那些普普通通的东西。

林德勒表示："我们也觉得产品价格高。"她想把衬衫降到 100 美元，但只有塔克曼像时尚业的其他竞争对手那样做才行——让海外工资较低的工人制作，使用更少的有机材料和可再生材料。不过，这正是公司所抵制的。"要 100% 在美国本土生产衬衫，并在价格上保持竞争力，可能很困难，尽管这么说让我很痛苦。"

新冠肺炎疫情暴发后，停止购买衣服的影响很快变为现实。正如李维斯的保罗·迪林杰所预测的那样，服装行业开始崩塌。仅孟加拉国就有 100 多万名服装工人下岗。美国劳工监察组织"工人权利协会"指出，大多数顶尖品牌甚至拒绝为正在生产或准备发货的订单付款，直到激起公愤才迫不得已让步。

在全球解除第一波封锁时，我再次与马希尔通了话。我想知道，他在目睹停止消费对孟加拉国造成的损失后，是否仍然渴望看到服装业的转变。当时，离季风来临还有几周，清晨热浪滚滚，马希尔还是像以前一样兴高采烈。他说："如果你把快时尚带到你的国家，你们也会受到伤害的。"

他表示，服装贸易最大的危险不是购物放缓，而是没有使购物放缓的方法。全球数十亿人已经拥有足够多的衣服，让他们继续买衣服的唯一方法就是创造不必要的需求。要想做到这一点，就要加快时尚潮流的更迭。要想加快时尚潮流的更迭，就要做足够便宜的衣服，以便人们更频繁地购买。要想把衣服做便宜，唯一的方法就是在材料质量、工作条件、工资或环境标准上偷工减料，而孟加拉国多年来一直处于这样的灾难中。

对孟加拉国来说，过渡到一个服装消费减少的世界将给国民带来不小的痛苦。即使该国服装业生产的衣服数量比以前更少、质量更好、售价更高，马希尔还是怀疑全国 6 000 家工厂能否提供像今天这么多的工作岗位。他说："也许应该把工厂数量控制在三四千家。"它们将提供能够维持基本生活的工资，减少污染和浪费，提高质量和效率而非贪婪的过程和速度。马希尔说："那时就不会有你死我活的竞争了，而是一场真正的比拼。"

世界停止消费后，快时尚必将走下神坛，这并不意味着它会完全消失。我们已经看到了快时尚未来走向的迹象。

当我到访 Trove 公司的全球总部时，它还是一家名不见经传的科技创业公司。它位于一个小工业园里，夹在旧金山外围的一个人工湖和湾岸高速公路之间。有时，秃鹫会在头顶盘旋。Trove 公司的创始人安迪·鲁本几乎能够叫出仓库里每位员工的名字。不过，用美国的商业术语来说，这里不能叫作仓库，而是一个运营中心。

鲁本年纪轻轻就崭露头角。他在沃尔玛当了 10 年高管，用他的话说，沃尔玛是消费文化的"野兽之腹"。沃尔玛是世界上最大的零售商，鲁本是公司可持续发展的开拓者，他体会到了改变人们的消费方式有多么难。他曾经推广节能灯泡，结果却目睹美国普通家庭的灯泡数量几乎翻了一番，从 35 个增加到 60 多个。他发现，企业可以生产耐用的电钻，而非很快就会用坏的电钻，但这并没有解决美国几百万个家庭拥有电钻的固有浪费问题，其中不少电钻几乎从来没有使用过。他告诉我："我们总是向前迈三步，再向后退两步甚或四步。"

他离开沃尔玛时，目标很明确：让人们购买新品的数量减少 25%。他希望全世界减少 1/4 的消费。

他创办的 Trove 公司做的就是这件事。"如果你没有经历我所经历的，而是抄了近路，你就会不断发现摩擦。如果事情太难，就不会有什么效果。"鲁本说。Trove 公司的客户包括诺德斯特龙、李维斯、巴塔哥尼亚、REI 和女装公司艾琳·费雪。它们都与 Trove 公司合作建立了平台，方便消费者寄回他们不再需要的产品。这些产品被送到 Trove 公司进行检查、清洁和维修，并通过品牌各自的网站和门店以折扣价再次出售。

尽管宣传得天花乱坠，但二手服装市场的规模仍然很小，总体上不到服装业的 10%，这还包括服装租赁在内。小归小，它仍是一个价值 300 亿美元的市场，而且在不断增长。它是在新冠肺炎疫情防控期间销量增加的行业之一。当然，转卖衣服并不是新鲜事，新鲜的是，Trove 公司经手的商品没有任何"二手"的感觉。仓库里没有二手店的那种味道。当今的消费文化给我们上了另外一课：我们现在所穿的衣服很快就被淘汰了，所以二手衣服和新衣服的区别往往微乎其微。

与Trove公司合作的品牌有很高的标准。例如，艾琳·费雪只转卖"没有瑕疵"的衣服，不能有任何污渍、孔洞或其他磨损痕迹。Trove公司收到的商品一半以上都符合这个标准。许多送到Trove公司的产品甚至连标签都没有剪掉，如果称它们为"二手"产品实属用词不当。美国人的壁橱和地下室，就像全球各地的衣柜和阁楼一样，已经成为巨大的仓库，装的都是人们不喜欢且从未穿过的东西——它们构成了一个覆盖全球的非运营中心。

目前，Trove公司每年经手的商品多达数十万件（鲁本说"这已经初具规模"），但这种商业模式遭到了消费文化的破坏。由于转卖的物品通常比较便宜，所以有些人会买更多的东西。另外，二手商品原来的主人通常会因此得到一张礼品卡，可以用来买新产品。不过，鲁本估计至少有70%的转卖产品代替了购买新品。为了证明这一点，他指出，预计到2023年，巴塔哥尼亚10%或更多的收入将来自二手商品。由于二手商品的价格较低，公司需要大量销售这样的商品，才能在整体销售中占据那么大的份额。这可能意味着，近几年内，巴塔哥尼亚发出的货物中每五件就有一件将被转卖一次、两次或三次。

支持二手转卖的人表示，其目的是使消费流动起来，在我们需要时将物品带到我们的生活中，在我们不再需要时将其带走。从历史上看，这并不罕见。在文艺复兴时期的意大利，即使是十分有钱的人也会根据需求和收入的变化，不断地典当和赎回衣服。人们对最时髦的衣服持保守的态度，因为一旦潮流发生变化，它们就会失去长期的价值。（这种做法从未彻底退出历史的舞台。在新冠肺炎疫情防控期间，典当商品以获取小额贷款再次在意大利流行起来。）卡尔·马克思年轻的时候生活拮据，租过西装，而在17世纪和18世纪，很多商店既卖新商品，也卖二手商品。即使到20世纪70年代，穿长辈穿过的衣服，玩前人玩过的玩具，用他们用过的家具也很常见，富裕家庭也是如此。今天，商品流通对消费者而言再适合不过了，他们的生活中被越来越多的东西填满，他们经常旅行和搬家，往往住在城市公寓里，而非郊区或乡下宽敞的房子里。

  这种流动并非没有环境代价。转卖添加了更多运输、处理和其他物流环节，但它至少在理论上取代了生产新产品所需的原材料和制造供应链。人们经常称其为"使用制"，而非"所有制"。不过，在Trove公司的特殊模式中，你确实可以拥有每件东西，也许是一天，也许是一生。其他模式包括租赁、订阅和共享。这些模式加在一起，给了我们一个违反常理的承诺：我们可以使用更少的资源，同时像以前一样快速获得并扔掉产品，甚至比以前更快。"产品会更少，但它们会不停地在我们的生活中进进出出。"鲁本说着，露出了一丝狡黠的微笑，"如果我们能够习惯商品的流动，我觉得我们会有更多消费。"

  辛迪·罗兹看到了在世界停止消费后快时尚继续存在的另一种方式。罗兹是时尚科技创业公司Worn Again的联合创始人，这家位于英国的公司已经找到了一种将不穿的衣服溶解的方法——没错，就是将其溶解成原材料，然后重新配制，再次将其织成衣服。这个过程类似于永动机：把一件旧T恤从一端扔进去，另一端就会出来一件新的衣服。

  Worn Again公司现在的主营业务始于2011年罗兹和一位名叫亚当·沃克的化学家的偶然会面。沃克现在是这家公司的首席科学家。当时，沃克设计了一款软件，你可以输入你想要分离的材料，软件会生成一份可能完成这项工作的溶剂列表。罗兹问了他有关纺织品回收的问题。"他走进实验室，在笔记本电脑上做了一个小小的实验，然后出来跟我说：'这是聚酯纤维，那是棉花中的纤维素。'"罗兹说。整个项目花了三个月时间。"我们当时想，太好了，一切都解决了。我们以为自己发现了圣杯。"

结果，他们花了近十年时间才弄清楚如何大规模实现这一过程。不过，理念还是一样简单。Worn Again 公司是新兴的纺织品再加工行业的一员，这个行业需要的原料是由棉花或聚酯或两者的混合物制成的织物（原料 10% 的成分可以由其他材料组成，如纽扣或让弹力裤有弹性的弹性纤维）。大约 80% 的服装符合这些条件，也就是说，每年有超过 4 000 万吨的潜在原料被生产出来，这是一笔巨额财富。

你把这些衣服放在可以溶解聚酯的溶剂中，然后把溶剂和聚酯分离出来，其中涉及很多化学工程的知识。这时，你就有了生产纯聚酯颗粒的原料，聚酯颗粒可以制成纤维，就像利用石油合成纤维一样。这与棉花的处理过程十分类似，只不过最终得到的不是棉花，而是提取的棉花的基本化学成分"纤维素"。最终的产品在外观和性能上与棉花差不多，可用于制造类似于黏胶、溶解性纤维和天丝纤维的纺织品，这些产品已经在世界各地的工厂中被制成了衣服。衣服的其他材料，比如其他面料、染料、表面材料等，都是废物。不过就目前来看，平均而言，这比直接扔掉衣服产生的废物少 90%。

如果你听说过循环设计或循环经济，这就是他们所说的那种循环。在那种循环中，产品不断地被再次使用或回收做成新的产品，而不会变为废物。目前，循环经济的发展程度还很低，并且没有提高的迹象。（非营利组织"循环经济"从 2018 年开始追踪循环经济的发展，当时循环经济的占比是 9.1%。到 2020 年，这个数字下降到 8.6%，而全球经济所消耗的材料却比以往任何时候都多。）就目前的服装贸易而言，只有大约 1% 丢弃的服装得到回收并用在了其他服装的制作中，还有 12% 变成了床垫填充物和抹布等低质量的商品。从 Worn Again 科技公司等循环经济公司的角度来看，每年有价值上千亿美元的原材料最终成了废品。

2020 年 2 月，Worn Again 科技公司在英国雷德卡开设了一个试点研发机构，离试行版的衣服再加工工厂只有一步之遥。公司的愿景是到 2040 年拥有 40 家运营工厂，第一批工厂会建在西欧和美国，其中一个原因是这些地区的垃圾收集系统十分高效，还有一个原因是消费文化本身也会创造原料。大批有钱的消费者会扔掉他们的东西。他们之于服装回收，仿佛棉田和炼油厂之于如今的服装业一样。

停止消费似乎会威胁到原料的充足问题，因为少买一件衬衫或一条牛仔裤，就少了一件可以回收的衣服。罗兹对此并不担心。即使全世界的服装销量减少一半，每年仍会生产 2 000 万吨符合服装再加工行业标准的新衣服。如果它们都成为 Worn Again 科技公司的原材料，足以供应 400 家工厂。

除此之外，像 Worn Again 科技公司这样的公司从理论上讲还可以把世界各地的衣柜和垃圾填埋场当作矿藏加以开发，这些地方有大量的衣服和其他织物。罗兹表示："实际上，已经有足够的不再使用的纺织品可以满足我们的年需求量，所以我们不必再去钻探石油或种植棉花。"反消费文化也许还可以为快时尚提供一点儿空间，包括能设计一些亮眼且巧妙的东西，一些可以不断变化然后被回收的东西，为我们的耐穿裤子和经典夹克衫增添一些光彩。

罗兹说："对于那些想要过这种生活的人来说，这是可以实现的。我们不会都买一样的东西。"

循环经济给我们的承诺面临一个真正的威胁，这个威胁仍然是消费规模。循环经济能否为全球将近 80 亿人提供足够的衣服？罗兹认为是可以的。它能否为所有人提供最有钱的消费者所享受的那种快时尚生活方式？答案是不能。如果你需要越来越多的衣服，如果对衣服的需求一直不停地增长，那么循环经济这个"圆"就必须扩大，就像一个吸收能源和资源的黑洞。这个圆永远不会停止扩大，商品流的范围会越来越宽，速度会越来越快，最终也会碰到不断增长的消费经济所面临的同样问题。

　　这就带出了一个哲学问题。循环经济是否相当于我们想象中的消费的终结？两者都会改变我们获得的东西及我们的获取方式。两者都没有要求我们彻底改变"应有尽有""多多益善"的心态，也没有质疑消费作为生活的中心。但是，有一些企业确实提出了疑问，这些企业仍然记得远远早于消费文化这个词出现的那个时代。

第 13 章

商业是一场漫长的持久战

商业领域有"四个更加"的概念，可以作为现代消费资本主义的座右铭。然而，它听起来太贪婪阴险，在商学院之外很少被提及。"四个更加"是指，更频繁地将更多的东西卖给更多的人，从而赚取更多的钱。这样做是为了实现永久利润、销售和增长的终极目标。

当黑川光晴离开日本，前往美国获得商学院学位时，这个概念让他十分困惑。他还记得学校的一位教授提出了一个设想。假设一个客户想从你的公司订购 700 件产品，但工厂每批次只能生产 500 件产品。你会怎么做？教授说，正确的答案是生产 1 000 件——向客户交付 700 件，剩下的 300 件报废处理，仍可获得利润。

"我只是觉得这样做没有意义，我就是这样想的。"黑川光晴一边说一边喝了一口抹茶，"我们从不过度生产，也尽量避免生产不足。我们的努力方向是提高效率。"

黑川光晴的商业目光是异常长远的。他现在 30 多岁，是家里的独子，即将成为家族企业的第十八代继承人，经营日本糖果公司虎屋。虎屋早在 17 世纪初就成立了，迄今已经有大约 420 年的历史。虎屋仿佛是少年中的玛土撒拉①。即使是股票市场上最大的公司，其平均寿命也已从20世纪20年代的67年下降到如今的15年。整体而言，企业的平均寿命现在只有10年。

几乎每家公司都愿意相信，自己的品牌足够受人喜爱、足够强大，可以在消费终结后继续生存——业务会经久不衰。不过，虎屋的说法更加可信。2020年新冠肺炎疫情暴发时，这只是公司所经历的一系列风暴中最近的一次。1788年，一场大火将当时日本首都京都的近1 500个街区夷为平地，虎屋只剩下了一块招牌。后来有两年的时间，虎屋最大的客户日本皇室陷入困境，无法支付费用，要知道，日本皇室有时能为虎屋贡献一半的销量。1869年，日本将首都迁到东京，虎屋也迁移了总部（那个年代还没有机动交通），随着东京发展为世界上最大的城市，虎屋又迁址6次。它在1923年的关东大地震中幸存下来。这次地震还引发了海啸，一场大火几乎吞噬了半个城市，火焰龙卷风有20层楼那么高，共计14万人死亡。但是，这次地震并没有阻止虎屋第二年推出送货服务。第二次世界大战期间，美国用燃烧弹对东京进行地毯式轰炸，大片区域化为灰烬，其面积大约比后来美国在广岛和长崎投下的原子弹所摧毁的面积大10倍，虎屋的工厂也被摧毁了。黑川光晴说："工厂被炸毁是一个很大的难题。"虎屋已经身经百战，战胜了一切灾难，显然仍是一家致力于制造漂亮点心的家族企业。

黑川光晴说："打我出生以来，就一直被点心包围着。"他当时坐在东京富人区六本木的一家虎屋茶室里。在他的周围，衣着光鲜的东京人正在吃一种糕点，在西方人眼里，这种糕点就像夹着维也纳香肠

---

① 《创世记》5：27写道："玛土撒拉共活了九百六十九岁，就死了。"据说，他是历史上最长寿的人，后来成为西方长寿者的代名词。——译者注

的淡粉色海绵蛋糕，外面裹着一片湿润的叶子。实际上，它是捣碎蒸熟的糯米糕，里面夹着光滑细腻的圆柱形甜豆沙。叶子是真的，采自樱花树，并在盐水中浸泡了一年。这种甜咸完美融合的点心叫作"樱花糯米团"。它是用来庆祝樱花季的，今年的樱花季已经提前到来，这让人有些不安。"叶子可以不吃。"黑川光晴告诉我。这款点心太好吃了。

虎屋制作的点心被称为"和果子"，它们可以调动所有的感官，甚至听觉，因为这些点心的名字会让人联想到宁静的画面，比如"云之旅""阿波的风""更科秋月"。其中最受欢迎的是"夜之梅"，它是一小块很有弹性的深色羊羹。切开羊羹，就会露出一圈白色的小豆。这个寓意是唤起"白梅花在黑夜中的微光和飘香"。

糟糕的是，外国人常常把虎屋的点心当成香皂。最受欢迎的和果子是羊羹，那是一种半透明的长方形点心，而其他很多产品都有着亮丽的颜色和花朵的造型，会让西方人联想到洗澡的场景。1980年，黑川光晴的祖父决定从法国开始在海外宣传虎屋。他觉得，法国人对美食的鉴赏力很强，他们会"理解"和果子。他在巴黎协和广场附近开了一家门店。事实证明他的直觉是对的，法国人确实理解了，只不过花了很长的时间。

"我听家人说，有10~15年的时间，我们都没有多少顾客。"黑川光晴说，"如果你不考虑长期发展，那么你可能会在一年内关闭门店。但我们的目标是让其他文化的人了解我们的文化，并通过法国的影响制作更好的点心。因此，我们决定继续营业，30年后，我们的店铺开始盈利。"

30年才实现盈利，这是当今企业平均寿命的3倍。

经济多元化就像生物或文化多元化一样，包括不同的存在方式。

环境突然转变，当前的主导者可能会迅速倒下，一直等在暗处的更适合新环境的形式会崛起。在自然体系中，像气候变化这样的力量可能会触发转变。在经济体系中，购物的终结肯定也会引发转变。

有一种做生意的方式主导了我们近来对经济的理解，那就是大公司追求利润驱动的增长模式。相比之下，虎屋是一家老字号家族企业，这种企业有时被称为"以诺金"（henokien）。这个词是热拉尔·格洛坦于1981年创造的，当时他是玛丽莎美丽莎公司的负责人，那也是一家家族企业，于1755年在法国首次推出茴香酒。格洛坦以《圣经》人物以诺为基础创造了这个词，主要指已经存在了200年或更长时间的家族企业。根据基督教的传统，据说以诺在地球上生活了365年。后来，以诺没有经历死亡，直接被接到天堂，这一点连耶稣都无法匹敌。

在历史上，家族企业曾被忽视。直到最近，它们才开始成为重点研究对象。研究人员发现，无论你在哪里，当地的家族企业都可能占所有公司的70%，占劳动力的60%——它们被称为经济领域的"隐形冠军"。这些企业包括夫妻店、餐饮店、美容院、锁匠铺、承包商、自由职业者、诊所、律师事务所和会计师事务所。它们可能会为你治牙、修鞋、干洗衣服、照顾孩子、打理花园、烤比萨、提供酒或咖啡。在新冠肺炎疫情防控期间，这些企业虽然遭受重创，但更有可能成为邻居会奋力拯救的那种深受人们喜爱的当地企业。

并非所有的家族企业都规模很小。纵观美国和欧洲的主要股票指数，家族企业占了1/3。一家需要取悦股东的大公司如果转由家族控制，会不会有什么不同，这是一个常年争论的问题。但是，未上市的私有家族企业确实行事风格不同。对于那些已经有几百年历史的企业来说，情况尤其如此。

我们看看利润问题。"我不能说我们不追求利润,我们当然会追求利润。"黑川光晴说,"但如果利润或销量是我们的首要任务,我们其实可以做得更好。我能想到很多削减成本的方法,比如不再手工制作点心,或者关闭不赚钱的门店。"

虎屋的工厂确实使用机器,并采用了自动化,但保留了一个手工生产部门。公司的理念是,虎屋的3 000种和果子配方中没有一种是由机器发明的。当人工智能在水平和创造力上还比不上和果子大师时,机器只是按照程序重复工作。自动化就是冻结在时间中的创新。

目前,虎屋拥有80家门店和咖啡馆,近1 000名员工,年销售额约为两亿美元,这些数字和十年前一样。2001年,黑川光晴的父亲设立了公司在21世纪的愿景。他没有把利润最大化放在首要位置。相反,他列出了以下几点:尽可能提高客户满意度,强调日本的生活方式和文化,承担社会责任,为员工提供有意义的生活。虎屋符合作家比尔·麦吉本所说的"深度经济",即企业与社区和文化融为一体。许多企业现在夸夸其谈地把客户称作它们的"社区",但这句话如果出自虎屋才更有分量。

黑川光晴说,虎屋的观念模式不是他们家族单独决定的,还要考虑日本皇室。公司从创办起就与皇室建立了关系,这种关系一直延续至今。还有三大公认的顶尖茶室也从虎屋订购点心。群马山区的270个农民承包了白小豆的种植工作,这些农田里长期以来一直种这种小豆,以至于人们认为它们已经有了独特的基因。父亲和儿子会一起在虎屋的工厂里工作;一位已到耄耋之年的书法家仍在为公司设计产品包装,就像他的父亲一样,而他的女儿可能会继承他的衣钵。黑川光晴告诉我:"有很多祖祖辈辈都为虎屋工作的家族。"对虎屋来说,最重要的是连续性。过去和未来对老字号家族企业来说至关重要,它们有长远的目光，会催生一种明显不同的做生意的方式。经过数百年的发展，没有哪位传人愿意成为带领公司走向毁灭的罪人。

老字号家族企业倾向于提供具有"内在"价值的产品和服务，这是经济学家从心理学领域借用的词。这些产品或服务要么实用，要么好看，要么符合传统，要么令人愉悦，但最重要的是，它们是永恒的。公认的老字号家族企业包括酿酒厂、珠宝商、铸钟厂、酱油厂、护林公司、出版商、清洁产品制造商。枪械制造商伯莱塔（每天制作1 500件新武器）也是其中之一。

长远的目光似乎还可以激励有益社会和环境的行为。对家族企业来说，现在的所作所为会影响子孙后代的生活，这并不是一句空谈。此外，自豪感会扮演一定的角色。位于法国枫丹白露的欧洲工商管理学院（INSEAD）在全球首屈一指，莉萨·默勒是该商学院的家族企业战略顾问。她说："许多家族企业是以家族名字命名的，所以家族的声誉总是利害攸关。"一般来说，老字号家族企业比较保守。它们在经济衰退时往往表现很好，其中一个原因是它们有历史经验可以借鉴，还有一个原因是它们不需要赚取短期利润以取悦股东。

对于一个停止消费的世界来说，老字号家族企业的经营方法很有意义。其中特别关键的一点是，很多家族企业并没有把扩张作为核心。当黑川光晴被问及他会如何看待业绩增长的优先级时，他很困惑。就像一个对政治不感兴趣的人不关心政治一样，虎屋并不关心业绩增长。如果业绩增长是公司追求价值观的结果，那很好；如果不是，也没关系。业绩增长甚至可以被视为一个警告信号，表明公司的价值观正面临危险。例如，日本传统的点心铺子之间有一个不成文的协议，除非在特殊情况下，比如竞争对手——如果你这么称呼它们——倒闭了，否则接管其他点心铺子的市场份额就是不当之举。

不关心业绩增长在西方资本家看来属于异端邪说。然而，增长停滞的公司已经占了经济的很大一部分。没有人期望当地的家族餐馆无休止地扩大规模。小原哲也曾担任盖璞和巴塔哥尼亚的产品创新顾问。他表示，这种模式在历史最悠久的企业中很常见。小原哲也在美国加利福尼亚州取得了MBA（工商管理硕士）学位，他把自己学到的内容称为"老派"商业价值观：如何抢占市场份额，如何尽快实现增长，如何削减成本，如何提高零售价格。但是，他的家族在京都生产纺织品整理剂已有近百年的历史，他在成长过程中接触了其他历史悠久的公司。日本是全球长寿企业的温床，有近3.5万家历史超过百年的公司，还有几十家公司拥有500多年的历史。

小原哲也经常在大学和商学院演讲，有一段时间，他试图介绍长寿公司的模式。他说，美国学生对此特别不感兴趣。"他们感兴趣的是短期回报。他们喜欢增长，想知道如何能够快速赚钱。这是一种文化。美国没有这么悠久的历史，特别是加州，现在还存在淘金文化，人们仍在追逐金钱。"

日本之所以有这么多眼光长远的企业，是有原因的。这个国家在历史上一直饱受地震、火灾、海啸、经济衰退和战争的困扰。它并没有一直增长，而是呈现一种兴衰交替的文化，而日本人以"忍耐性强"著称。

还有一件事，到19世纪末，日本在锁国政策下已经与世隔绝了二百余年。在那段时间里，经济增长非常缓慢，大部分的财富积累都花在了改善住房和清洁水系统等实用问题上。商店和餐馆遍地开花，扇子和梳子等消费品普及开来，但人们家里大多没有什么装饰，财物也很少。弗兰克·特伦特曼把这种生活方式称为"简单舒适的文化"，当时日本人的生活质量高于欧洲人，原因可能在于此。

简单舒适对环境也有意义。一个几乎完全闭关锁国的国家只能依靠本土资源，整个国家就好像地球的缩小版。对锁国时期的日本人来说，他们比现代消费者更清楚地认识到自然资源是有限的。现代消费者吃着从厄瓜多尔进口的香蕉，用着中国生产的智能手机，穿着孟加拉国制作的T恤。你如果用几天的时间从东到西横跨日本最大的岛屿本州岛，可能会形成一种道德观，认为扔掉300件产品来完成700件产品的订单太疯狂。这个新形成的道德观没有什么可惊讶的。

黑川光晴是否觉得长远目光比短期思维好？他是一个沉着冷静的人，我承认我期待他的回答是两者都很重要，但他的回答是："当然。"

他又讲了一件事：1915年，东京决定用神社和圣林纪念刚刚去世的天皇。当时，选中的地区是城市郊区的沼泽农田。

林务人员将这个项目规划为不同阶段，先是在现有的少量松树周围种10万棵树苗。经过100年的时间，由橡树、矮栗树和樟树组成的阔叶林将拔地而起，成为一片自然生长的森林。参与规划的人活不了那么长，他们无法看到最后的成果。

如今，这片成熟的森林覆盖了原宿地铁站旁的一座地势平缓的小山。这是一个绿色的喘息之所，会赋予你平静的心情、清新的空气。它被大都市东京包围，放眼向地平线望去，都是东京的范围。这一非凡的长远目光让黑川光晴感到敬畏，沉默良久。

他最后开口说："如果你不这样考虑未来，你会对生命抱有什么样的热情？"

人们常常以为，历史悠久的企业肯定很沉闷，不懂变通，故步自封。有一句企业文化准则是这样说的：如果不增长，就是死路一条。我们已经形成了这样的观念，因为我们身处的全球经济在不断地增长和创新，我们离不开彼此。

老字号家族企业的运作方式与这种普遍的误解恰恰相反。它们之所以罕见，很大程度上是因为需要不断创新才能在历史的灾难性剧变中幸存。有时，这意味着重塑、再重塑。以荷兰的范·埃让集团为例。该集团成立于1662年，主要从事羊毛、葡萄酒、盐和其他基本生活品的买卖，后来它创办了银行，涉足美国房地产交易，修建船闸和运河，种植烟草和棉花，再后来回到航运，在第二次世界大战后，开始经营香料、脱水食品，现在做的是保健品生意。

莉萨·默勒表示，尽管现在很多人都在谈论商业的敏捷性和颠覆性，她却希望老字号家族企业能比以增长为中心的传统企业更快适应停止消费的世界。即使是像虎屋这样长期坚持"做好一件事"的老牌企业，也习惯了商业模式的不断演变和消费者口味的转变。黑川光晴指出，虎屋点心现在的味道甚至不同于几年前。公司为了跟上气候变化的步伐，不断培育新的小豆，最近还为羊羹找到了新的市场，用作这个灾难时代（核事故、台风、海啸、传染病）的应急食品。虎屋的座右铭是："传统就是持续的创新。"这句话翻译成法语更能凸显持续的意义："传统就是一连串的革命。"

科技记者克里斯·德·德克尔表示，我们觉得我们生活在一个前所未有的创新时代，但更准确地说，这是一个很容易创新的时代。以石油为主的廉价能源使我们可以极快地开采资源，生产产品。他对我说："我们假装能源会取之不竭，而且没有任何坏处。我们从承认资源有限的那一刻起，就需要创新来改善生活。接下来就变得非常有趣了。"

2007年，德·德克尔正为欧洲各大报纸撰写科技文章，他开始怀疑科技能否解决全球的重大问题，其中最重要的是气候变化。他创办了《低科技》杂志。作为一个平台，杂志的目的是挑战相信高科技能解决一切问题的思维方式。德·德克尔说："有一天晚上，我的女朋友在读一本书，她问我：'你知道光学电报吗？'"

德·德克尔没有听说过光学电报，于是开始研究，向他所说的"那个被我们遗忘的世界"迈出了第一步，也就是那段没有高科技的创新史。

光学电报其实是一个由多座高塔组成的系统，临近的两座高塔彼此正好在望远镜能够看到的范围内，以便通过光学传达信息。每座高塔看起来就像一座旧时的风车，叶片因暴风雨而损坏，两只信号臂垂在长长的横臂的两侧。电报员使用杠杆改变信号臂的形状，从而传达信号，每个信号都被编码为一个字母、数字、单词或短语。信号通过高塔逐一传递。这比用烽火台传递信息更快、更智能。第一条完整的光学电报线可以在半小时内传递一条15个字的信息，这条电报线从巴黎延伸到里尔，长达230千米。每个信号的传递速度是每小时1 380千米，根据德·德克尔的计算，这比大多数客机的飞行速度还要快。

当时是1791年，这种技术所能达到的速度不久就翻了一倍。从法国里昂到意大利威尼斯的电报线可以在一个小时内将一条普通信息传输650千米。光学电报的发明比我们所知的电报早了50年，比第一封电子邮件早了近200年。

触动德·德克尔的不是光学电报在某种程度上比现代通信技术更好——它显然比不上现代技术，而是这种创新是在有限的范围内实现的，可以说是一种奇迹，这对当今来说尤其重要。光学电报实现了快速准确的远距离通信（至少在白天没有雾的时候），对生态的影响仅限于少量的木材和石料，而且不需要电或化石燃料。德·德克尔说：

"从历史上看，人类非常有能力不断改善自身条件和社会现状。我们原本可以在20世纪走一条完全不同的道路。"

传统经济学家长期以来一直声称，创新是由利润驱动的，但实际似乎并非如此。麻省理工学院的经济学家埃里克·冯·希佩尔带头在几个国家做了研究。他发现许多创新甚至并不是源于企业内部，而是源于经常随意分享创意的普通人。希佩尔举了一个例子。有一个业余的自行车制造者设计了一款新的山地自行车，然后在城里骑了几圈。他把设计图发到网上，甚至鼓励其他业余爱好者采用这个设计或对其进行改进。发明者的满足感不是来自金钱，而是来自创造出了有用的东西，并在社会上获得声望。同样，科学家也会发明对科技进步很重要的科学仪器，但他们从发明中获得的利益很少，甚至为零。

有很多例子都可以证明，"创新取决于对金钱和增长的渴望"这种观点是不对的。最著名的例子也许当属1969年的美国登月，这更像是冷战竞赛和对探索的热情的共同结果，而不是要从外太空获利。电子邮件也是一个例子。程序员雷·汤姆林森在研究阿帕网（互联网的前身，该项目由政府资助）时偶然发明了电子邮件。汤姆林森后来说："我们的赞助者，也就是美国国防部，从未说过想要电子邮件，我的老板也没有说过任何类似的话。我只是觉得这是可以用计算机和网络实现的一件有趣的事。"这与现代创业公司试图创造短暂存在的应用程序以吸引10亿美元的投资截然相反。

如果说近代历史上的消费灾难以缺乏创新为标志，那是因为我们作为一个群体往往选择坐视不管，等待消费者助其复苏。另外，消费的长期放缓比突然终结更有可能引发创造力的爆发。"我们必须重新思考一切。"德·德克尔说，"我们需要大量的创新，但那是另一种意义上的创新。"

多年来，德·德克尔一直在尝试低技术的生活，这是一种低消费的生活方式，包括基本不再购物。他明白，在大多数人眼里，自己因此成为一个"顽固的白痴"。他原来住在比利时，现在在巴塞罗那附近租了一间没有供暖系统的屋子。（他说："我现在很依恋保暖内衣。"）他没有汽车，有一部老式的按键式的诺基亚手机和一台2006年推出的笔记本电脑。他经常出差，但从不坐飞机。他所建的杂志网站完全依靠太阳能供电。这些选择，再加上他知道以前的人们如何解决我们今天仍然面临的问题，使他认识到我们需要改变什么才能减少消费。举个例子，德·德克尔说："我注意到，欧洲的整个铁路网络正在瓦解。"今天乘坐欧洲的高铁可以到达很多地方，但往往比100年前坐火车花的钱多，而且会消耗更多的能源。最令人惊讶的是，它还可能浪费更多的时间。由于取消了许多夜班车，以前能在睡觉的时候完成的漫长旅程现在必须占用清醒的时候。事实上，这种使用"清醒时间"的方法——包括前往机场，候机，飞行并最终到达目的地——所花费的时间有时比过去乘坐夜班火车所需的时间还要长。（还有一项被遗忘的创新是火车渡轮，即装载火车车厢的渡轮。"它们曾经非常普遍。"德·德克尔说，"甚至出了一本关于火车渡轮的书，我就有这本书。"）哲学家伊凡·伊里奇提出了类似的观点。他说，骑自行车的人总会比开车的人节省更多的时间，因为前者不用花那么多时间去赚钱买车、养车。

我们可以把停止消费的世界看作拥有一种更精简、更高效的消费文化的世界，它可能也倾向于真正有用的创新。在商业媒体的大肆宣传下，我们已经习惯于认为创新本身是好的。事实上，只要大概看一眼我们周围的世界就会发现，有些创新确实是好的（比如眼镜），有些创新确实是坏的（比如数字身份盗窃），最常见的创新好坏参半

（比如智能手机）。在痛苦的大衰退期间，美联储前主席保罗·沃尔克研究了使全球经济陷入困境的新金融产品，比如抵押支持证券。他说："它们是我们觉得越多越好的优秀创新吗？"接着，他补充道："在过去的 20 年里，我所看到的最重要的金融创新是自动取款机，它确实对我们有益。"据说，他的讲话获得了雷鸣般的掌声。

如果减少 25% 的创新，我们能否不受影响？比如更少的新式棒棒糖、深夜电视节目、可能存在问题的投资、新的服装剪裁和颜色、流行的圣诞礼物、时尚和潮流。

"我觉得可以减少 90%。"德·德克尔说。

侯氏会馆酒店是一家传统的日本旅馆，也是世界上最古老的家族企业，它可以说是"王牌老字号家族企业"。1 300 多年前，也就是公元 718 年，侯氏会馆酒店建立在一处温泉的所在地。这比哥伦布到达美洲的时间早了近 800 年，比维京人开始洗劫不列颠群岛还要早几十年。当时，墨西哥的玛雅文明刚刚达到顶峰。完整版的《古兰经》降示还不到 100 年，《贝奥武夫》还要再等 100 年才问世。我们很容易想象，如果下榻侯氏会馆酒店，我们就会浸泡在古老的温泉中。床板的木料来自比现有树木都高大的树，经过岁月的洗礼，木头已经变成神圣的黑色。过去的五十代人将萦绕在你的梦中。

但实际并非如此。永恒与短暂的做生意之道在侯氏会馆酒店发生碰撞，并留下了痕迹，就像疤痕是在原来皮肤的基础上新长出来的东西一样。

侯氏会馆酒店位于粟津，这个小镇离东京只有 200 千米，但到达那里要花近四个小时。人们在新冠肺炎疫情防控期间看惯了末日景象。不过，早在这之前，粟津就在缓慢地经历一场世界末日。

狭窄的街道上到处都是被遗弃的房子，有的因年代久远而坍塌，有的最近才被遗弃，里面还堆着东西。它们给人一种阴沉的感觉，但与衰败的酒店相比，就小巫见大巫了。白山郁郁葱葱，被巨大的建筑包围，隐约可见粗糙生锈的灰泥阳台和掉落的瓦片。塔楼外面爬满了藤蔓，看起来更像是从森林中探出的峭壁，而不是人住的地方。令人诧异的是，到处都是很新的东西，一点儿也不像历史久远的样子。

侯氏会馆酒店还是很赏心悦目的。门口耸立着一棵400岁的雪松，旅馆外表被刷成白色，在深色木材和瓷砖的衬托下显得越发干净。每位工作人员都穿着五颜六色的和服迎接客人，礼貌地向困惑的外国人讲解有关穿鞋、用餐和使用公共浴池的礼仪。（不要把毛巾挂起来或放在地板上，要把它折成整齐的长方形，像公爵夫人的头饰一样放在头顶上。）在酒店的几乎任何地方都可以透过高大的窗户看到由石头、树木和流水组成的庭院花园。

侯氏善五郎是这家酒店的现任老板，现在已经80多岁了。他跪下来端上茶和点心时，说起了古老的温泉，酒店浴池的水都来自那里。他的语调充满爱意，这种语调通常只用于讲述那些活着的东西。不过，他的声音带着一丝遗憾。他说："善五郎的名字现在已经延续了46代，我可能是最没有成就的一代。"

酒店的来历是这样的：几百年前，一位伟大的佛教法师听到白山的召唤，来到这个地方。到达以后，一个声音告诉他可以在哪里找到一处包治百病的温泉。朝圣者纷纷前往粟津，希望能治好身上的疾病。这时，法师把温泉留给了一个学徒的养子管理，他就是酒店的第一代掌门人善五郎。从此以后，温泉和寄宿处一代一代由父亲传给长子，老善五郎传给小善五郎。粟津常常发生地震、洪水和台风，灾难过后简单修整一番，生活依旧。这个小镇仍然是世界上一个安静的变化很少的角落。

后来是"日本经济奇迹"的年代。到 20 世纪 80 年代的最后几年，在放松金融管制和低利率的推动下，日本的繁荣经济已经到了失控的边缘。当时狂热的投机行为导致了"泡沫"经济，这段时期一直被人们铭记，就像全世界的人仍然记得大萧条一样。在泡沫经济的高峰期，日本的房地产规模是美国的 5%，但价值却是美国所有房产总和的两倍。

粟津成为一个人气很高的度假胜地，突然间，到处都是富有的日本人，他们有钱要花，有压力要释放。各种酒店以最快的速度拔地而起。侯氏善五郎回忆说，他们每天都与商人和他们雇来的艺伎及"女主人"开派对，这些"女主人"通常是讨人喜欢的漂亮外国人，受雇做伴侣。他们对侯氏善五郎说，没有人再愿意看古老的黑木头了，他们想看的是钢铁和玻璃盖成的多彩建筑。

对于接下来发生的事情，经济学家可以搬上老套的说辞，例如，"没有稳赚不赔的买卖"或"没有永远不变的事"。日本过热的经济在 1989 年 12 月 29 日达到顶峰，随即开始了一场漫长的衰退，从某种程度上说，这场衰退至今尚未结束。

侯氏善五郎对我说："好在我保留了大门，还有一栋木制建筑。但我拆掉了不少历史更为久远、更有价值的建筑，我不该那样做。这个决定是我一个人做的，现在我每天都在后悔。从现在开始，我们不会根据社会的变化而改变，只会依靠我们自己的一套价值观。"

随着老建筑被更现代的建筑取代，现在的侯氏会馆酒店没有多少东西可以让游客想起，在火药发明前 100 年，这家酒店就已经开始营业了。最能说明这家酒店历史悠久的是一间用日本柏树建成的客房，整间屋子没有用一根钉子。它位于花园中，仿佛是从土中生长出来的，一直用来接待日本皇室成员。除此之外，这家酒店给人的感觉就像它刚成立了几十年而不是几百年,显得既现代又有点儿颓败。过去用于禅宗冥想的一个房间现在放着 5 台正在工作的快餐机和饮料机。

  善五郎的家族还有人遭遇了不幸。原本要继承家族企业的长子,也就是第 47 代善五郎英年早逝。几年前,侯氏善五郎仅有的女儿久惠回到粟津,开始学习打理家族生意。

  侯氏善五郎对自己很苛刻,可以说非常苛刻。他走过酒店大厅时,看起来好似一个背负重物的人,他的身上背着一副自己一刻也不敢放下的重担。他的眼睛能看到一切,却看不到自己的成功。作为国际社会的成员,我们很久以前就打赌,未来将永远建立在不断积累的财富和永久增长之上,我们将永远提倡新的,摒弃旧的。环顾粟津,"一个永远不会持久的未来"这个自相矛盾的说法正逐渐衰败瓦解。侯氏会馆酒店仍然屹立不倒。

第 14 章

剥离"消费者"身份，我们会如何？

几年前的一个秋天，伦敦郊区达格纳姆一位名叫佐伊·哈勒尔的年轻女子发现，她家附近要开一家店。她对此很好奇，可以说，她对附近的任何新鲜事物都很好奇，因为她迫切地希望自己的生活得到改变。

"我特别孤立，从不与人交往。"哈勒尔说，"年复一年，我总会在街上与某些人擦肩而过。住在这里这么多年，我可以认出很多人。但是，除非我们因为什么事说起话来，否则只是过客，从不打招呼。"

哈勒尔明白，自己心里仍抱有一线希望。她真的没有理由认为一家店会对她产生影响。尽管城市和城镇的公共空间到处可见各种店铺，但它们一般来说并非社交场所。此外，如果你没有钱消费，咖啡馆和酒吧还不如只是空白的墙壁。消费文化包含的纷乱的活动往往是散沙般的、个人化的——只是把单独的个体聚集在了一起。

哈勒尔当时 25 岁，带着一个年幼的女儿和父母住在一起。她面临的不仅仅是邻里关系冷漠这个现代社会司空见惯的问题。近十年来，她一直深受广场恐惧症的困扰。广场恐惧症是一种焦虑症，如果她离家超过一个街区，就会十分害怕。不过，这比她之前 5 年几乎一直待在卧室里不敢出门还是好多了。

很快，橱窗里就出现了店名，是用乙烯基做成的红色大字"每人每天行动"。哈勒尔一直试图穿过那条人行横道，去看看那家即将开张的店铺，但始终未能克服心理障碍。她的心怦怦直跳，很快就陷入了恐慌。后来有一天，店铺终于开张了，门外摆着椅子，就是在沙滩上看到的那种。

那个周末，哈勒尔的母亲回家时拿了一份"每人每天行动"的宣传单。原来这家店不卖东西，传单上写满了各种活动，比如制作南瓜汤的课程、鸟屋绘画工作室、舞蹈课。所有活动都是免费的。哈勒尔说："我觉得自己之前浪费了那么多精力，结果突然间发现有这么多东西要学，我真的不想错过任何一天。"

她克服了恐惧，迈进了店铺的大门，生活因此发生剧变。

因为我们在社会中的主要角色是消费者，所以会很自然地预测，如果我们停止消费，我们的身份将会发生变化。消费文化的批评者往往更过火，他们认为我们接下来的身份肯定更高尚：我们和邻居的关系更好，更有责任感，更泰然自若，更崇尚精神生活。

乔恩·亚历山大认为，这样的假设是有风险的。

亚历山大以前是伦敦的一位广告创意人，现在是"新公民计划"的创始人，该组织的使命是寻找我们不再做消费者时可以扮演什么新的角色。在伦敦的泰晤士河畔，他快速地背了一段话给我听，这句话出自阿拉伯的劳伦斯，是关于第一次世界大战的回忆录。这是亚历山大很喜欢的一段话：

> 未来世界的清新早晨令我们陶醉。我们因各种不可言喻、虚无缥缈的想法而兴奋不已，并为之奋斗……然而，当我们小有成

就，看到新世界的曙光时，老人们又站了出来，夺走了我们的胜利，把世界改造成他们所认识的从前的样子。

亚历山大说，在第一次世界大战之前，地球上的大多数人首先是臣民，效忠于上帝、统治者或国家。一战结束时，有一个问题笼罩在还在缓慢燃烧的废墟上：是重建一个和原来一样的社会，还是一个不同的社会？这也是很多人在新冠肺炎疫情防控期间提出的一个问题，两者的答案是相同的。亚历山大说："失败有一个令人神往的时刻，那就是它可以带领我们踏入一个新的世界。"

不过，地球又经历了一场世界大战才使全球秩序走上了不同的道路。第二次世界大战带来了真正的新思想，建立了新机构，比如《世界人权宣言》和世界银行，还带来了公共服务水平的大幅提升。新建立的社会将是一个消费社会，以国内生产总值的增长作为衡量成功的主要标准。同时，个人角色也得到了更新。"我们从简简单单的消费变成了实实在在的消费者。它曾经是我们众多身份中的一个，但后来成了我们唯一的身份。"亚历山大说。

"每人每天行动"提出了另外一种可能性，我们首先可以成为参与者。十多年前，英国社会活动家泰希·布里顿开始在世界各地收集一种新的社区项目案例，即人们聚在一起学习、分享，或是一起做点儿什么，通常不涉及太多的钱或官僚主义，比如在空地上种一片园子，或者搭一个免费维修自行车的地方。布里顿在这些努力中看到的不仅仅是中产阶级的最新趋势——波丽安娜行为[①]。首先，她认识到，这

[①] 波丽安娜行为由美国心理学家玛格丽特·马特林和大卫·斯唐于1978年根据美国小说家埃莉诺·霍奇曼·波特的《波丽安娜》小说原型所提出。它指的是相较于令人不快的思想，人们更喜欢令人愉悦的想法，即"积极偏向"。——译者注

些项目往往会把来自不同宗教、种族、社会阶层的人聚集在一起，而事实证明，其他方法很难实现这一点。其次，她开始意识到，虽然某个单一项目只会触动一小部分人，但如果同一个地方有足够多的项目，最终会催生一种从根本上说参与性更强的生活方式。她在2010年写道："透过这个愿景，我想象着我们将基本没有时间来做任何'适当的工作'。我们将忙于种植、制作、烹饪、聊天、学习和教学。"

七年后，布里顿作为参与式城市基金会的首席执行官，负责监督巴金-达格纳姆区两家"每人每天行动"门店的开设，这里成了参与式文化的滩头堡。监督目标是到2022年，在这个拥有20万人口的地区开设五家门店、一个装满创意生产工具和机器的仓库、多达50个由当地居民领导的"迷你活动中心"，开展数百项免费或成本很低的活动。

要做全球最大的参与式文化试验，巴金-达格纳姆区显然不是最佳的选择。从伦敦市中心乘地铁到这里需要一个小时，该区的志愿者服务参与率仅为英国平均水平的一半；失业率为11%，比当时英国平均失业率高一倍多。随便说一个指标，比如青少年怀孕、预期寿命、贫困儿童、犯罪、年收入、儿童肥胖，巴金-达格纳姆区的情况都比平均水平差。

与巴金相比，达格纳姆离市区更远，是伦敦最穷的地方。这里的工薪阶层主要从事报酬较低的服务工作。对外国人来说，英国的"大街"一词听起来很高大上，会让人想到城镇或街区的主要购物街。不过，达格纳姆的大街却不同，这里没有时装连锁店，也没有诱人的橱窗展示，只有基本的服务和外卖餐馆，还有少数家族企业，比如星尘亚麻织品店和哈罗兹折扣珠宝店。在这种地方，你可能会看到有人从钱包里抠硬币出来买东西，因为没有钞票或信用卡。这里经常突然下雨，那时你还可能看到有人在雨篷下躲雨，有人紧抓着自己的包跑着去躲雨。

然而，在"每人每天行动"开始营业的头8个月里，有2 000多人在将近40个地点参与了70个项目，此后人数更是急剧上升。突然间，达格纳姆的人们开始一起做饭，做完以后带回家吃。他们一起装扮公共场所，把自己做的手工艺品放在快闪店售卖，把道路临时改成活动场所，或是学习拍电影、写口语诗。当地人提供免费的课程，教大家如何制作鸡尾酒、做瑜伽、编辫子、制作肥皂。理发师为剪头发时大声朗读的儿童提供半价服务。参与式城市基金会曾计划建立一个1 000平方米的创客空间，其实就是一个装满各种设备的仓库，比如3D打印机、金属加工用的钻床、工业厨房。最后，他们在一座基督教福音派大教堂的旁边找了一个面积超过计划3倍的地方。

不过，统计数字并不能充分体现"每人每天行动"的影响。要想知道具体的影响，得问问佐伊·哈勒尔这样的人。我见到她时，她显得十分自信。得知几个月前她的生活还处于几乎完全与世隔绝的状态，我非常震惊。哈勒尔对待"每人每天行动"的理念十分认真，她每天都会来店里。她认识了一个新朋友，名叫叶东德·达比里，她的女儿丹妮拉与哈勒尔的女儿米亚年纪相仿。她们两家之间走两分钟就到，但在达比里来店里之前，她们从未见过面。达比里告诉我："我在这里受到了欢迎，我们一起喝茶聊天。从那时起，我就对这个地方产生了感情。"达比里、哈勒尔和她们的女儿们——一位黑人女士和她的白人朋友，一个白人女孩和她的黑人朋友——走在教堂榆树巷的场面若是在别处出现可能没有什么特别的，但达格纳姆的地方议会仅在10年前仍有十几个席位被白人民族主义者占据。我们在这里仍然可以看到类似纳粹的徽章，路人的T恤上往往会明目张胆地印着这样的图案。

我问达格纳姆的参与者,他们在参加"每人每天行动"之前如何打发空闲时间。我以为他们会说购物、做美甲、去酒吧和咖啡馆、带孩子去游乐园、短途旅行或去电影院。结果,我听到的答案几乎都是"啥也不做"。

达比里说:"我在这里住了 14 年,平常就是上班,开车回家,待在家里。即使是周末不上班的时候,我也是周五晚上到家,再出门就是周日早上去教堂。家里只有我和丹妮拉。她总是问:'妈妈,我们去哪儿玩?'我一般会说:'哪儿也不去。'"

事实证明,巴金-达格纳姆区至少从一个重要方面来说拥有参与式文化的绝佳条件。如果我们在消费社会中的主要角色是工作和消费,那么达格纳姆的很多人会被排除在外。这里的许多人要么失业,要么没有稳定工作,要么退休后收入有限;而更多的人工资很少,支付完账单后没有多余的钱消费。达格纳姆区明确提醒我们,如果在消费文化中没有消费能力,就没有什么事情可做。

在社会层面实现角色转换并不容易。参与式城市基金会在推出"每人每天行动"之前,回顾了多年来的准备工作。基金会的工作人员发现,让人们参与活动的最大障碍是"参与式文化的新颖性"。人们不知道什么是参与,具体的流程是什么,自己要如何做。它不是"文化常态"。

我们可以停止消费,但消费者的心态却挥之不去。"它深植于我们的内心。""每人每天行动"的执行副总裁纳特·德弗兰德说:"我不认为消费是我们的天性,但它肯定存在于我们的文化中。它是社会和社区建立的一个重要驱动力,当然也是建立经济关系的驱动力。"

德弗兰德之前是一名假释官,他长得很像杰森·斯坦森,不过看上去更和蔼一些。他厌倦了刑事司法和社会福利系统中自上而下、事后解决问题的方式。他认为，参与式文化可以让更多的人从童年开始培养社区感、目标感和机遇感，可以做到防患于未然。不过，参与式文化不会自然出现，而是需要我们建立。

"每人每天行动"由两根支柱支撑。第一根支柱是参与者所用的基础设施，包括门店、仓库，还有安全计划、通信等。第二根支柱是训练有素的团队，可以帮助人们适应参与者这一新角色。"每人每天行动"的目标是实现全面的参与式生态，巴金-达格纳姆区的每个人每天都有20次与邻居一起参加免费活动的机会，而且活动地点离家不超过15分钟的步行距离。

德弗兰德说："那个大词儿怎么说的来着？这是一种'范式转换'。""每人每天行动"所处的是消费主义世界，它的目标是在5年内开设100家门店，不仅在巴金-达格纳姆区，还有其他地区。大量的共享活动正在上演，但德弗兰德认为这并不是"共享经济"，因为这个词已经被打车和房屋租赁等营利性行业抢夺了。在巴金-达格纳姆区，共享往往是简单直接的，比如几位妈妈在办公场所的地板上画几条线，圈出一个区域，轮流照顾彼此的孩子。这是一个明显的例子，可以说明在一个消费文化介于缺失和异常之间的地方，参与者的生活质量可以在没有金钱转手、没有经济增长的情况下得到极大的改善。

乔恩·亚历山大认为，社交媒体、即时通信、用户友好的数字平台等工具会让参与式文化变得更容易实现，也可以让我们参与更重要的社会决策。他说："为什么公民的参与会如此沉闷、如此沉重，又如此有价值？"公民这种更广泛的角色如何发挥作用？陪审团就是一个现成的例子。在陪审团审判的过程中，来自各行各业的人聚在一起，对通常比较复杂的案情进行深入的了解，然后共同决定如何更好地应用法律。同样的方法也可以用于解决其他问题，比如气候变化行动、学校教育、媒体内容，以及税款的使用。

"我们现在的身份是拥有投票权的消费者。我觉得我们可以成为拥有消费权的公民。"亚历山大说，"我认为我们所做的事情会因此发生改变，其中有些事会被强化，有些事会被弱化。"

在被强化的事情当中，最重要的是社会联系，这也是佐伊·哈勒尔所发现的。你在达格纳姆的店里待上一会儿，就能充分体会到许多人是多么孤独，你很可能也会在自己身上看到这种孤独的影子。每天都有一些看似普通的小事发生，但当你意识到它们实际上并不普通时，就会深深受到触动。一位移民到这里的中年妇女说，她看到一群穿着连帽衫的黑人向她走来。她很害怕，正准备过马路时，认出这些年轻人参加过社区聚餐——他们经过时微笑着向她问好。还有一位年迈的女士来店里咨询每周的"茶与技术"课程能否教她的丈夫使用智能手机。她得到的答案是肯定的，店里可以提供这样的帮助。那位女士很高兴，因为她丈夫有一部智能手机两年了，却不知道如何使用。一个10岁左右的女孩第一次来到达格纳姆的门店，发现后院有一个鸡舍。"你们这里养鸡？"她说，仿佛她刚被告知王子在园子里教马球一样。一分钟后，她有生以来第一次抚摸母鸡背上的羽毛，脸上还是一副不敢相信的表情。

卡莉·斯塔宾斯表示："店里的工作很辛苦，但非常有意义，特别有意义。"斯塔宾斯因为个人的紧急情况被迫要马上搬家，这才搬到了巴金-达格纳姆区。一位曾经住在这里的朋友警告她说，他原来睡觉时会在枕头底下放一把刀。斯塔宾斯说："我对这个地方的看法和印象都很糟糕。"

她很快发现了"每人每天行动"，参加了一节又一节课，最后成为店里的工作人员。她告诉我，她一直在写日记，里面记录了很多"神奇的事情"，比如与陌生人建立亲密关系或是人们发现自己潜力的时刻，这一切都是她亲眼所见。那年的圣诞节假期，她去了西班牙，结果有一个很大的发现。她说："我爱上了我的住处。在坐飞机回来的路上，我迫不及待地想要回到我在达格纳姆的小破房子。"

达格纳姆是一个不太可能成为乌托邦的地方，但我们现在可以很容易地在这里看到乌托邦的影子。不过，正如人们讨论伦敦天气时所说的一样：这还会持续一段时间。一个春天的下午，大雨过后，碧空如洗，太阳终于探出头来，"每人每天行动"的项目设计师 AJ. 哈斯特鲁普和当地的一位女学生在一处无人问津的路边种了几棵树。我当时也在。

我们刚带着苹果树和梨树的树苗、挖掘工具和手推车到达路边，一个身材健硕的男子就从一排房子后面走了出来。他问："你们不会要把树种在这里吧？"哈斯特鲁普回答说，是的，他们已经做好了计划，而且得到了区议会的许可。"你们不能在该死的房子旁边种树！"那个人说。

那个愤怒的男人只看到了问题：树根会损坏建筑物；春天，苹果花和梨花会凋零腐烂，秋天，树叶会飘落，最终腐烂。他这辈子见得多了，知道水果采摘项目虽然意图良好，但不会持久。一两年后，他就会看到一片无人修剪的乱糟糟的果树，而水果会腐烂，弄得周围臭气熏天。

"我已经见怪不怪了。"哈斯特鲁普在我们离开时说道。他们还需要在那里做很多工作，人们才会接受这些树。"我都习惯了。"他叹了口气，似乎说的是他在巴金-达格纳姆区居住的这些年。我们可能需要知道，哈斯特鲁普是个年轻的黑人，而那个愤怒的男人已到中年，并且是白人。

从一开始,"每人每天行动"就没有打算建立乌托邦。它的前提就是承认人类所扮演的任何新角色都摆脱不了挫折、日常麻烦、不公平和冲突。不过,最重要的是,我们必须学习建立这种文化。与消费文化一样,参与式文化也是一项永久性的工作。

一天下午,在达格纳姆的门店里,一群人在轮流讲笑话,突然就发生了争吵,大家在争论某个笑话是否逾越了种族主义的界限。一位名叫泽纳布的女士夺门而出。几分钟后,她又回来了,人显得平静而镇定。

泽纳布没有姓氏,她小时候从肯尼亚移民到英国,在巴金一个低收入街区长大。她最近搬到了达格纳姆,但一直没有交到新朋友。直到有一天,她看到"每人每天行动"正准备开业。她不知道这家店会是什么样子。当门店开业时,她的女儿坐在了门外的一把沙滩椅上。"我们和这家店的缘分就这样开始了。"泽纳布说。

泽纳布的消费者身份很明显,她的典型装束可能是黑靴子、白牛仔裤、白色长绒大衣和配套的帽子。不过,参与者这一新角色显然给了她更大的生活空间。她和她的孩子什么活动都参加。

"我觉得这样的活动应该一直持续。整个伦敦都需要它,甚至其他地方也需要。"她说,"店里的体验太好了,想不去店里都做不到。我如果不在巴金的店里,就在达格纳姆的店里;如果不在达格纳姆的店里,就在巴金的店里。"

她说,人们有时会产生冲突,但这也是社区生活的一部分。当天下午,她还有工作要做。几分钟后,她会教一小群人如何做 Urojo 汤。学员来自不同的种族、年龄段和阶层,有男有女。Urojo 汤是肯尼亚的一种汤。她和住在格拉斯哥的母亲通电话时学会了基本做法,然后自己尝试了一番。她希望每个人都能试着做一做。

泽纳布的 Urojo 汤菜谱

3 只木薯（或红薯），切成约 1 厘米的厚片

3 只小的红皮洋葱，切丁

3 只甜椒，切丁

4 只西红柿，切丁

1 汤匙植物油

2 汤匙杧果粉（或三四只未成熟的杧果）

1 茶匙姜黄根粉

盐

将木薯片煮沸约 30 分钟，或者煮到木薯片变软。在一口大锅中用中火翻炒 5 分钟洋葱丁和甜椒丁，加入西红柿（如果用杧果，则一并加入），加盐，一直炒到西红柿丁不成形，混合物开始粘锅。加入水，使混合物不再黏稠，然后用文火炖，直到再次变得黏稠。沥干木薯片，将其加入混合物。加入水，使其刚好没过食材。尝尝咸淡，如果淡，就多加一些盐。搅拌杧果粉（在卖全球食材或印度食材的地方可以买到）和姜黄根粉。煮至汤汁变稠，然后以文火炖 10 分钟。这时，汤汁应该很浓郁，质地和其他炖菜一样了。开始品尝吧。

第 15 章
我们还是消费了太多（上："生活刚需"）

当你打开空调的时候，是不是在消费？

随着我对世界停止消费那一天的思考越来越深入，这个问题让我意识到，我的思想实验可能需要扩大范围。我们通过主动选择进行的消费与我们日常生活中的必要消费（比如吃饭、洗衣服、室内取暖和制冷、开车通勤）之间的界线已经逐渐模糊，这一点是我们无法忽视的。

有些人甚至说，提及气候变化和其他环境危机，停止消费属于偏离主题。少买东西几乎从来没有出现在最佳绿色生活方式的清单上——这种清单上往往写着能源效率、肉类消耗量、住房面积，以及开车或乘坐飞机的次数。这个问题可能在某种程度上是基于事物的统计方式出现的。消费的影响往往会被低估，因为消费会分散在不同的领域，比如服装、电子产品、家用电器等，有时甚至还有"杂项"。最近有一项针对全球近百个主要城市的研究，内容是消费与温室气体排放的关系，研究发现，这些领域加在一起相当于食品和私人交通共同产生的影响。虽然世界上正在崛起的经济体的大部分自然资源都用于道路和住房等基础设施建设，但在最富有、技术最先进的国家，影响最大的确实是消费品的供应过剩，而这正是全球大部分地区的人所向往的生活状态。

与此同时，如果我们只关注我们认为属于消费主义的消费，就会忽视很多其他消费。正如我们在空调这个特殊案例中所看到的，一种消费的结束和另一种消费的开始往往只是时间问题，我们总是会对"正常生活"应该是什么样子有一种先入为主的判断。

1936年8月27日，纽约风和日丽，但对威利斯·开利来说，这并不是什么好消息。他更喜欢那种让人头昏脑涨、衬衫贴在背上的闷热夏日。不过，这一天的温度是22摄氏度，非常适合户外活动。与此同时，开利正在美国广播公司WABC电台的曼哈顿演播室里解释说，只有"室内天气"才能最大限度地提高人类潜力。

他说："未来的空调生活将是这样的。普通的商务人士将在空调房里睡觉，起床后精神焕发。他将乘坐有空调的火车上班，在有空调的办公室、商店或工厂工作，并在有空调的餐厅用餐。事实上，只有待在户外，人们才会感受到热浪或北极气团带来的不适。"

威利斯·开利如今被誉为"现代空调之父"。当时，他自己可能都不完全相信自己所描述的科幻未来。那个时候，美国只有少数家庭装了空调，地球上其他地方几乎没有空调的影子。十几年后，到1948年，他创立的公司的研究人员估计，美国的家用空调市场仍然只包括31.2万户富裕家庭，主要分布在闷热的墨西哥湾沿岸各州和骄阳似火的小麦生长地带。（开利接受WABC电台采访的那天，堪萨斯城的气温是41摄氏度，正遭受沙尘暴和干旱的侵袭。）我们都知道，华盛顿特区建立在一片疟疾肆虐的沼泽地上，早期的英国外交官把它看成热带的前沿地带。开利的公司对华盛顿特区的归类是，偶尔出现气候不适的地区。公司认为，纽约或芝加哥等北方城市夏天安装制冷设备是"极端奢侈"的行为。

空调走进美国家庭所面临的挑战并不是技术问题。当开利憧憬全面空调化的未来时，很多工厂、百货商店、电影院和政府大楼已经在用机器制造冷气了。真正的障碍在于大多数人认为空调很贵，而它解决的并不是什么大问题。

人们已经习惯了应对冷热，而且他们不会轻易放弃这些习惯。在较热的地方，人们住在开窗就有穿堂风的房子里。关于自然通风的详细指南可以追溯到马尔库斯·维特鲁威的《建筑十书》，这本书出版于古罗马时期。为了遮阳，人们建造带顶篷的阳台、挑出外墙的屋檐，还会利用树冠。此外，他们模仿凉爽的洞穴，用石头、砖头或黏土砌成厚厚的墙。在日本，许多房子的墙是可以移动的。在热带地区，有的房子可能根本没有墙。阿拉伯国家发明了庭院，里面有阴凉地带、植物和喷泉，他们用这种方法抵御炎热——就像较冷地方用炉火御寒一样。

美国现在是当之无愧的空调之国。不过，以前的美国人喜欢搭秋千和凉亭。路易斯安那州以超大的吊扇而闻名；西南部的沙漠地带有天然的"沼泽冷却器"，通过蒸发可以将空气降低20摄氏度以上；纽约人睡在防火安全梯上，或是让风扇对着一盘盘冰块吹。

不过，这些方法有一定的局限性。气温达到35摄氏度左右便与人类血液的温度类似，即使是微风拂过也会让人觉得如热气一般。如果温度再高，我们的文化就会提供解决方案。西班牙人开始实行午睡，在一天中最热的时候吃喝和休息——现在许多地方仍会这样做。还有些地方，人们会离开住处，去山里或海边度过盛夏，就像欧洲现在有些地方的做法一样。在美国，已婚男士到了夏天会成为"单身汉"，因为他们的妻子和孩子去了更舒适的地方，而他们则留在闷热的城市工作。日本人通过冥想应对炎热潮湿的气候。家家户户都会在屋外挂上风铃，在屋里挂上山水画，风铃可以让人们注意到微风的存在，山水画有助于人们静心。

最重要的是，虽然天气比较极端，人们还是很享受。1971年，法裔加拿大科学家米歇尔·卡巴纳克探索了这一奥秘，并发表了研究结果。卡巴纳克让测试对象坐在单独的浴缸里，同时将一只手放进一个盛满水的容器中。如果洗澡水冷得让人不舒服，而他们的手放在很热的水中，即使烫得有些许痛感，他们也会说感觉很舒适；如果洗澡水热得让人不舒服，而他们的手放在很冷的水中，结果也是一样；如果浴缸和容器里的水都太热或者都太冷，测试对象就会说感觉很不舒服；如果浴缸和容器里的水都很舒服，那么测试对象的感觉是中性的，既不觉得舒服，也不觉得不舒服。

就像许多高质量的科学研究一样，这项研究的发现十分符合常理：热水澡或冷水澡就像一块巧克力或一杯水一样，可能让人感觉愉快，也可能让人觉得十分不快，这主要取决于环境。但是，原因究竟是什么呢？卡巴纳克得出的结论是，快乐的根源不在于舒适度，而在于不适，因为快乐是不适得到缓解的经过。他把这种效果称为"饥饿效应"，从拉丁语大致翻译而来就是"感觉的变化"。早上给冰冷的屋子生上火，摆脱寒冷的感觉让人顿生幸福感。在湿热的天气里喝上一杯冰啤酒，就会觉得啤酒从未如此好喝。

当空调上市时，不受气候影响的生活摆在了人们面前。他们可以选择接受气候带来的不适，同时通过各种缓解方法得到小小的快乐，也可以选择始终享受舒适的室内生活。结果，人们对空调的态度是冷漠和抵制，这没有什么可奇怪的——既然空调不能作为必需品出售，起初就只能当作奢侈品进行推销。据说，纽约的第一个机械空调系统建立于 1902 年。当时，在闷热的地下室和阁楼工作的妇女和移民（"血汗工厂"一词和美国有一定的渊源）并不是受益者，受益的是证券交易所。但即使在富人中，空调的推销也很缓慢。

空调市场最终在 20 世纪 50 年代开始好转。不过，这与其说是市场满足消费者的需求，不如说是市场需要消费者。自 20 世纪 30 年代以来，负责电力销售的公用事业公司一直在推广各种电器，比如熨斗、烤面包机、冰箱，而空调也加入其中。一波波的热浪也起了推波助澜的作用。还有一个事实：那是一个人类进步与新技术画等号的时代。研究发现，只要某个街区出现了一台空调，其他空调就会像雨后春笋般出现。空调开始成为一种炫耀性消费，它成了凡勃伦所说的那种商品。

到 1957 年，空调开始包含在房价中，这标志着它已经从我们选择购买的东西变为日常生活的一部分。同年，开利公司的联合创始人洛根·刘易斯为公司员工写了一本小册子，提醒他们空调的成功来之不易，它不是必然发生的结果——欧洲家庭几乎没有空调。他警告说，我们不应该认为空调的进步是不可逆转的。

正如我们现在所知道的，空调涉及大量消费——它消耗的电量超过了美国家庭的任何其他活动，紧随其后的是供暖。但这种消费与购物无关，它已经成为"隐形消费"或"非炫耀性消费"的一部分。"非炫耀性消费"的根源在于事情就是这样做的，系统就是这样设计的。如果我们不正视这个问题，就无法打造一个低消费的社会。

在英国西北部的兰卡斯特大学，我们可以看到吕讷河从奔宁山脉流淌而下。这所大学的社会学家伊丽莎白·肖夫说："我对购物不感兴趣，我更感兴趣的是基础设施、制度和技术，是它们定义了我们遵循的常态。"

几十年来，肖夫一直在思考我们如何走到了感觉不到自己在消费的地步，同时撰写了相关论著。我们在日常生活中会洗衣服、使用冰箱，如果住在郊区，还会开车去杂货店。事实证明，正常的"生活"中充满了不断变化的期望、模式和理解，它们会大大增加我们的个人消费。肖夫发现，许多消费都与舒适度、清洁度和便捷性有关。家庭供暖和制冷是改变舒适标准的一个例子。洗衣机、烘干机和它们的倡导者改变了清洁的含义。这些家用电器可以帮家庭主妇在更短的时间内洗好衣服，使她们有更多的休闲时间。不过，结果是洗衣服的频率变高了。（在英国，人们洗衣服的频率比 100 年前高 4 倍，不过还是低于美国人洗衣服的频率。美国人用容量更大的洗衣机洗更多的衣服。）最近，便捷的概念也发生了转变。在数字连接的帮助下，人们减少了开车去杂货店和餐馆的次数，而更多地选择送货上门。

回想一下你这些年来看到的变化，几十个例子可能会出现在你的脑海中，其中许多是市场上出现的新消费品或新服务。再举一个清洁方面的例子，21 世纪，一次性塑料瓶装洗衣液几乎完全取代了肥皂。在新冠肺炎疫情袭来的第一个冬天，舒适标准似乎发生了新的变化：户外加热器和火盆被抢购一空，其中大部分需要燃烧化石燃料。我们取暖和制冷的范围正逐渐从室内转向室外。

随着时间的推移，这些新常态往往更具消耗性。想一想"室温"这个概念。100 年前根本没有这个说法。空调标准，包括理想的室温，最早出现在 1920 年前后。当时，工程师正面临支持开窗通风的公众的抗议，这一运动获得了很大的支持，有些学校在气温接近零度时还开窗，必要时会让学生钻进填充袋里保暖。对于空调的倡导者来说，找到一个大多数人认为"可接受"的温度，相当于用科学对抗人们对大自然多样天气的强烈依恋。历史学家盖尔·库珀在《空调下的美国》一书中写道："当没有哪个城镇能够提供理想的气候时，所有地方都成了空调的潜在市场。"

在英国和荷兰等欧洲国家，13~15 摄氏度的室温曾被视为正常温度。1923 年，美国冬季的舒适温度标准是 18 摄氏度，到 1986 年上升为 24.6 摄氏度。几十年来，这一温度标准一直在逐步上升。如今，工作场所的室温通常在 22 摄氏度左右。超过这个温度，制冷系统就会启动；低于这个温度，暖气就会启动。

肖夫说："正常的舒适温度是一个惊人的概念，需要大量的资源来维持。"灯火管制与能源供应不足有关。第一次因为空调使用激增而实施的灯火管制发生在 1948 年 8 月，当时纽约被一波热浪裹挟。现在，一户普通美国家庭的空调所消耗的电量，可以满足一户普通欧洲家庭总电力需求的一半以上。但是，欧洲安装的空调数量也在增加，而且中国、印度和世界其他地方的空调数量也在飙升。

这也是我们这个时代面临的一种辛辣讽刺：空调致使气候变暖，而因为气候变暖，我们会更多地使用空调。提出"全球化思考，本地化执行"这一说法的勒内·杜博斯曾经写道："我们当前对世界的适应状态可能与未来的生存矛盾。"

随着我们的适应性成为常态，想要讨论如何改变都变得十分困难。在 1973 年石油危机期间，美国总统理查德·尼克松（让我们再回忆一下，他是共和党人）对美国的空调使用评价如下：

> 你们有多少人还记得家里没有空调的时候？而现在，空调在美国几乎所有地区都很普遍。结果呢，普通美国人 7 天内消耗的能源相当于世界其他地方大多数人一整年的消耗量。美国人仅占世界人口的 6%，但我们消耗了 30% 以上的世界能源。现在，我

们不断增长的需求已经到了供应的极限。

尼克松随后提出了一个如今只有激进的环保主义者才会提出的能源消耗减少计划，美国的消费惯例一夜之间发生了改变。我们很难想象现在的美国总统敢于发表这样的言论。尼克松希望将航班数量削减10%以上，后来人们只有在"9·11"事件后和新冠肺炎疫情等危机期间才能忍受这种措施。他呼吁降低最高车速的限制，减少不必要的照明，更多地使用公共交通或拼车。最重要的是，他把重点放在温度控制上。冬天很快就要到了，尼克松要求美国人调低恒温器的温度，使全国保持在平均20摄氏度的水平，取暖用油会因此减少15%。"顺便说一下，"尼克松换成和蔼的口气说道，"我的医生告诉我，我们在18~20摄氏度的环境里，真的比在24~26摄氏度的环境里更健康——这么高的温度其实不舒服。"

当我们改变消费方式时，我们自己也会发生变化，有时会达到令人惊讶的程度。几年前，马斯特里赫特大学的营养和运动科学研究员沃特·范马尔肯·利希滕贝尔特应邀参加了在荷兰埃因霍温举行的一次会议，与会的专家包括建筑师、工程师、城市规划师等。我们大多数人现在所处的人工"环境"都出于他们之手。利希滕贝尔特惊讶地发现，这些专业人士认为，他们的一项重要工作是为普通人营造舒适的室内气候。他告诉我："我觉得这种想法很奇怪。"

利希滕贝尔特平时的圈子更加专业，他的同事研究的是人体如何调节自身体温，这与新陈代谢和健康有何关系。这个圈子的人都知道，没有平均舒适度这种东西。俗话说得好："你觉得微风拂面，别人可能觉得冷风来袭。"女性往往比男性喜欢的温度高，大多数老年人比上班族喜欢的温度高。在热带国家，舒适的室温往往高达30摄氏度，远远高于温带地区。(其实,"温带"一词也是有争议的,和哪里相比是温和的?)与一直在活动的清洁工相比,在办公桌前打字的人希望环境更温暖一些,胖人通常比瘦人更喜欢凉爽的空气。此外,生病、怀孕、更年期的人会有自己的温度偏好,他们会增添或减少所穿的衣物。

利希滕贝尔特说出了自己的观点:与其追求某种理想的平均舒适度,为什么不让室内温度随着一天的时间和四季而变化呢?他指出,这有益于人们的健康。"健康?我随后想到了这一点,我们此前从未关注过健康。"他决定研究这个课题,于是他和同事开始测试接触寒冷环境对健康的影响,很快就有了一个关于人体的发现。

他们的研究类似于卡巴纳克关于舒适的研究。例如,在一项试验中,受试者在一顶装有空调的帐篷里,躺在一张温度可控的水床垫上。最开始,温度是 22.3 摄氏度,即一般室温,随后温度逐渐下降,直到他们开始发抖。这时,温度逐渐调高,直到他们不再发抖,受试者会在这种略微不适的状态下待两个小时,一直处于微冷的环境中,但不至于发抖。

这些研究是最早的一批证据,明确证明成年人和许多哺乳动物一样,不仅有白色脂肪,还有褐色脂肪。褐色脂肪是一种利用营养物质和白色脂肪使身体产生热量的组织(我们体内的褐色脂肪不会太多)。当利希滕贝尔特及其同事让受试者暴露在微冷的环境中时,他们发现随之会出现一种被称为"非颤抖性产热"的情况——受试者的身体开始工作,以保持温暖。

"非颤抖性产热"不需要特别低的温度。对于衣着轻薄的瘦人来说,在 14~16 摄氏度的环境里就会出现这种情况,甚至在 19 摄氏度时,"非颤抖性产热"也很活跃。更重要的是,利希滕贝尔特等人发现，我们大多数人很容易适应比空调屋里通常的温度低得多或高得多的温度。但是，我们在科学家所说的"热中性"环境中待的时间越来越长，也就是我们感觉舒适的温度里。

利希滕贝尔特说："舒适度和健康可能有关，但它们并非同义词。"他和其他研究人员总结道，代谢综合征之所以在富裕国家很普遍，不仅是因为饮食和锻炼问题，而且受周围温度的影响。代谢综合征是指新陈代谢速度变慢，这可能导致体重增加、罹患2型糖尿病、免疫系统功能减弱和其他健康问题。温度是影响新陈代谢的第三个重要因素，所以我们应该在生活中更多地接触寒冷和高温，至少要让我们的身体通过自身运转保持温暖或凉爽。

说起来容易，做起来难。肖夫指出，我们对于正常的生活方式如何构成的观念转变往往是一个螺旋式的过程，会需要越来越多的能量和资源。一旦什么东西进入我们的期望、规则和环境中，它们就很难被逆转。个人行动很难改变现状。肖夫说："这不是个人问题。这些标准完全是全球性的，无论我们喜欢与否，都会被卷入其中。因此，这真的不是个人问题，和你穿了多少件毛衣这样的问题无关。如果你上班的地方的温度控制面板在别处，你穿多了就会很热。我基本上是反对'态度—行为—选择'这种提法的。"

即使我们在个人生活中也很难遵守不同的标准。你可能会让自己家的温度随自然气候的变化而变化，你会适应这种环境。然而，对于任何不适应这一温度的访客来说，你的家不是一个宜人的地方，因为他们习惯了在任何季节都穿着T恤看电视。他们会觉得你家夏天时热得令人窒息，隆冬时节又冷得让人无法忍受。如果你给他们拿一件毛衣或者保暖内衣，他们会觉得很奇怪，而且不卫生。

许多能源和环境政策的目的是更有效地满足狭隘的舒适标准，这就忽略了问题的关键。肖夫说:"过于狭隘的舒适观才是更大的环境问题,而不是满足舒适度的效率。"近几十年来,人们在绿色消费方面付出的努力极大地提高了加热和冷却技术的能源效率,也提高了相关建筑的能源效率。不过,我们本可以在瞬间取得类似的巨大进步——只要把恒温器调高或调低几度,然后适应一下就好了。

肖夫表示:"技术是讨论的一个话题,但具体的内容可能是服装技术,而非保暖技术。"她提到了日本的"清凉商务"活动,该活动鼓励工作场所在室内温度上升到 28 摄氏度时再开空调。同时,一项公关运动改变了社会对夏季商务着装的期望,西装领带不再是固定的标准,人们可以穿轻薄的裤子,甚至夏威夷衬衫。这项活动已经减少了数百万吨的碳排放。(领带行业最初损失了数百万美元,但现在开始推出夏季领带。)

肖夫曾写道:"人们以为正常的东西其实具有极大的可塑性。由于舒适度、清洁度或便捷性没有固定的衡量标准,未来的理念对环境的要求完全有可能比今天低。"

一个停止消费的世界似乎只是一个开始。我们不会有意识地购买那些我们不知不觉消费的商品和服务,我们只是随大溜那么做了。不过,假设我们不再为空调买单,在较富裕的国家至少减少 50% 的用量,那么我们会节省大量的能源。除此之外,还会发生什么呢?

"我们还在研究这样做的重要性,我们真的应该认真对待这个问题。"利希滕贝尔特说。根据我们已知的温度对健康的影响,全球停止使用空调后,2 型糖尿病患者会减少,得感冒和流感的人会减少,肥胖的人也可能减少。还有一点同样重要,"热厌烦"现象可能会消失,也就是人们对千篇一律的室内环境的厌烦。他说:"我们总是从舒适度的角度考虑问题,为什么不从快乐的角度思考一下呢?"

利希滕贝尔特住在荷兰马斯特里赫特的一间老式农舍里。他把恒温器调得很低,屋里也没有空调。冬天的时候,他和家人大部分时间在厨房里度过。厨房里除了有一只大家可以围坐的传统炉子,还有现代化的地热系统。不过,在一年中的大部分时间里,利希滕贝尔特更喜欢早晨打开家里工作室的窗户,把凉爽的空气放进来,这会让他感到头脑清醒、富有活力。然后,他会享受一天中不断上升的暖意。他坦诚道:"有时会有点儿冷,但我觉得这对我的健康有好处。"

第 16 章
我们还是消费了太多（下：金钱）

要想真正建立反消费文化，还有一个更棘手的挑战，那就是金钱这个一直以来的麻烦制造者。如何看待金钱？用它来做什么？它会有什么好处和坏处？谁会最有钱？

让我们从最后一个问题开始：富人在一个停止消费的世界将如何生活？显而易见，富人的消费会大幅下降。他们是迄今为止地球上消费最多的人，所以需要比其他人更大幅度地缩减生活开销。不过，他们很快就会惊奇地发现，富裕有很强的适应性。

美国作家伊迪丝·华顿巧妙地记录了 20 世纪初纽约富人的生活。她出生时，家里给她起名为伊迪丝·纽伯德·琼斯，有些学者认为是她的亲戚发明了"赶上琼斯家"这个俚语，它的引申含义是"与他人攀比"。在那个时代，精英的生活十分奢侈，这毫无疑问。1897 年，一场想要媲美法国皇室的奢华家庭晚宴会用很多兰花、百合和其他鲜花，纽约温室种的花都不够用，不得不从其他地方运来。换算成今天的钱，这样的宴会将花费数百万美元。被效仿的那位法国皇室成员 100 年前已被革命者斩首。

不过，与今天的生活水平相比，这种宴会从很多方面来讲还是适度的。华顿在《纯真年代》中描绘了这样一个场景,纽约贵族小姐苏菲·杰克逊回忆起了当年歌剧开幕之夜上流社会女士的穿着。她说:"奢华的服饰——"她勉强开了口,却再也说不出话来。等她振作精神之后,她解释了自己当时如此震惊的原因:她只看到一个人穿着前一年的衣服,其他人都换了新装。杰克逊小姐说:"我年轻的时候,穿最时髦的衣服是一种粗俗的表现。"

华顿还谈到了一位喜欢奢侈品出了名的女士,她每年会订购12条裙子。《纽约时报》采访Z世代的快时尚购物者,结果发现即使是中产阶级的年轻女性,就是那种上完课还要打工或是在三流大学上学的人,每年也会买80~200件衣服和饰品。当然,还有一些显而易见的事实:19世纪镀金时代的富人基本上没有电和水暖设备,坐马车而不是开汽车,每年可能仅有一次乘船到海外的旅行。他们的房子一般也没有现在普通郊区居民的房子大。

换句话说,富人的生活方式会让我们觉得比较陌生。100年前的穷人和现在的穷人区别不大,都挣扎在满足基本物质需求的边缘。然而,财富没有固定的奢侈或舒适标准,主要取决于特定时间与他人的比较。在一个停止消费的世界里,有没有富人的位置?历史告诉我们是有的。

富人消费主义的原型至少可以追溯到文艺复兴时期的意大利,当时欧洲和全球贸易都在扩大,几乎各行各业的人都成了购物者。伊莎贝拉·德斯特是16世纪意大利曼图亚市的一位年轻贵族,她想要"最新的产品",说自己对新鲜事物的欲望"永远无法满足",还说她所渴望的东西"越快拿到就越珍贵"。有一次,她让一位要去法国的朋友给她带最好的黑色布料。她噘着嘴说:"如果和其他人用的布料一样,那我宁可不要。"

然而，在大多数情况下，说文艺复兴时期的人比较放纵的言论并不可信。当时，财富需要私下悄悄地享受，富人还必须花钱建造公共工程、资助军队、赞助盛宴，特别是建造教堂，以此在上帝和躁动不安的群众面前证明自己拥有财富的合理性。历史学家弗兰克·特伦特曼指出："盖一座富丽堂皇的教堂和现在拥有法拉利跑车是截然不同的。"中国在消费文化早期，鉴赏力是通过拥有古董、会写诗或琴艺高超体现的，而不是仅仅通过财富。克利夫顿·胡德是纽约塞内卡湖畔霍巴特和威廉·史密斯学院的历史学家，也是少数研究美国富人的学者之一。胡德指出，在过去，反物质主义、反消费主义，甚至反资本主义的价值观很容易被富人接受。（他坚定地说："研究某个主题不一定要美化它。"）例如，我们现在会把公开追求财富视为富人的核心价值观，在18世纪和19世纪的大部分时间里，美国富人在这个问题上存在分歧。胡德告诉我："美国的上层阶级总是想把自己与中产阶级区分开来，他们会觉得自己更有风度、更特别、更高雅、更热爱艺术，大体上知识更渊博，也更成熟。"

在那个时代，要成为上流社会的一员，不仅要有钱，还要在语言、教育、卫生、礼仪、着装和行为上满足苛刻的标准。人们期望上流社会的成员对知识、公共福利或科学的进步做出贡献，或者至少表面上为此做出努力。他们中的很多人精通绘画、写作、缝纫或类似的手艺，而且精通除英语外的其他语言。他们用这些品质来定义自己。在当时的人口普查中，有些人在填写职业时甚至只填"绅士"。

胡德说："成为上层阶级意味着不用考虑谋生，或不急于谋生。这与我们现在的情况完全相反。现在的上层中产阶级不仅工作时间更长、更努力，而且以此为荣。"

早期的美国贵族效仿欧洲的贵族，他们很富有，看不起那些需要赚钱的人，即使那些自力更生的商人变得比他们富有时，他们也不会改变看法。他们的反物质主义当然不是出于环境责任或是简单生活的理想，而是用来维持地位和特权的一种势利的表现。尽管如此，他们的生活方式还是让我们看到了富裕可以体现的不同形式。

当托斯丹·凡勃伦嘲笑 19 世纪末的富人时，他的愤怒主要针对富人尽享休闲时光而把不好的工作留给下层社会的特权。虽然他认为炫耀性的铺张浪费是富人彰显其地位的一种方式，但这不一定要无休止地消费，购买昂贵的商品也可以达到同样的目的，虽然这些商品并不比便宜的商品更有用。今天，当质疑"少而精"观念的人把这种消费方式斥为"多付少得"时，我们仿佛听到了当年凡勃伦嘲笑的回响。

经济学家亚当·斯密在 100 年前写道："富人只从大堆的东西中选择最珍贵的、最令人满意的，他们的消费并不比穷人多。"虽然这肯定有夸大其词的意味，但英国上层阶级当时的食物、衣服、娱乐、卫生和旅行标准还比不上现在富裕国家的普通人，这一点是毫无疑问的。此外，亚当·斯密对物质主义持保留意见。他指出，为追求财富而追求财富，会导致"身体的疲劳"和"心灵的不安"。他似乎很欣赏古希腊犬儒学派哲学家第欧根尼。据说，有一次亚历山大大帝在街上找到了第欧根尼，问他想要什么，任何东西都可以。第欧根尼回答说，他想要的是亚历山大大帝站到旁边，这样他的影子就不会挡着自己晒太阳了。

最终，美国文化开始崇尚最粗俗的赚钱行为和炫耀性消费，商人和企业主被提升到了英雄的地位。然而，在 20 世纪的大部分时间里，富人的消费还是受到了抑制。20 世纪三四十年代，美国经历了经济衰退、战争和社会动荡，六七十年代，相似的经历再度袭来，富人追求的生活更加简朴、更具隐私，有时甚至为此出售他们在汉普顿和纽波特的豪宅。

一位在纽约工作了很多年的房地产经纪人在谈到炫耀性财富时说："这不符合美国人的风格。"富人也不会显得那么富有，就像在低消费经济时代一样。城市-布鲁金斯税收政策中心的数据显示，在大萧条之后的50年里，最高收入阶层的税率平均为80%——美国最富有的人的大部分财富被重新分配了。随着20世纪80年代罗纳德·里根和玛格丽特·撒切尔等政治家的出现，也随着增长越来越被视为经济的终极目标，社会对富人的要求大大降低，2020年对他们设置的税率是37%。

"如果你在三四十年前，甚至五十多年前去著名的乡村俱乐部，你不会看到最新的高尔夫球服，你会看到人们穿着旧的布克兄弟牌或保罗·斯图尔特牌的卡其裤，因为他们真的不用证明自己的身份。"胡德说，"他们通过其他方式建立信誉。"在一个停止消费的世界里，不难想象，富裕很快就会得到重塑，也许是通过回归自命高雅的品位和礼仪标准、雇用仆人、不用工作、尽享自由、惹人注目的慈善行为，或仅仅是政治权力。富人仍可以在舒适度和财产方面比其他人更富有。这并不是说他们的超大豪宅会以某种方式被清空，因为它们已经满了，甚至可以说是爆满了。

然而，停止消费的那一刻，还有一个有关金钱的问题出现了。如果钱花不完，就会越积越多。如何处理没有花光的钱，不仅对富人来说是个难题，对其他人来说也是一样。

1998年，日本政府启动了一项名为"领跑者"的计划，目的很单一，就是要提高主要家用电器的能源效率标准。这项活动取得了很大的成功，不到10年，最新的冰箱、空调和电视的能耗降低了70%。这似乎是"绿色消费"的胜利。按照我们的常识，电器效率提高，日本家庭的用电量肯定会下降。

结果并非如此,用电量涨了又涨。

青山学院大学位于东京的市中心,这所大学的研究人员井上望和松本茂决定调查这个问题。他们开始研究数据后,越发觉得扑朔迷离。除了电器更加节能,还有两个主要原因本应使用电量下降。首先,日本的人口5年来一直在萎缩;其次,因为经济不景气,一般家庭的收入正在减少。井上望和松本茂总结说,人们之所以用了更多的电,是因为日本消费者发现电器帮他们省了钱后,就用这些钱买了更多、更大的电器。人们家里会有两三台电视或空调,并且换上了市场上容量最大的冰箱。这两位研究人员写道:"绿色消费的效果已经被抵消了。"

他们将观察到的情况与"杰文斯悖论"进行了比较。威廉姆·斯坦利·杰文斯是一位经济学家,他研究了19世纪英国煤炭使用量不断增加的原因,按照当时的速度,煤炭可能会耗尽,使国家进入黑暗时代。1865年,杰文斯得出了一个看似违反常理的结论:随着人们不断找到提高煤炭燃烧效率的新方法,他们会使用更多的煤。在产品价格、消费需求和更高利润之间的复杂相互作用使煤炭被用于越来越多的领域,而不是用更少的煤炭以达到之前生活水平下的同样效果。

杰文斯对经济增长和技术进步大为赞赏,但作为一个经济学家,他只是看到什么就说什么。他也没有发现解决这个问题的办法,只是指出我们的消费欲望要么被证明不是无底洞,要么会越来越难以满足。他写道:"事实上,我们不能一直增加铁路的长度,扩大船运、桥梁和工厂的规模。在每一种事业中,我们无疑都会遇到一个自然而然出现的便利极限。"150年后,几乎所有东西的全球消费都在持续增长,包括煤炭在内,尽管需求可能最终会趋于平稳。

最终，停止消费仿佛为我们提供了一个摆脱"杰文斯悖论"的机会。如果我们在一个反消费的世界里发明了一种能效提高3倍的电视，那么我们不会用省下来的钱去买更多的电视，让每一台电视都比以前能效低的电视更大。效率的提高真的带来了好处：我们最终拥有的电视数量没有变，但看电视时消耗的能源更少了。

巴塞罗那环境科学家戴维·冯维万科表示，除此之外，金钱还是个骗子。冯维万科研究的是"回弹效应"，即技术和社会行为变化所产生的通常无法预料的后果。"杰文斯悖论"和日本的"领跑者"计划都涉及与能源效率进步相关的回弹效应。不过，少买东西本身就会产生回弹效应。

冯维万科告诉我："我思考这个问题的方式十分简单。如果你有了一定储蓄，就会花掉它们。你有了钱后，它的去向就会造成影响。"研究回弹效应的专家把这个问题称为"重新消费"。如果你停止消费，就会省钱。如果你把省下的钱花在那些你可能认为不属于消费主义范畴的东西上，比如视频流媒体服务、户外探险、理疗或空调，那么你的生活方式对环境造成的影响通常还是和以前一样，甚至有可能更为严重。

我们的经验法则是，如果你花了更多的钱，你的生活方式对环境的影响可能会增加；如果你花了更少的钱，你的生活方式对环境的影响可能会减少。无论金钱流向何处，都会留下痕迹。在美国，花掉的每一美元平均转化为约0.25千克的温室气体排放。如果花100美元，你对经济的贡献将产生约25千克的碳排放。虽然美国是世界上人均消费最高的国家，但在一个较为贫穷的国家，花掉1美元对气候的影响会更严重，这是金钱另外一个奇怪的地方。就全球而言，每花100美元会产生40千克的碳排放，比在美国花同样的钱高60%。这是因为在许多国家，人们把大部分钱花在基本的能源密集型商品上，比如食品、汽油和电力，而美国人可能把钱花在储蓄国债、应用程序或名牌毛衣上。此外，富裕国家倾向于使用更清洁的技术生产商品。具有讽刺意味的是，印度的穷人若买一部苹果手机，比花同样的钱买他们真正需要的食物和电更环保。

假设你把钱重新用在投资上，可惜的是，你所投资的公司正在为消费经济生产商品和服务。如果你把钱存进银行，唯一的区别就是银行替你做了投资。（储蓄和投资是富人更有可能增加环境影响的另外两个关键方式。）不管是哪种情况，你都只是推迟了消费而已。例如，存钱往往是为了花费很高的某个计划，比如海外旅行。"如果你坐飞机到处旅行，那肯定于环境无益，对吧？"冯维万科说，"如果你报名参加画画课，那么也许可以。"不过，话说回来，你可能会开车去上画画课，租一间工作室来练习画画，或者很想飞往法国阿尔勒，在导游的带领下前往凡·高画中的场景去作画。"有人认为服务比产品好，这个想法没有什么道理，服务也是有碳足迹的。"冯维万科说。我们使用的服务、感受的各种体验、所花的每一分钱都对消费产生了影响。

回弹效应主要有三种体现方式。首先是直接回弹，比如发明更节能的电视会导致电视销量的提升。其次是间接回弹，比如人们把从买能效更高的电视上节省下来的钱用于购买其他商品和服务。最后是人们知之甚少的影响整个经济体系的神秘效应，或者说"变革性的效应"。举个例子，能效更高的电视变得价钱更低，人们因此会买更多的电视，这会改变家人一起看一台电视的常态，变成每个人在自己的屋里看自己喜欢的节目，这会促进更有针对性的电视节目和广告的产生。到那时，整个消费经济会向十几个不同的方向发展。总的来说，这就是近期全球发展的模式，人们对环境的影响远远超过了更清洁、更环保的技术所产生的益处。当回弹效应让我们陷入更糟糕的局面时，这种情况被称为"回火"，也就是适得其反。我们创造了一个适得其反的经济体系，一种适得其反的文化。

回弹效应的发展路径十分奇怪。伊丽莎白·杜奇克研究了公众面对能源系统的技术变革时所做出的反应。她发现，有些回弹的原因可能在于"道德许可"，也就是说我们倾向于用"好行为"为"坏行为"辩护。想象一下，一个人只吃素食（因为肉类生产会造成大量的碳污染），所以觉得自己有理由多坐飞机旅行。杜奇克说，德国的一项研究发现，驾驶省油汽车的结果是人们开车更加频繁了。省油还可能让人们觉得自己有理由购买更大、更强或更豪华的汽车。同样，买了电动汽车的挪威人与拥有燃油汽车的人相比，更有可能开车出门。事实上，随着电动汽车拥有量的增加，有关各种浪费的报道也在增加，比如冬天会先给车预热，买东西时为了让小狗待在车里比较舒服，会一直开着暖风。杜奇克表示，由于这些回弹效应，即使是那些刻意努力保护环境的人，通常所产生的影响也比他们想象的小，一般来说根本不会造成什么差别，甚至会加重对环境的影响。

虽然人们对导致回弹效应的人类行为的研究仍处于初级阶段，但似乎有一部分人——可能是很小一部分人——确实收获了转为绿色生活方式和技术的全部好处。例如，当这些人买了更省油的汽车时，他们同时会改变自己的行为，减少驾驶新车的次数。这被称为"充足行为"，就是达到一种充足的状态。有时，充足会导致"溢出"，这与"回火"恰恰相反。在溢出效应中，那些在生活的某个方面坚持环保的人最终会做出更多的环保选择。他们会减少开车频率，开始吃素。他们会停止消费，进而在冬天调低恒温器的温度，减少洗衣服的次数。

更重要的是，他们通常不觉得做出这些行动会牺牲自己的生活质量。杜奇克说："充足行为的意思是人们自愿减少消费，但心里很高兴。"目前还没有人弄清楚既然这么多人并不崇尚充足行为，那么是什么让某些人成了践行者。

马伦·英格丽德·克罗普费尔德是一位研究充足行为的专家。她带头做了一项研究，考察了4种抵制主流消费习惯的人，看看他们在减少环境影响方面行动的效果如何。这4种人分别是有环境意识的消费者，他们努力坚持绿色的生活方式；以省钱为乐的节俭者；讨厌花钱的守财奴；自愿选择简单生活的人，他们会主动减少自己的消费。最后一种人在减少环境影响上显然是最成功的。事实上，他们取得的效果几乎是第二种"节俭者"的两倍。节俭者根本没有减少影响，绿色消费者也是如此，这从个人层面反映了绿色消费在近几十年里未能发挥更大作用的原因。研究人员总结说，也许过简单生活的人，而非那些坚持绿色生活方式的人，才应该成为我们的榜样。

然而，即使是看起来最简单的消费主义解决方案，比如"少而精"的消费方式，也免不了回弹效应。如果你花更高的价钱买了一双做工精良的鞋，而没有买做工粗糙的鞋，你可能会认为这抵消了回弹效应：花更多的钱买同样一种消费品，剩下的钱就会变少，免得你把钱花在其他消费品上。但是，你花在高价新鞋上的钱会被重新分配，比如支付鞋匠的工资、经理的薪水、供应商的费用等。你付的钱会得到重新消费。你可以把今年用来买衣服的钱聘请一位家教，教你一门新的语言，从而减少自己的生态足迹。不过，这取决于家教会如何花这笔收入，难道不是吗？

不会产生回弹效应的花钱方式很少。你可以从减少更有害的消费形式开始，比如用露营装备代替假期坐飞机出游。你可以减少债务，也许这会给你带来经济上的安全感——心理学家已经证明，这种感觉往往会弱化人们的物质主义。你可以给那些直接降低消费的事业捐款，比如图书馆，或是保护土地和水资源的项目。作为一种体现公平的行为，你可以把钱捐给那些帮助人们满足基本需求的机构，减少自己的消费以抵消需要帮助的人的消费增长。你可以要求政府提高税率，从而实现类似的目标。

你也可以不再攒钱，最明显的方法就是减少工作量。杜奇克表示："如果你的收入减少，那你肯定会降低消费。"她就这样做过。她减少了自己作为回弹效应研究者的有偿工作时间，然后发现自己在工作时长不变（"我一直觉得这很有趣"）的情况下，能花的钱确实变少了。后来她意识到，她的老板很可能把她减少的那部分工资给了其他人。

我们都知道，18世纪末，托马斯·马尔萨斯认识到人口增长对有限的粮食供应构成了威胁，并认为解决这一问题的办法是不断提高人类的生产力。从那时起，经济学的核心思想就是我们生活在一个资源稀缺的世界。但最近，有些思想家认为，我们最大的挑战并非资源缺乏，而是资源丰富，而且一直都是如此。

1949年，法国哲学家乔治·巴塔耶提出了"剩余财富"的问题，成为这一领域的先驱人物。他写道："给生活物资和人类带来基本问题的不是必要性，而是与之相反的'奢侈'。"在一定程度上，社会可以通过提高生活水平来吸收财富。然而，财富最终却开始制造麻烦。巴塔耶认为，之所以发生可怕的两次世界大战，是因为各国日益富裕，足以参与危险的军备竞赛。他把造成这一结果的剩余财富称为"被诅咒的部分"。

巴塔耶表示："不管是否情愿，不管是光荣的还是灾难性的，多余的财富都必须被花掉。"许多古老的文明"仿佛在最黑暗的意识深处"都明白这一点,所以他们不时地故意摧毁财富。人们在节日中挥霍财富,将其献给神祇。他们将财产和死者一起埋葬,就像古埃及一样,或者用于建设辉煌的公共建筑和纪念碑,就像文艺复兴时期的意大利一样。即使是现在,中美洲的一些玛雅村落还在实行"调平机制",任何拥有大量土地或金钱的人都会被村落授予赞助当年盛大宴会的荣誉,宴会结束后,他们会受到人们高度的尊重,而不再富有。这样的做法在任何时代都很普遍,人类学家因此认为,故意破坏财富是"人类生态系统"与自然系统区分开来的一个关键点。

我们所处的时代也不例外。20世纪初,西方国家开始争论如何处理工业制造过量财富的新能力,即生产出了供大于求的产品。我们找到的答案是制造能够自我毁灭的产品,"计划报废"因此诞生。我们可以把消费主义比作一个无休止的节日,它会迅速而不断地将大量产品变成废物。事实上,我们已经把破坏富裕变成经济引擎,而这样做是有问题的——结果创造了更多的财富。我们看到数量庞大的剩余财富汇集在少数人手中;我们看到这种不平衡正使全球生活成本上升;我们可以在基于投机的过热投资和房地产市场中看到它的身影。如果我们不能有计划、有秩序地摧毁财富,我们往往也会不由自主地这样做。我们称其为对经济的"修正",这个词很有说服力。在大衰退期间,各行各业的人都深受影响。就全球百万富翁和亿万富翁而言,他们损失了2.6万亿美元。为了更直观地感受这一数额的庞大,我们可以把0都写出来——2 600 000 000 000。大衰退结束后,增长会再次启动。正如巴塔耶所说:"有必要浪费社会产生的一大部分能源,使其化为乌有。"

遣词造句真的是件有趣的事。当戴维·冯维万科将他对回弹效应的思考推至极限时，他发现如果我们停止消费，就只有一个方法肯定可以用于处理我们积累的所有财富。

他说："你把钱烧了就可以了，这是最直接的解决方案。只买最基本的东西，不要再想奢侈品，然后把钱烧掉。"

第四部分

转　型

第 17 章

野生动物的崭新黎明

等待救援的鲸鱼已经等了太长时间。鲸鱼获救最早应该发生在1859年,当时勘探者埃德温·德雷克在美国宾夕法尼亚州泰特斯维尔钻透21米的泥土和基岩,开启了地下钻油时代,也就是现代工业时代。两年后,《名利场》杂志上刊登了一幅漫画:色泽华丽的抹香鲸打开香槟酒瓶,在写着"油好,一切都好"的横幅下跳舞。这幅漫画的大意是,石油产品将取代使用鲸油的所有消费品(包括肥皂、工业机器齿轮的润滑剂、照明用的灯和蜡烛)。血腥的捕鲸业将会告一段落。

结果呢,我们很快开始使用石油来捕杀更多的鲸鱼。新的化石燃料为捕鲸船提供了强大动力,船能够开得更远、更快,巨大的水产加工船无须返回岸边就可以直接加工鲸油和冷冻鲸肉。人们甚至使用石油和天然气来驱动压缩机,使被捕杀的鲸鱼像气球一样膨胀起来,不至于沉到海底,从而增加了可以捕杀的种类。几十年来,尽管新发明的产品确实逐步用石油取代了鲸油,但捕鲸者平均每天要宰杀100头鲸鱼。一旦我们开始消费某种东西,就很少会主动减少这种消费。

后来，拯救鲸鱼的事情再次上演。1986年，世界上大多数捕鲸国达成一致，决定结束大规模的工业捕鲸行为。当时，很多种类的鲸鱼从商业层面上讲已经"灭绝"，因为它们的数量太少，寻找和捕杀它们的成本超过了销售收入。有些种类的鲸鱼，比如世界上最大的动物蓝鲸，几乎濒临灭绝。不过，鲸鱼的数量终于开始上升而不是下降了。

可是，人们不久之后就发现了一些令人担忧的迹象，我们可能正用一种全新的方式杀死这些庞然大物。正如一位鲸鱼研究者所说："我们不再用钢叉刺杀它们了，我们只是在毁掉它们的生活。"

对于这种新的攻击方式，证据十分引人注目。"9·11"事件发生后，研究人员意外发现可以做一次短暂的实验，研究消费文化停滞不前时，自然界会发生什么——这可以说是我们在新冠肺炎疫情暴发后头几个月所目睹的一切的序幕。一夜之间，天空中没了飞机，大海上没了轮船。美国边境以北的加拿大东海岸的芬迪湾有一艘船还在，不过，船上都是海洋生物学家。他们正在收集北大西洋露脊鲸的粪便，目的是测试它们的压力激素。

地球上只剩下大约450头北大西洋露脊鲸了。有些人可能会认为，极度濒危的物种只是进化过程中的"雪花"。它们以独特的方式表达了生物多样性，但却不够坚韧，无法应对不断变化的世界。不过，这样评价露脊鲸很难说得通。它们在至少400万年前就开始进化了，比人类的早期祖先进化时间早了一倍。成年露脊鲸可能重达70多吨，体形和拥有两个洗手间及一个步入式衣柜的房车差不多。它们可以活100年，也许更久，几乎没人有机会知道这个问题的答案。

由于鲸脂和鲸须的价值很高，露脊鲸成为最"合适"的捕猎对象，它们的英文叫法也源于此①。这种鲸鱼在美国独立战争时期已经变得非常稀有。然而，它们并没有那么容易死亡。1935年，国际法开始禁止故意捕杀露脊鲸的行为。但当年3月，一群显然还不了解这项法律的渔民在美国佛罗里达州劳德代尔堡附近，用7把手掷鱼叉和150发子弹杀死了一头10米长的幼鲸，全程用了整整6个小时。如果说露脊鲸面临灭绝的威胁，那可不是因为它们缺乏毅力，而是因为它们的家园与地球上最富有、最繁忙的消费社会相邻：从加拿大南部到美国佛罗里达州北部，它们的生存地带是长达3 000千米的海岸线。十多年前，露脊鲸已经有了一个昵称，叫作"城市鲸鱼"。

在"9·11"事件发生后研究露脊鲸的那些人来自波士顿的新英格兰水族馆。这家水族馆有一幅北美东部沿海地区的数字地图，上面会显示航运交通、渔业交通、海底管道和电缆等信息。它就像曼哈顿地图一样画满了各种线条。有迹象表明，鲸鱼可能也会和我们一样被忙碌打乱阵脚。例如，在捕鲸船偶尔出现的冰岛水域，它们会在深水里待较长的时间；而在观鲸船随身而行的近海保护区，它们潜水的时间则比较短。北大西洋露脊鲸深受文明污水的荼毒，它们的血里流淌着各种化学污染物（滴滴涕、多氯联苯、多环芳烃等），还有石油和天然气、阻燃剂、药品、杀虫剂。露脊鲸主要以桡足动物为食，就是像跳蚤一样的浮游生物。由于人类活动导致的气候变化，它们的食物供给朝不保夕。鲸鱼的睡眠方式与人类不同（它们睡觉时，大脑只有一侧半球休息）。我们可以肯定，与过去安静的海洋相比，嘈杂、忙乱、受到污染的海洋对它们的睡眠来说更具威胁性。有些活了很多年

---

① 露脊鲸的英文是"rightwhale"，"right"有"合适"的意思。捕鲸者认为，这种鲸鱼是最合适的捕猎对象，因为它们的活动范围在陆地上人们的视线范围内，被杀死后会浮上水面。——译者注

的鲸鱼想必还记着昔日的海洋是什么样子的。

科学家将这些影响称为"亚致死的"影响，也就是说任何一种影响都不会导致死亡。然而，新英格兰水族馆的高级科学家罗莎琳德·罗兰德指出，北大西洋露脊鲸和南露脊鲸之间形成了鲜明的对比。南露脊鲸是与北大西洋露脊鲸亲缘关系很近的一个物种，栖息地离全球消费文化很远。有一次，罗兰德前往新西兰以南500千米的奥克兰群岛，想要看看南露脊鲸。她说："它们胖乎乎的，很快乐，没有皮肤病，充满了好奇心，和北大西洋露脊鲸完全不同。"

在这些亚致死的影响中，最糟糕的当属噪声。海洋声学家克里斯·克拉克教授现在已经退休了。1992年，当他还在康奈尔大学当研究生导师时，被选为美国海军的海洋哺乳动物学家。克拉克利用美国海军的水下监听站，在比俄勒冈州还大的一片海域听到了长须鲸的歌声。长须鲸体形仅次于蓝鲸。克拉克后来做了数据可视化分析，他发现长须鲸的歌声时断时续，声音发出，声波传递，图像中出现了对应的热点，但亮度很低，并逐渐消失。随后，巨大的耀斑像涟漪一样在整个区域荡开，这是气枪的声学标记。气枪主要用于探测海底的石油和天然气矿藏。"这是一个顿悟的时刻。"克拉克说。他目睹了人类制造的声音会以压倒性的优势淹没鲸鱼在海洋中的听力，也让它们的声音无法被听到。

克拉克说，北大西洋露脊鲸每天都生活在"噪声地狱"中。在人类活动频繁的水域中，两头鲸鱼要想听到对方的声音，概率大约是100年前的1/10。它们在寻找配偶、追踪幼鲸、发现食物，或者仅仅为了享受另一头鲸鱼的陪伴时，会发出声音。轮船发出的噪声有时太过响亮，而且持续不断，鲸鱼因此不再发声，而是保持沉默，它们原来只有在暴风雨降临时才会这样做。克拉克对我说："人类无法理解自己究竟给海洋带来了多大的伤害。"所有噪声的主要来源是为我们运输东西的商业船舶的螺旋桨和发动机。在亚致死影响的包围下，北大西洋露脊鲸的健康状况明显恶化。它们比30年前更为瘦弱，身上的鲸虱、病变和伤痕更多。雌鲸产下的幼崽数量更少。这些鲸鱼的健康状况现在可能很差，遭受的痛苦十分严重，亚致死影响已经变成致命影响。

此外，船舶会直接杀死这些鲸鱼。鲸鱼死亡的一个主要原因就是被船撞击或碾压。每当我们点击确认支付，购买需要从国外运来的产品时，鲸鱼面临的风险就会增加。北美东海岸是全球交通最繁忙的海域之一，服务的是世界上最大的购物群体。但是，如今的海上运输总是那么拥挤，有人开始把航线称为"海上之路"。这些海上之路也会产生污染。尽管船舶是全球运输商品最节能的方式之一，但它们毕竟承担了80%的任务。也就是说，现在的货船数量非常多，而且吨位一直在上升，它们占全球温室气体排放量的2.5%。目前，船舶每年运载的货物超过100亿吨，也就是说，平均每个人不止1吨。不过，和其他方面的情况一样，有些人得到的要比其他人多得多。

北大西洋露脊鲸和南方定居型虎鲸是两个仅仅因为消费经济强度不断增加而面临近期灭绝威胁的种群。南方定居型虎鲸的活动区域是加拿大和美国之间的太平洋边界水域。如果不改变消费经济的强度，其他物种肯定也会列入面临近期灭绝威胁的名单。在世界停止消费的那一天，鲸鱼可能终于得救了。

这些情况让我们再次回到"9·11"事件后在芬迪湾做实地调查的那些来自新英格兰水族馆的研究人员。他们在那段出奇安静的阶段收集鲸鱼粪便。当有关压力激素的数据出来后，他们发现鲸鱼的焦虑水平远远低于常态。当平日那些货船、渔船、游船、动力游艇消失时，当现代的海上喧嚣消弭时，显然鲸鱼正在享受平静的大海，甚至连科学家都因为在设备上听到鲸鱼的叫声而震惊，就好像他们站在一条突然沉寂下来的高速公路旁听到了鸟儿的歌唱。那是在一个消费减少的世界里的鲸鱼的声音。

消费的终结对野生动物来说是一个崭新的黎明。无论是因为市场投机者的行为改变还是席卷全球的病毒出现，经济萧条和衰退对除人类外的生命而言都是有利的。推土机减少了，河流的污染程度降低了，矿山被掏空的速度变慢了。夜莺和蟋蟀有了更多的黑暗时光。鲸鱼有了更多可以歌唱的安静时光。稀有物种的生存范围因为宝石露天矿增加而进一步缩小的风险降低了。以马达加斯加彩虹蛙为例，它比任何珠宝都更五彩斑斓。除了马达加斯加的几处峡谷，地球上其他地方都没有发现这种蛙。

夏威夷大学的海洋生物学家艾伦·弗里德兰德也是在新冠肺炎疫情之前就目睹了当大批人类消失时自然界的变化。在夏威夷檀香山郊区的恐龙湾，他每周都可以看到一次这样的场景。恐龙湾是一处面积不大的保护区，呈蛤壳状。它实际上是一个被淹没的火山口，是全球游客最多的珊瑚礁保护区之一。每年的游客多达100万人，每天约3 000人，他们来此浮潜、游泳和玩耍。不过，这里周二不对外开放。这一天，像弗里德兰德这样的科学家会在此处做研究。

"这里好像换了个地方。"弗里德兰德说。平常海龟会被吓得躲到更深的水里，现在却在岸边吃着海藻。濒临灭绝的夏威夷僧海豹可能会带着害羞的笑脸露面，甚至在海滩上拖着尾巴走路。"一大群北梭鱼经常会出现在只有脚踝深的水中。我的意思是，如果周围没有人，这里就是它们的首选栖息地。"弗里德兰德说。细长的北梭鱼是浅滩上的幽灵，它们用尾巴在水面画出图案。"我一直想知道，每周的其他六天，它们在哪里？"

新冠肺炎疫情暴发后，来夏威夷旅游的人越来越少。突然之间，每一天，恐龙湾的每个地方都好似周二一样。当时，弗里德兰德正在另外两个海洋保护区做研究。一个是莫洛基尼岛，它是一个几乎完全被淹没的火山口，位于毛伊岛和大岛之间风力很强的通道上；另一个是普普科亚，它位于瓦胡岛北岸一条崎岖的海岸线上，据说这里的海浪很大，可以把岸边的大石卷入深海。这两个地方平时人都很多。

莫洛基尼岛的海洋保护区很小，面积刚刚超过30公顷，大约是曼哈顿中央公园的1/10。一般来说，早上会有二十几艘商业游船把1 000名前来浮潜的游客送达此地。新月形的火山口矗立在海面之上，他们会探索火山口下的珊瑚礁。弗里德兰德告诉我："人多的时候，船挨得那么近，你可以从一艘船跳到另一艘船上，而不会掉到水里。这里实际上就是一个半封闭的大型游泳池。"普普科亚对面是一家购物中心，它们中间隔着卡美哈梅哈高速公路。普普科亚有两个主要的游泳潜水区，捕鱼对这两个地方的影响十分严重，许多当地人认为它们已经被"捕捞殆尽"。长期以来，找停车位都是一个大问题。

在新冠肺炎疫情防控期间，当旅行社甚至船舶下水滑道被关闭时，弗里德兰德目睹了莫洛基尼岛的巨大变化。大约有1 000条红鲹游到了暗礁上。浮潜者如果可以看到这样庞大的鱼群——每条银蓝色的鱼都有盘子那么大——会欣喜不已，但保护区人多的时候，弗里德兰德从来没有看见过它们。他很快发现普普科亚也发生了类似的事情：一大群鱼出现了，这次是银色的夏威夷旗鱼。它们和鲈鱼很像，尾巴像埋在灰烬里一样。弗里德兰德说："这一大群鱼就在岸边，这是很罕见的，因为它们的味道十分鲜美。"

我们可能认为自己并没有在与自然界交战，但有一个迹象表明，我们确实在这么做。当人类世界后退时，自然界就会前进。这种变化在海洋中显现得最快，因为那里的许多生物可以自由地游动。它们会感觉到人类已经离开，然后游过来填补我们留下的空间。在新冠肺炎疫情防控期间，再野化的最早迹象往往出现在突然变得空旷的水域中。鱼和水母在威尼斯平静清澈的运河中畅游。河豚沿着印度加尔各答河边的石梯游泳，这些石梯原来是供人沐浴用的，这是 30 年来首次出现这种情况。在墨西哥一处颇受欢迎的海滩上，鳄鱼正在冲浪。不过，弗里德兰德说，同样的原则也适用于陆地。当人类活动带来的持续压力缓解后，越来越多的野生动物会回来，展现它们最自然的一面，包括探索的冲动。芝加哥颁布就地避难令之后，一大早就有一头郊狼穿过空荡荡的市中心，在卡地亚、古驰和路易威登的店铺前跑过。在印度北部，大象夺回了它们多年前因人类侵占而放弃的旅行古道，其中一头大象停下来，爬上了一座小庙的台阶。

要想解救自然界，人类不需要完全消失。例如，弗里德兰德及其同事在莫洛基尼岛发现了一个有关游船的"神奇数目"，似乎可以防止浮潜的游客彻底占领鱼群的地盘。这个数目是 12 艘，大约是平常运行数量的一半。

弗里德兰德说："我们以为自己很了解生态系统，知道如何有效地管理它们，但其实我们并不知道。大自然的自我管理要比我们做得好得多。我们只需要放手，给它足够的呼吸空间。"

所以说，我们通过消费对其他物种所做的很多事情都是无意的。例如，澳大利亚做了一项开垦土地的研究，其中考察了如果人们用汽车超市或旅游房产（二套房的兴起是 21 世纪增长最快的消费趋势之一）取代野生栖息地，或是用网购时代随处可见的杂乱而无名的数据中心和物流仓库取代野生栖息地，结果会是什么样。也许在你的想象中，动物会收拾行囊，在新的地方重新开始生活，但我很遗憾地告诉你，情况并非如此。研究人员写道："科学界已经明确达成共识，由于植被被毁，生活在这个地方的大多数动物会死亡，甚至在某些情况下，所有动物无一幸存。有的会立即死亡，有的在接下来的几天到几个月内死亡。"

研究人员详细描述了动物遭受的痛苦，很抱歉，我认为我应该在这里转述给你。动物会被压扁、被刺穿、被撕裂。有的被活埋。它们忍受着内出血、骨折、脊柱损伤、眼睛受伤、头部受伤的痛苦。有的失去了四肢，有时还会发生"脱套伤"，就是活着的时候部分皮肤被剥掉的情况。那些逃离家园的动物（许多并不愿意离开）经常在附近的路上被碾压、被围栏缠住，最后曝尸于此或成为捕食者轻易可得的猎物。你肯定不想听到这样的故事，但树栖动物缩在洞里时，锯木机或削木机会穿过它们的身体。研究人员写道，你真的不会想听到这样的消息，当土地被开垦时，考拉可能会饿死，"奇怪的是，这个问题竟然没有引发多少讨论"。根据研究人员的估计，仅就澳大利亚的两个州而言，每年就有5 000万只鸟、哺乳动物和爬行动物因开垦土地而最终死亡。

此外，人类会吃野生动物。不过，我们吃的动物常常与我们的身份和地位联系在一起，与饥饿感没有什么关系。齿嘴鸠就是一个恰当的例子，它是一种罕见的鸟，只生活在南太平洋岛国萨摩亚。

在萨摩亚的丛林中，有数十座金字塔般的建筑，它们被藤蔓和树木覆盖。这些神秘的建筑并不小，通常比篮球场还宽，至少有一层楼那么高，中央平台边缘伸出了多个圆形的东西，像裂片一样。这些建筑被称为"星丘"，至少在某些时候会用来猎杀鸽子，其中就包括齿嘴鸠。这种鸟体形不小，身上主要有深蓝绿色和栗色两种颜色，喙呈落日般的颜色，长有奇怪的锯齿状突起，像牙齿一样。齿嘴鸠是已灭绝的渡渡鸟现存亲缘关系最近的鸟，所以有时被称为"小渡渡"。

3 000 年前，萨摩亚人的祖先乘船来到这里时，岛上只有那些游来、飞来或漂来的生物。包括齿嘴鸠在内的鸟类是人们能够抓到的最大、最美味的野生动物。萨摩亚等级制度森严，猎鸽成为一项酋长专属的运动，就像猎鹿曾经是英国贵族的专利一样。当某个村庄举办猎鸽活动时，受邀的诸位萨摩亚酋长会站在星丘的圆形裂片上，用长柄网捕捉野鸽，看谁抓得最多。这是一种仪式，一种观赏性运动，也是让部落聚集、共享宴席的一个理由。19 世纪初，在欧洲传教士的影响下，猎鸽活动迅速消失，但这种做法并没有结束，而是换了副面孔再次登场。

2014 年，萨摩亚统计局成功完成了一项有关萨摩亚人食品和饮品的调查。新西兰生物学家丽贝卡·斯特内曼发现可以借此机会弄清楚到底谁在吃鸽子。当时，许多人认为鸽子不再是酋长的专属，而主要成为贫穷之人的食物，这种行为叫作"自给性狩猎"，目的是填饱家人的肚子。斯特内曼想要得到确切的答案，因为那时齿嘴鸠已经不幸地加入了世界上最稀有鸟类的行列，全球只剩下大约 200 只，甚至可能远远少于这个数字。

斯特内曼发现，萨摩亚人吃的鸽子比任何人预期的都多。但是，吃得最多的不是穷人，近 45% 的鸽子进了全国最富有的 10% 的人的肚子。如果扩大范围，按照最富有的 40% 的家庭计算，他们吃掉了 80% 的鸽子，这个比例十分惊人。"这个结果让所有人都感到惊讶。"斯特内曼说，"人们没有意识到他们对鸽子的数量产生了如此大的影响，更不用说齿嘴鸠了。他们也没有意识到主要的食用者是谁。"

在萨摩亚，吃鸽子暗含的地位和文化意义从未消失。虽然没有人再故意猎杀齿嘴鸠，但它们仍然会意外地死于猎鸽人之手。很多鸽子用于出售或作为礼物送给酋长、政治家和教会领袖，以示人们对他们的尊重。萨摩亚人吃鸽子的频率似乎与他们的财富、权力和地位相关，尽管萨摩亚的富人与其他地方的百万富翁和亿万富翁相差甚远。"这里的富有不是拥有游泳池的那种富有，只是与普通人相比较为富有。"斯特内曼说。

这不是消费文化应有的发展方式。几十年来，专家一直预测，摆脱贫困的人将会停止通过猎杀野生动物来获取食物和药品，他们会像富裕国家的人那样，在商店和药店买东西。专家认为，经济发展将会拯救地球上的野生动物。结果相反，越来越多的研究表明，随着野生动物作为食物的需求不断减少，这些动物正转化为消费品。

一项源自巴西亚马孙的研究表明，随着那里的人们离开农村到城市生活，被吃掉的野生动物越来越多，而非越来越少。较为贫穷的家庭仍然通过猎杀野生动物养活自己，也会把它们卖给更富有的人。当涉及濒危和名贵物种时，包括一种猴子、一种叫作低地无尾刺豚鼠的大型啮齿动物，还有一种体重可以媲美德国牧羊犬的鱼，富人是最大的消费群体。在秘鲁的热带雨林城市，购买野生动物最多的人包括来访的军事人员、行业高管和游客。在越南，犀牛角仍被用作药物，但它治的病其实可以称为"富贵病"。几乎 80% 使用犀牛角的人用它来治疗宿醉或现代无节制生活导致的其他症状。有时，他们直接将犀牛角粉混入酒中，调成鸡尾酒，新闻报道称之为"百万富翁级别的酒精饮料"。野生动物的肉主要被做成美味佳肴，其他动物制品，比如毛皮和传统药物，则是奢侈品。随着各国财富的增加，野生动物贸易急剧增加，而非减少。

负责监督《濒危野生动植物种国际贸易公约》执行情况的机构发现了这种趋势。该组织于2014年宣称："我们发现人们对某些物种的需求正在从健康考量转向借此炫富，这一变化令人十分不安。"食用濒危物种成为一种炫耀性消费，消费者包括醉酒狂欢的商人、宴请宾客的富裕家庭，以及希望重温过去的搬到城市的农村人。

西方国家的人们认为，随着贫穷国家的发展，野生动物的食用量会减少，这在很大程度上是因为他们认为自己国家就是这样做的。但是，在19世纪末和20世纪初，商业性职业猎人的主要服务对象仍是美国上层社会的人，提供的猎物包括钻纹龟和帆背潜鸭等味道鲜美的野味，即使这些物种的数量在大幅减少，情况也没有变化，甚至变本加厉。在所有西方国家，只有严格执行保护法之后，野生动物贸易才开始放缓。即便如此，买卖野生动物的行为也没有消失。美国和英国是野生动物产品的主要进口国。一项针对易贝的研究发现，2/3的受保护物种贩运的最终目的地是美国。

即使是合法的野生食物也反映了向"精英消费"的转变。2018年，一支国际渔业科学家团队做了一项研究，考察了在公海捕捞的鱼流入了哪些市场。公海不属于任何国家的管辖范围。环保主义者担心公海被过度捕捞。渔业的捍卫者则说，在这里捕鱼可以为世界上的饥饿人口提供食物。最后，研究人员发现，公海捕捞的大部分鱼上了美国、欧盟和日本等地高端消费者的餐桌。有些物种几乎全被用作养鱼场或宠物的饲料（同样，主要是在富裕国家），有些物种则被做成保健品，目的不是对抗饥饿或疾病，而是提高健康人的人体机能，用我们今天的话说，就是让我们"更健康"。新冠肺炎疫情也让我们清楚地看到，富裕国家仍然食用的大多数野生食物不仅仅是食物，更是消费品。当餐馆、酒店和度假村停止营业时，海鲜需求大幅缩水。海鲜已经成为一种我们很少在家里吃的奢侈品。在新冠肺炎疫情防控期间，寿司使用最多的食材金枪鱼预计会在短期内数量激增，因为它们最大的掠食者人类在一夜之间消失了。

英国谢菲尔德大学的政治生态学家罗莎琳·达菲告诉我："所有人都以某种方式成为野生动物的消费者。我们吃野生动物，或是买使用它们做成的衣服、饰品、装饰物，服用拿它们做成的药物。"

当世界停止消费时，几乎所有东西的消耗都要少得多，而作为回报，我们会得到自己心心念念的东西，就像我们通过新冠肺炎疫情所知道的那样。每个人都享受着清澈的蓝天和清新的空气，每个人似乎都因自然界重生的每一个迹象而兴奋。我们还意识到，我们常常人挤人，就像我们让野生动物都挤在一起一样。看到威尼斯、罗马、卢浮宫、狮身人面像、泰姬陵和马丘比丘遗址不再像以往那样人山人海，我们会想起它们成为世界奇迹的原因，同时我们也会看到，我们如果追求少而精的体验，会重新获得什么。夏威夷莫洛基尼岛的鱼儿并不是唯一喜欢游船减少一半的群体，调查显示这也是游客的愿望。

弗里德兰德说，如果世界各地的旅行者降低出游频率，我们周围的自然世界会越来越壮观。莫洛基尼岛的游客将会看到真正值得观赏的东西，他们会看到各种各样、更多、更大的鱼。这里的生物的行为也会发生变化，而且变化速度可能很快。弗里德兰德说，在因新冠肺炎疫情歇业几周后，他去了一次莫洛基尼岛。他被蝠鲼围住了，两只宽吻海豚也凑过来看他。弗里德兰德说："如果水中到处都是人，我想它们是不会靠过来的。"

这是一个连续的过程。栖身珊瑚礁的海洋动物如果看到人类前来捕杀它们，自然会感到胆怯、恐惧。如果没有人捕杀，但它们永远暴露在人类视线中,那么很多动物会消失,其余的则无动于衷。如果人类既不是威胁,也不会一直存在,那这是最好的状态。在这种情况下,除人类外的生命既不会感到恐惧,也不会无动于衷,而是会充满好奇。在一个低消费的世界里,当我们去野外旅行时,我们更有可能见证奇迹——跨越物种之间的空隙,两个生命面对面,饶有兴趣地看着对方。

第 18 章
我们需要一个比"幸福"更好的词来形容结局

珍妮特·吕尔斯对我说:"我因为能走路去杂货店而兴奋不已。"

她似乎用错了词。一个人当然可能喜欢走路去当地的商店,但觉得兴奋?这句话有夸大其词之嫌。然而,说这句话时,吕尔斯正坐在华盛顿西雅图家中装饰得五彩缤纷的客厅里,她是真诚的。身为一名作家和记者,她的措辞十分谨慎。

我之所以去西雅图,主要是想和那些几十年来一直坚持"主动简朴"的人谈谈,他们主动选择了这种拥有很少东西的生活方式。我想听听从长远来看,实行反消费的生活方式是什么感觉,还有在一个停止消费的世界里,我们会成为什么样的人。吕尔斯的故事很典型。她以前是一名律师,但当她意识到自己不想让保姆来照看自己的女儿时,刚工作两周的她便下定决心,选择放弃职业生涯。不久之后,她发现自己被贷款和家庭琐事包围,用她自己的话说,"事情多得不知如何是好"。当她看到当地一支"主动简朴"小组的广告时,她感到命运之神向她投来了目光。她参加了这个活动,并惊讶地发现到场的有几百个人。吕尔斯瞬间意识到自己将会追求一种更简单的生活。这大概是 30 年前的事了。

她说："这就好比爱情一样，仿佛我十分渴望过上这样的生活。"

1936年，美国社会哲学家理查德·格雷格创造了"主动简朴"一词。奇怪的是，格雷格提出这个新词并不是为了提倡简单生活，而是相对简单的生活，也就是纯粹禁欲主义的宽松版。坚持禁欲主义的人包括佛陀、老子、摩西和先知穆罕默德等精神领袖，还有各种传奇军队和格雷格所说的"偶尔的天才"，比如梭罗和甘地。在格雷格那个时代，这种生活方式几乎已经失去了意义，很多人怀疑天国的承诺，而且大萧条的艰难困苦还历历在目，他们承认至少有些消费是有价值的。格雷格写道："每个工业化国家的金融和社会稳定似乎都建立在对大规模生产市场不断扩大的期望之上。"他在80多年前就认识到了消费困境。不过，他还是在大量广告、不断问世的精巧装置，以及一元店、连锁杂货店、百货商店和邮购仓库的暴增中看到了人们对简朴一如既往的需求。

这个词直到20世纪80年代才进入主流文化，当时消费资本主义已经成为如今这个样子。人们把炫耀性的东西、超负荷工作和忙碌视为荣誉的标志，把财富视为衡量成功的主要标准，把所有东西商品化。人们只喜欢利润和增长，而排斥其他价值观。广告和品牌无处不在。在人们的记忆中，这十年是繁荣的时代，但也是极不平等的时代。1986年，道琼斯指数飙升，"景气之年"登上各大媒体头条。曾在《艰难时代》中记录了"肮脏的30年代"的斯特兹·特克尔调查了被关闭的工厂和排长队等着找工作的人。他说，自大萧条以来，他从未见过如此令人绝望的景况。

在20世纪80年代的最后几年，出现了一种"放慢生活节奏"的趋势，这是"主动简朴"的一种形式，它不仅强调拥有更少的东西，还强调赚更少的钱。媒体将"放慢生活节奏的人"的典型形象塑造为

30多岁的有钱白人，一位评论家称之为"出于良心而反对消费的雅皮士"。实际上，当时社会的情况很多元。有些过简朴生活的人继承了雅皮士时代的价值观，或者说回到了那个年代，还有一些人则是X一代的年轻人，他们反对自己成长过程中所亲历的那种消费文化的热闹场面。诚然，大多数放慢生活节奏的人是白人，但当时10个美国人中有8个是白人。社会学家朱丽叶·肖尔的研究表明，按照人口规模来说，黑人和拉丁裔美国人实际上比白人更有可能放慢生活节奏。

比较富裕的人可以尝试过上更简单的生活，而不用承担多少风险。很多其他放慢生活节奏的人则先从"非主动简朴"开始。他们发现，随着20世纪90年代初全球陷入经济衰退，自己变成了失业或半失业的状态。对于这个群体来说，主动的方面在于他们选择接受改变。近40%放慢生活节奏的人一开始就把生活水平降得很低，他们的年收入不足2.5万美元（相当于今天的4万美元）。放慢生活节奏的低收入人群往往没有意识到自己成了文化浪潮的一部分，他们只是在面对越来越无情的经济状况时，试图为自己重新定义美好生活。在20世纪90年代中期"放慢生活节奏"的高峰期，1/5的美国人过着简朴的生活，并且在民意调查中表示自己很乐意这样做。

他们最常见的动机是希望减少压力，重新获得我们今天所说的工作与生活的平衡，但他们同时也停止了消费。正如肖尔所指出的，大多数人的消费支出减少了大约20%，并且"基本不为"他们生活中因此出现的变化感到"悲伤"——即使在30年前，富裕国家的很多人如果大幅削减消费，也几乎注意不到自己的生活因此受到什么影响。近1/3放慢生活节奏的人减少了25%的支出；1/5的人缩减了一半或更多。对这些人来说，这种转变十分苛刻。他们不得不穿陈旧的衣服，骑自行车或坐公交车送孩子上学，而不是开着最流行的运动型多功能汽车。他们也没有那些日渐流行的东西，比如手机和个人电脑。

这是一场无声革命。大多数放慢生活节奏的人在穿着上和其他人差不多，他们住在普通社区里，而非公社或森林小屋。西雅图成为"主动简朴"运动的中心，不断发展的科技产业（微软总部就在这里）使这座城市成为超负荷工作、炫耀性消费的雅皮士的代名词，而其他许多居民仍深陷于挥之不去的经济衰退中。其结果也许造就了现代社会一次故意为之的停止消费实验：拒绝消费主义成为整个城市的主流趋势。

在将近十年的时间里，西雅图日常生活的方方面面几乎都因影子文化而改变。最具影响力的时尚潮流是"复古"的二手衣服，还有垃圾摇滚风，人们穿着耐穿的工装，包括法兰绒衬衫、牛仔裤和皮靴，直到穿坏为止。年轻人家里摆放很少的家具是一种时尚，炫富会受到蔑视。在那个时代，许多城市都有非营利性的合作杂货店。西雅图也有合作餐厅、咖啡馆、机械修理厂、医疗中心、木工车间和助产服务，更不用说与日报竞争的周报了。那里还有大量的廉价场所展陈企业电台拒绝播放的音乐的唱片或磁带。在这少有的几年里，消费者的生活方式一点儿都不时髦。《要钱还是要生活》一书的合著者维姬·罗宾对我说："在20世纪90年代，我们确信自己选择的生活方式前程似锦。"1995年，《纽约时报》报道说，4/5的美国人同意这样的说法："我们购买和消费的东西远远超过了我们所需。"同年，纽约莱茵贝克趋势研究所将"主动简朴"列为10年来的"十大现象之一"。

后来，全球经济重新活跃，西雅图更让人熟知的是亿万富翁，而不是简朴的生活。放慢生活节奏日渐式微，但有些人还在继续这种生活方式，包括珍妮特·吕尔斯。他们停止消费已有半辈子之久。这种生活方式是否改变了他们？他们比别人更快乐吗？他们真的在街区散步就会觉得兴奋吗？如果是这样，那么原因何在？

迈克尔·S. W. 李现在是新西兰奥克兰大学的营销学教授，他曾把自己的成长经历描述为"受庇护的中上阶层"。2002年，他在即将开始攻读营销学博士学位时读到了娜奥米·克莱恩的《NO LOGO——颠覆品牌全球统治》。这本书写的是企业权力和营销的影响。迈克尔觉得，这本书里所描述的人就是反对品牌和消费文化的人，这些人的思想和行为听起来很奇怪、很极端。他决定研究一下这类人。

3年后，迈克尔成立了国际反消费研究中心。他在研究抵制、反感或拒绝消费主义的人时意识到，人们对他们的了解并不多。他开始研究这些反消费者的核心价值观是否与消费者不同，结果发现的确如此。

其中一点不同是反消费者比主流消费者更看重自己对消费的控制。吕尔斯后来写了一本十分流行的反消费手册，名为《简单生活指南》。她说，"主动简朴"很重要的一点就是了解自己，知道自己为什么要做这些事。"我觉得大多数人都没有用心生活，大多数人的生活都没有经过思考。"吕尔斯说。比如，她发现自己不喜欢总要做出消费选择的状态。有了这点自我认识，不消费就不是一种牺牲，而是一种礼物。

古典经济学理论认为，消费者知道什么对自己最好，会基于自己的利益理性行事，这种观点至今仍颇具影响力。矛盾的是，最接近这一理想的是反消费者，而不是主流消费者。反消费者更有可能在面对他们想要还是不想要的消费决定时做出积极明智的选择，较少被广告和时尚左右，并且不太可能感到深陷消费之中或将其作为一种逃避手段。吕尔斯说："这并不是说我曾经过着简朴的生活，而是说我始终知道自己需要什么。"

反消费者和消费者之间一个更明显的区别是，反消费者不太重视物质欲望。然而，这种取向的最终结果可能令人惊讶。德博拉·卡普洛也是西雅图一个长期坚持简朴生活的人。20世纪70年代末，她跟随男友来到这个城市。那时她27岁，一只手提箱和几个盒子里装着她所有的家当。卡普洛很年轻的时候就开始过更简单的生活了，她已经不记得当初做出这种转变时的感觉。她9岁时，父母离婚了。卡普洛说："父亲后来变得很有钱，母亲决定在没有很多钱的情况下随遇而安。"卡普洛与母亲和妹妹住在一起。有一次，她们搬到了一个新的城镇。第一年，她们过着没有家具的生活，直接把睡袋放在地板上。卡普洛的父亲住着豪宅，她认为他很自私，脑子里只想着自己的社会地位。

"我被彻底灌输了这种价值观，我不想成为一个有钱人。"她说，"不赚钱可以说是生活中的一个选择。"

过简单生活的人往往觉得他们已经解决了凯恩斯所说的"经济问题"，即绝对需求得到满足。他们的解决方法就是减少需求。卡普洛现在所住的街区在一个针叶林密布的陡峭山坡上。这里的西雅图感觉更像是一个树屋之城，而不是当代大都市。卡普洛与丈夫住的房子（她之前与女儿合住）有70平方米，面积是当今美国普通房屋的1/3，甚至比普通公寓还小。卡普洛原来供职于华盛顿大学，是一位退休的艺术史学家。20多年来，她买的所有家具都是二手的。她的车是一辆开了25年的斯巴鲁，里程不到全美平均水平的1/4。最近因为一次事故，车不能开了。卡普洛没有用过洗碗机（这似乎是过简单生活的一个基准）。20多年来，她一直乘坐公共汽车上班，大部分书都是从图书馆借的。除了袜子、内衣和鞋，她很少买新服饰。"我真的很喜欢漂亮衣服，"她说，"但我不想成为那种穿很多漂亮衣服的人。"

卡普洛牢记自己的特权。身为白人，她一直觉得如果她想赚更多的钱，几乎没有什么障碍。如果经济状况真的很糟糕，她可以向亲戚求助。然而，从数据统计上看，卡普洛一生的大部分时间都属于比较贫穷的状态。多年来，她的年薪一直是 1.5 万美元甚或更少。尽管如此，她慢慢地感觉到自己"还算富足"。她拥有自己想要的所有东西，有存款，没有债务，可以旅行，退休后生活舒适，可以资助女儿上大学——她有经济安全感，而这是那些满脑子都是钱的人所缺失的。当美国经济因新冠肺炎疫情陷入困境时，卡普洛突然意识到，她并不担心这种危机。"我们以前靠那么少的东西都挺过来了，这一回只是重复一次而已。"

西德·弗雷德里克森将这种违反直觉的富足感与一个更高的理想联系起来，那就是个人自由。弗雷德里克森本来生活在明尼苏达州，1991 年搬到西雅图，当时正值放慢生活节奏的高峰。她告诉我："我没有放慢节奏，也从未加快过。"

很多人认为，简单生活会让人受到局限。弗雷德里克森说，一直以来，她都因这种生活而感到异常自由。她可以做出不寻常的选择，不随大溜，不按计划行事，想说什么就说什么，想怎么打扮就怎么打扮。她成年以后目睹了身边的人追求他们不喜欢的职业，或是继续干自己讨厌的工作，因为他们不愿意冒收入减少的风险。弗雷德里克森说："他们会说自己的生活空虚而疯狂。他们其实只是觉得换工作太可怕了。"

反消费者和消费者之间还有一个区别，那就是个人寻求幸福的地方。正如心理学家蒂姆·卡塞尔所预测的那样，大多数过简单生活的人一段时间之后确实更倾向于关注内在价值，比如个人成长和社区感。消费文化以恶性循环的方式反噬自身，鼓励我们无休止地制作或获得新的东西。同样，对内在价值的追求也可能推动我们朝同样的方向发展，不过是以卡塞尔所说的"良性循环"的方式。卡普洛表示，她不再用物质财富衡量地位，这种做法的最终结果是她完全不看重社会地位。卡普洛说："你是一个人，别人也是一个人，仅此而已。我和他人的相处让我非常高兴。我可以适应和不同的人相处，他们有不同的生活方式，我可以理解他们的观点。我感觉我是人类社会的一分子。我觉得这确实得益于简单的生活。"

简朴似乎会催生简朴。我们的印象是，过简单生活的人似乎喜欢宁静的消遣活动，比如园艺、读书、散步和交谈。具体的原因还需要解释一下。是只有内心平和的人才会被简单生活吸引，还是简单的生活让人变得内心平和？在一个人们不再消费的世界里，我们会不会被改变，会不会认为观鸟或写日记更有吸引力？那些目前觉得这些活动很无聊的人届时会不会也被改变？

卡塞尔认为我们会被改变。他说："'主动简朴'有一点很有趣，那就是有很多方式可以做到。有些人之所以过简单生活，是因为他们对工作很失望；有些人想有更多的时间和家人共度；有些人是精神层面的缘故；有些人是生态的缘故；有些人是因为政治。但是，一旦人们以某种方式'主动简朴'，那他们到达的就是同一个世界。当他们在这个世界生活了一段时间后，我觉得他们会变得越来越像，尽管他们来的原因并不相同。"

过简单生活的人有一个特征。一般来说，他们都是有时间的人。在为本书进行调研的过程中，我见到了世界各地遵循这种生活方式的人。几乎所有人都让我觉得他们刚从另一个时空走出来，我不知道是从过去还是未来过来的，但肯定不是日程过多的现在。他们让自己成为有空闲的人。他们的交谈会自由发散（有一次交谈让我十分难忘，我们在巴塞罗那吃吃喝喝，外加散步，共同度过了7个小时）。换句话说，他们不可能只给你15分钟，还要提前5周预约——他们知道这会让别人觉得他们很奇怪。"以前我的闺密因为太忙而无法与我相聚时，我对她们说：'你不吃早餐吗？不喝咖啡吗？'我可没有那么忙。"卡普洛说，"后来我意识到我必须停止这样做。如果你想找人聊天，别人就会觉得你离不开人。"

人们对自由自在的简单生活的刻板印象在某种程度上是一种错觉。做平和的事并不是关键，重点是他们在生活中有空间做这些事。他们不是少工作一小时来换取一小时的冥想时间，不是少购物一小时来换取一小时烤面包的时间。内在导向的活动比物质主义更能满足心理需求，所以过简单生活的人往往会减少花在社交媒体、电视或音乐上的时间，从而有更多的时间从事满足内在价值的事。一个停止消费的世界将会变成一个更平静的世界，似乎真的会是这样。人们甚至可能觉得慢节奏十分必要，就像今天人们觉得快节奏的生活必不可少一样。如果更简单的生活需要我们倾听自己的内心，那么它可能需要很多真正的宁静时光。正如吕尔斯所说："一旦你真的了解自己，你可能会发现，你想做的不过是聆听池塘的蛙鸣。"

不过，这些还不能解释为什么走路去杂货店会让人觉得兴奋。想解答这个问题，我们要先来看看"一致性"。

几乎每个人都有一种心理落差，即他们认为自己在日常生活中应有的行为和他们的实际行为之间存在差距。一个人越崇尚物质主义，这种差距可能就越大。不管是否心知肚明，物质主义者常常为自己未能成为更好的人而感到矛盾——他们觉得理想中的自我和现实中的自我并不一致。过简单生活的人感受到的这种差距往往更小，理想和现实更为一致。

有关简单生活主题的书总会提到"一致性"。它通常以"自知之明""自持""自我控制"等名词的形式出现。在亚伯拉罕·马斯洛著名的需求层次中，它的出现形式是"自我实现"（并且位于金字塔的顶端）。这些名词都留下了一个问题：所有自知之明、自持和自我控制的最终结果是什么？在物欲横流的社会，人们往往会把目标说成最大限度地发挥潜力，衡量标准就是财富、名声、成就，甚至外表吸引力。如果从内在的角度来看，答案更加微妙：通过对心灵的仔细探索，你知道自己想成为什么样的人。理想的自我和真实的自我完全一致。

"一致性"的提法早已有之，我们还称其为"真实性"，并用这个词来形容那些内外一致的人和事。英语中的"真实"（authenticity）一词与古希腊语的"authentes"同源，指的是行为的实施者，真实就是要做到言行一致。在古希腊人看来，这种真实性离不开自知之明和自持，需要知道欲望和责任、短暂的快乐和深层次的满足之间的区别，并根据它们的价值付出相应的时间。亚当·斯密曾写道，经济发展的目的是将自己从日常的烦恼中解放出来，去追求"纯粹的宁静"。他没有将"纯粹的宁静"定义为平和与安静，而是将其定义为一种不会被贪婪、野心或虚荣搅乱心神的生活——同样，这是一种内在的一致性。他写道："在我们无稽的幻想能够想到的那种最崇高灿烂的处境中，我们打算用来获得真正幸福的那些享乐，几乎总是无异于，在实际的、卑微的处境中，我们随时唾手可得的那些享乐。"

社会学家斯蒂芬·扎维斯托斯基是最早研究反消费者的学者之一。他在 21 世纪之交观察了放慢生活节奏之人的聚会。他指出，当经济上的成功未能带来消费文化所承诺的幸福时，在这些放慢生活节奏的人中，有许多人感到"受到了欺骗"。扎维斯托斯基记录了其中一个人所说的话，他觉得这句话表达了大家的共同感受。"我拥有所有本应让我成为成功人士的东西，我有车，有好衣服，在合适地段有房子，加入了高端的健康俱乐部。外在看起来一切都好，但我内心却有一个空洞在不断吞噬我。"

扎维斯托斯基设计了一个框架，想要了解这些人的生活中少了什么，这个框架由三个"有关自我的基本要素"组成，即自尊、效能（有能力实现自己想做的事情或开始着手做事）和真实性。很多扎维斯托斯基见过的过简单生活的人在他们各自的社区地位很高，他们拥有成功人士的各种标志，包括房产、汽车、珠宝等。因此，他得出结论，自尊和效能的需求是可以通过消费社会满足的。他们缺少的是真实性。消费社会不断扩大理想中的自己和真实的自己之间的差距。扎维斯托斯基预测，营销人员和广告商将很快运用这一信息，说服消费者通过购物获得真实性。他真的很有先见之明。到2016年，行业杂志《广告时代》报道说，"真实"可能是"广告业使用最为过度的一个词"。

大多数人都知道，言行不一的感觉有多么糟糕。然而，很少有人能经常体会与理想中的自我保持一致、表现真实自我的感觉有多好。正是基于此，你才可能因为走路去杂货店而感到兴奋，这是你知道自己想成为什么样的人的一个小小表现。你就是想用这种方式去做生活中的这件琐事，你对此心知肚明。卡塞尔称之为"安静的兴奋之感"。他补充说："这在照片墙上得不了几个赞。"

对长期坚持简单生活的人和其他反消费者的研究相当少。迄今为止的研究发现，这些人的幸福感确实高于平均水平，但如果说他们很幸福，那也是一种复杂的幸福。简单生活并不是抵御沧桑命运的护身符，并不能避免疾病、失业、亲人的逝去或他人的虐待。很多过简单生活的人也在挣扎，一方面是他们纠结于自己的生活是否足够简单，另一方面是他们会评判那些不像他们那样持有正念的主流消费者。同时，追求内在价值的起点和终点都不是学习和欣赏生活中的简单事物。迈克尔·S. W. 李发现，反消费者和消费者之间还有一个核心区别，那就是"关注范围的大小"。反消费者关注的问题会超越自我和个人需求，他们更有可能参与解决气候变化、物种灭绝、种族不平等和贫困等问题，这些问题可能令人不安、沮丧，甚至恐惧。但是，由于参与解决这些问题与他们的价值观一致，所以他们的生活变得更有意义，但也许并不令人愉快。

最重要的是，过简单生活的人在生活中往往被视为局外人。虽然他们与内在的自我一致，但却与消费文化格格不入，因此他们会饱受孤立、排斥等问题的困扰。卡普洛说："由于我的这种适度的生活方式，我不得不去克服不足的感觉。多年来，我对衣服一直很偏执。在很长的一段时间里，我觉得自己的房子不够好，没办法邀请更阔气的人来家里。"她补充说："我认识的人里没有多少像我这样的人，我觉得像我一样的人并不多。"

很多尝试过简单生活的人发现，这条路艰难而孤独，很快便放弃了。那些成功坚持下来的人最开始往往是叛逆的人、独立自主的人或反传统的人。他们的身份建立在反主流的基础上，而不是赞同什么东西。迈克尔·S. W. 李表示："我认为反消费和消费只能共存，唯一的问题是两者之间的平衡。"每个人心中都至少住着一个很小的消费者，每个人都有一点儿物质主义。这提醒我们不应该允许任何生活方式像消费主义那样占据那么大的空间。

但是，每个社会都需要特立独行的人。如果消费文化不存在，如今反对消费的一些人将需要一个新的地方来安放他们的叛逆精神。他们的选择不言自明：他们会成为未来低消费生活中叛逆的过度消费者。

第19章
数字空间的消费者身份

在一个停止消费的世界里，消费主义还有最后的存在机会，那就是在数字空间保留消费文化。你不喜欢多次穿同一件衣服出现在公共场合吧？在电子游戏中，你可以随便换装，用游戏术语来说，就是换"皮肤"，甚至还可以成为兔子战士或是跳起舞来像迈克尔·杰克逊的火焰僵尸。在虚拟世界中，你可以拥有100辆汽车、1 000双鞋，盖十几座城堡。与现实生活相比，在虚拟世界实现这些梦想所需的地球资源可谓少之又少。

那么，我们会这样做吗？我们会背离商场、店铺、剧院、餐馆、体育场、水疗中心和度假村，在虚拟世界继续保持消费者的身份吗？新冠肺炎疫情封锁期间的生活似乎回答了这个问题，答案绝对是肯定的。

在疫情防控期间，人们上网的时间呈爆炸式增加，我们称之为"数字浪潮"。有些事情免不了上网，比如远程工作、和朋友视频、上网课。但是，突然之间，有些从不这样做的人也开始在虚拟赌场玩扑克，开始把电子设备和室内脚踏车连在一起，和别人进行自行车比赛，开始用VR（虚拟现实）眼镜欣赏《蒙娜丽莎》——这幅画原本挂在法国卢浮宫的走廊里，用玻璃罩保护着，画前总是人头攒动。他们在游戏《堡垒之夜》中参加说唱歌手举办的超大型音乐会，观看电子音乐表演和水彩画课程的直播，甚至还有购物直播。网上拍卖将一些珠宝的售价推向了历史新高。一只卡地亚水果锦囊手镯在新冠肺炎疫情第一波封锁高峰期以134万美元成交，几乎是预估价格的两倍。这只手镯看起来就像融化在钻石中间的彩虹糖，只不过这些"彩虹糖"不是真的糖，而是蓝宝石、红宝石和绿宝石。

我们通过谷歌地球徜徉于遥远城市的街道。我们学会了在网上订购水果和蔬菜，而不再用眼睛看、用鼻子闻，或是用手摸。《动物之森》的销售速度超过了史上任何其他电子游戏，随后成为虚拟时尚平台，玩家在游戏中需要排队数小时，用游戏中的货币参加知名设计师的专场售卖会。当在线收藏品公司加密猫发行中国艺术家王卯卯创作的限量版虚拟猫时，三分钟便售罄。我们的必需品很快经历了洗牌：我们买的新手机变少了，游戏机和高端电视变多了。我们买了更多的增强现实背景，视频通话时，这些背景可以给我们安上天使的翅膀和光环。我们的大部分日常生活转移到网上，在全球经济陷入严重衰退时，某些数字领域的就业率超过了新冠肺炎疫情暴发之前的水平。

最重要的是，我们会看各种各样的节目——"刷剧"，无限制自动播放，24小时不停播的新闻频道。到2020年4月底，在经历了史上最大的涨幅之后，3/4的美国家庭都订阅了流媒体服务。在当年春天的封锁期间，一项针对英国和美国消费者的调查发现，80%的受访者的媒体消费超过了以往，当时大部分的消费是电视和视频。人们使用可视设备的时间大幅攀升，欧盟甚至要求网飞和优兔降低画面质量，以减少数据需求，免得出现网络瘫痪。美国人看电视的平均时间比疫情暴发之前多了1/4，每周看电视的时间长达41小时，这还不算使用其他电子设备的时间。

甚至在疫情暴发前,就有越来越多的证据表明,数字消费可以代替物质消费。美国佛罗里达理工学院的哲学教授肯尼斯·派克曾发表这方面的文章,他告诉我他的灵感来自4个孩子的卧室。他说:"20世纪80年代,我还小,我当时的卧室要比我的孩子们的凌乱多了。有时走进他们的房间,我会觉得很空旷,感觉他们应该有更多的东西,但我随即否定了自己的念头。"

童年时,派克的房间里堆满了成箱的塑料玩具(他记得有希曼、超级朋友等动画人物)。屋里贴着海报,堆满了书,还有奖杯。但他孩子们的玩具和游戏大多是数字化的,他们一般用Kindle(电子阅读器)读书,他们获得的很多奖杯和奖状只存在于网络游戏中。派克告诉我,眼下他们最喜欢的游戏是《罗布乐思》。如果你在网上搜一下,很容易就会看到有的玩家在一局游戏中花几百美元(现实世界的钱)购买虚拟怪物卡车、野马或是法拉利。"他们绝对是数字消费者。"派克说。

现在的大多数人都是数字消费者。例如,几乎没有人还把现场音乐作为听音乐的主要方式。音乐流媒体服务成为主流,即使在全球较贫穷的地区,包括印度农村和整个非洲,也是如此。数字革命到来以后,人们的家里不再摆满钟表、手电筒、计时器、立体声设备、计算器、传真机、打印机和扫描仪,更不用收藏书、相册、百科全书和地图了。相反,早在数字浪潮到来之前,全世界的家庭就在增添只存在于云端的应用程序、电子书、电子游戏和电子相册。

英籍芬兰经济社会学家威利·莱顿维塔的研究方向是数字技术对经济的影响。2020年7月,他的一次经历说明未来将会更加虚拟化。当时,莱顿维塔正好在东京,这座城市那会儿没有实施多少针对新冠肺炎疫情的限制政策,但人们的戒备心仍萦绕不去。有一天晚上,他最喜欢的一位画家在照片墙上直播展览。

这位画家是山本太郎，他擅长以日本传统为基础进行现代艺术创作。他最有名的一幅作品模仿了拥有400年历史的折叠屏风，上面原来画的是风神和雷神，但他把主角换成了任天堂的超级玛丽。他的作品质地丰富，使用了金箔等材料，从不同的角度会看到不同的光线反射效果，通过网上照片很难充分欣赏他的作品，而山本正为画廊空无一人而失望。

莱顿维塔平时在牛津大学互联网研究院工作，他突然意识到自己可以去陪陪山本，毕竟他们现在在同一个城市。于是，他乘坐地铁穿过这座安静的大都市前往画廊，与这位画家交谈了两个小时。然而，他们并没有讨论看直播的观众是否会很快回到画廊，或者如何吸引他们回到现实世界。莱顿维塔告诉我，他们讨论了山本是否可以将他的作品带入虚拟现实的三维空间，比如《动物之森》里的游戏世界。那天晚上，东京和世界其他地方的很多人都在玩这款游戏。他们见面的场景很不真实：两个面对面聊天的人，接受了面对面交流时代的终结。

莱顿维塔表示，这可能是个好消息。20世纪80年代中期，五六岁的他开始学习写基本代码。21世纪初，他在芬兰的一家实验室工作，主要任务是创造可以通过拍照手机等增强现实设备"试穿"的虚拟服饰。他记得当地还有一家公司正在研究如何在虚拟家具领域提供同样的体验。如今，实现这种功能的应用程序已经成为主流。通过这些程序，你可以在增强现实中进行口红试色，看看新架子摆在客厅角落里的效果后再决定是否购买。

在虚拟现实中，凯恩斯提出的"经济问题"已经得到决定性的解决。这是一个完全富足的世界，在这里，无尽的新奇玩意儿、一时的流行风尚、计划报废变得基本没有害处。"你可以加速消费。你可以把东西扔掉。时尚周期可以越来越短,而不会增加材料需求或环境足迹。"莱顿维塔说。当你把一件虚拟服装换成另一件时,所做的不过是"比特反转",就是把一种数字信息变成另一种。

莱顿维塔并不是要为了虚拟世界而放弃现实世界。像很多芬兰人一样,他每年都会在乡村小屋住上一段时间("这里的移动网络总是比牛津的好得多")。他能够分辨出可食用的蘑菇和毒蘑菇,还会把芬兰的越橘和野味带回英国,这样他就不用吃大批量生产的食品了。在他所描绘的世界里,我们现在在物质经济中所做的大部分事情,包括告诉别人我们是谁、探索我们的身份、炫耀我们的品位或技能等,都可以通过虚拟消费完成,而现实世界的消费会缩小,主要集中在物质需求上。

"只要每个人都能上网,每个人都有电子设备,每个人都会用输入法,就可以维持这种稳定的状态,这就是虚拟消费所需要的一切。"他说,"你需要为这些设备供电,你需要在设备不能用时更换新的,但实际的增长都可以在设备里完成。"

20世纪90年代,当一小部分人开始购买虚拟商品时,他们受到了广泛的批评。有些人嘲笑他们说:"白花钱。"这些人却很乐意花高价买一件除品牌外与其他T恤没有任何区别的T恤。批评者说:"百无一用。"而他们把大部分收入花在了由快感、焦虑或地位驱动的经济领域——换句话说,驱动力根本就不是什么实实在在的东西。10年后,当《第二人生》等虚拟世界的用户积累了价值约18亿美元的数字财产(衣服、汽车、房子、玩具)时,破坏环境的物质消费似乎真的可以被取代了。2006年,一位虚拟消费者告诉《萨克拉门托蜜蜂报》:"我在现实生活中存了很多钱,因为我的消费欲望在《第二人生》中得到了满足,而那基本不花钱。"

《第二人生》现在基本上被人遗忘了，到目前为止，大多数人还没有接受用虚拟物品代替现实物品。我们可能会在数字空间中试用家具，但最终我们还是会购买可以坐的椅子和可以放置实体书的书架。不过，完全沉浸于虚拟消费可能只是技术问题。在新冠肺炎疫情防控期间，每个年龄段玩电子游戏的人数都在增加，很多人没有意识到他们已经成为虚拟商品的常客。莱顿维塔说："游戏至少一半的收入在很大程度上取决于玩家在游戏中购买的虚拟物品。"如果一个人把钱花在其他地方，比如衣食住行，它们几乎都会对物质世界的环境造成更多伤害——有些游戏玩家用"物质世界"指代他们真实居住的那片陌生土地。

我们已经可以在物质空间中看到虚拟物体，通过增强现实技术，我们可以看到数字雕塑、永不凋零的绿植，或是可以在瞬间改变色调的墙壁。不过，目前我们只有戴上笨重的眼镜才能看到这些东西。如果有更轻便的眼镜——最好是隐形眼镜——我们可能会像100多年前习惯收音机、留声机和座机等技术带来的非实际的声音一样热切地拥抱虚拟财产。

当我们这样做时，消费文化就在前方等着我们。"这就是资本主义的运作方式，哪里人多就去哪里，然后在那里把东西卖给他们。如果那个地方像这个一样，"莱顿维塔用手指描画着我们视频通话中他的头像所在的方框说，"那么有很多方式可以使这个空间更加商业化，它不一定会更好，但肯定会更加商业化。"

到目前为止，数字消费已经显露与现实世界普通消费完全一样的行为迹象。它在无休止地增长，每年都会吞噬更多的资源，总是超越与之相关的每一项绿色消费的努力。就现在而言，数字消费就是现实世界的消费，这样说更为准确。

数字技术在能源效率方面的改进颇具传奇色彩。第一台和今天制造原理相同的计算机叫作"电子数字积分计算机"(ENIAC),是美国军方在20世纪40年代开发的。你当然不可能买一台这样的计算机。它像蓝鲸一样长,像第二次世界大战中所用的坦克一样重。根据环境科学家雷·盖尔文的计算,如果你用制造"电子数字积分计算机"的技术建造一台和今天普通台式电脑一样智能的计算机,它将重达500万吨;如果你在伦敦开始建造,向西边延伸,它最终将跨越大西洋,到达加拿大的荒野。在你启动它的那一刻,它将吞噬英国70%的电力。

今天的计算机显然能源效率更高,而且制造所需的资源更少。然而,在过去的200年里,能源效率和能源的总消耗量都在稳步增长,两者并肩前进。随着计算机和其他我们现在称为"技术"的东西在售价和操作成本上不断降低,它们已经遍布全球社会的每一个方位。这是一种转变的回弹效应。

英国兰卡斯特大学的计算研究员凯利·维迪克斯表示:"基础设施的能源效率很重要,但由于需求的直线增长,它已经变得微不足道。"

1992年,互联网每天传输100千兆字节的数据。到2007年苹果手机发布时,每秒的传输量高达2 000千兆字节。如今,互联网的速度已经超过每秒15万千兆字节,以一年计算,就是将近5泽字节。这个数字听起来令人难以理解,如果我们把0写全,就是5 000 000 000 000 000 000 000字节。

近年来,数据消费的年复合增长率大约为25%,与物质消费一样,我们的数据消费正消耗越来越多的资源,而非越来越少的资源。在不久的将来,会出现一大波对数据要求很高的技术,包括人工智能、增强现实、虚拟现实、加密货币、智能家居、自动驾驶汽车,还有把我们的联网设备连接起来的物联网。

维迪克斯表示，我们还不知道这些东西对地球有多大的危害，当然，也有可能没有危害。具有讽刺意味的是，有关数据环境成本的数值并不高。不过，有一些模式值得我们关注。其中之一是反馈环：新的数字设备和服务抬高了数据需求，这就需要规模更大、速度更快的网络，互联网基础设施的建设因此得到增长，比如光纤电缆、数据中心、传输塔和个人设备。随着基础设施规模的扩大，反馈环模式会不断重复，其结果是数字世界的物质和能源需求不断升高。

不过，互联网仍被视为"丰饶之角"。维迪克斯说："很多人都没有想过互联网会消耗能源。人们想到的更多的是给手机充电会用到电。"在全球范围内，数字基础设施和我们使用的电子设备的电力需求正以每年大约7%的速度增长，是经济增长速度的两倍多。保守估计，在21世纪20年代结束之前，信息和通信技术将会消耗全球大约1/5的电力，这再次意味着，为了应对气候变化，我们不仅需要生产足够的可再生能源电力来取代目前我们数字生活所用的几乎所有能源，而且未来要生产越来越多这样的电力。

维迪克斯谦虚地提出了一个替代方法。"我们需要减少上网需求。"奇怪的是，要做到这一点，其中一个方法是停止购买相关的物质产品。一夜之间，新款手机和设备市场，联网电灯、淋浴器、烤面包机和汽车市场，以及网络购物本身消耗的数据都在缩小。另一个解决方案是拥有更少但更好的在线体验。

虽然我们的网络行为还没有被量化，但很多都属于"数字浪费"，包括我们自认为毫无目的的行为，甚至对健康或自我利益有害的行为。我们觉得无聊时，比如在餐厅等朋友的时候，会上网随便看看来打发时间。有些新词非常形象地做了描述：我们被吸入了"阴暗刷屏"的

"黑洞",把生命献给了自动播放视频这个"时间吸血鬼"。我们观看猫咪视频时并没有停止污染空气,我们现在甚至会给猫咪播放视频。

几十年前,大多数家庭只有一台电视。如今的趋势是家里不同的人同时在不同的设备上观看不同的节目。最近还有一种做法是媒体多任务行为,比如在看视频的同时上网购物,在上网购物的同时查看社交媒体,在查看社交媒体的同时打网络游戏。我们还会观看那些对生活几乎没有任何益处的东西,它们甚至不会带来有罪恶感的乐趣,或让我们实现对现实的逃避。维迪克斯和她的9位同事曾经过了一段"简单的数字生活"。在两个星期的时间里,他们只在觉得有必要的时候才上网,把数字消费变成更接近于需求而非欲望的东西。他们发现,有些数字消费可以取消,而不会造成任何不便或困扰,比如在家里播放音乐,做家务时播放视频,锻炼时听播客,不断查看社交媒体或在网上搜索信息。这些时间往往可以用来读书、烹饪、聊天、做一些有创意的事情,甚至睡觉和洗澡。维迪克斯说:"人们会适应断网的生活。"

不过,她会原谅我们没有节制的上网行为。有一次,她在写一篇关于流媒体模式对环境而言并不可持续的文章时,利用闲暇时光看完了62集的热播电视剧《绝命毒师》。她告诉我:"真的太好看了。显然,视频流媒体的一个驱动力便是它的设计方式,即自动播放。你看完一集,下一集就会自动加载,你就会想,好吧,那我继续看吧。"

维迪克斯说,我们的设备和数字服务可以通过设计帮助我们减少上网时间。比如,应用程序不要有自动播放功能,而是改成自动关闭功能,或者要求用户在设置时选择他们希望的最长使用时间。有一部分流媒体可以改为广播电视,因为电视的能源密集度要低得多。我们可以禁止所有促进无节制看视频的营销活动。(维迪克斯说:"在这种情况下，怎么会把过度看作中性的，甚至是积极的行为呢？"）我们甚至可以选择以健康或气候保护为由对数据需求加以限制。这些方式，还有很多其他减缓数字消费的想法，都和停止消费一样涉及一个根本性的调整：从无限地想要更多向拥有充足感转变。

我们学习拥有充足感的第一个地方也许是在网上。莱顿维塔指出，完全虚拟的消费（就是完全在虚拟空间进行的消费）可能出现的增长和变化速度，也许会让我们不再想要得到更多。

电子游戏和其他虚拟领域的设计师已经注意到，用户不喜欢面对太多的商品或选择。现实世界的经济学家关注的是提高GDP，而数字世界的制作者主要关注用户满意度和享受程度。因此，他们倾向于保持GVP（虚拟生产总值）的稳定，而不是任其无止境地增长。如果某种东西太多，就会失去特殊性；如果新奇的东西太多，就会让每一种新东西失去意义；如果两者都太多，我们就不会再因它们而感到快乐。接下来，我们就不会再想玩游戏了。

"瓶颈并不是我们生产虚拟商品的能力，也不是我们不再需要它们时销毁它们的能力，而是我们不断推出启动新消费周期的虚拟商品的能力。"莱顿维塔说，"消费者接受新时尚和潮流并因之兴奋的能力存在某种限制。我觉得一定存在某种平衡。你也许可以摆脱生态的限制，但我怀疑，即使在完全虚拟化的非物质经济中，也会有无尽增长的欲望。"

在世界停止消费的那一天，我们真的可能将消费文化迁移到数字空间，它会在那里增长、加速，直到我们最终准备好任其自然发展。不过，需要提醒大家的是，我们可能还要等上一段时间。毕竟，消费者的胃口终有一天会达到自然极限，这并不是什么新提出的想法，威廉姆·斯坦利·杰文斯早在150多年前就这样评价过物质经济。

第 20 章
人好像变少了，事实上并没有

尾畑留美子喜欢告诉别人，她出生在一家酿酒厂。她的家族四代以来一直在日本海沿岸一个像谷仓一样的长条仓库里生产清酒。仓库里面有很多个隔间，仿佛一个地下王国，发酵的气味像海雾一样弥漫开来，敬奉酒神的神龛在黑暗的角落里闪闪发光。尾畑留美子小的时候会在这座"迷宫"里玩耍，但后来她梦想着逃离古老的传统。她想去现代化的世界，想要离开佐渡岛。

从地图上看，佐渡岛就像一道变成石头的闪电，落入了本州西海岸 30 千米外暴风雨常常光顾的大海。佐渡岛让人感觉很遥远，但从那里乘高铁和渡轮只需 3 个小时就可以到达东京。尾畑留美子一有机会就搬到了这个大都市，在一所著名大学获得了法学学位，毕业后的工作就是为在日本上映的好莱坞电影做宣传。

在泡沫经济的高峰期，尾畑留美子践行着自己的东京梦。当时，年轻女性去酒吧不用带钱，自会有上班族为她们买单；纵酒狂欢至深夜的人会举着超高的报价牌，争抢能送他们回家的出租车；雪花般大小的金片作为装饰放在甜点上，或是掺在鸡尾酒里。东京的涩谷广场就是未来世界的象征。在那里，巨大的广告屏和聚光灯下的广告牌为消费主义的狂欢投下了耀眼的光辉。青少年亚文化争先恐后地推出前卫的街头时尚——超大的袜子！裙衬！超可爱风！与此同时，男女老少都在买范思哲、迪奥和路易威登的产品，创造了一股日常奢侈品的热潮，并很快蔓延到全球。

如果用数字来说，泡沫经济在 1990 年前夕就结束了，但是余波仍在东京荡漾。1995 年 1 月，一场震中靠近神户的大地震造成 6 000 多人死亡。两个月后，一个邪教组织袭击了东京地铁。邪教组织成员在早高峰期间进入地铁车厢，用尖锐的雨伞刺破装有液态沙林的袋子，它很快便蒸发成致命的毒气。最终，13 人死亡，另有数千人受到持久性伤害。

虽然日本以克服困难的能力闻名于世，但日本人并非简单地克服。他们会反省，想知道从创伤中可以找到什么意义。当神户的新摩天大楼在大地震中倒塌时，很多日本人开始质疑现代化和进步的观念。沙林毒气事件让他们思考文化和谐是否被放在泡沫经济的物质主义祭坛上，成为祭品。诺贝尔文学奖获得者大江健三郎曾说，这两次危机表明日本人已经走进了"灵魂的死胡同"，他的这句话说出了数百万人的心声。

一年前，尾畑留美子也有了类似的想法。她在佐渡岛长大时梦想的东京生活对她来说正失去光泽。随着 1995 年世界末日般的乌云笼罩下来，她有了一种顿悟。"我觉得，如果明天是世界的最后一天，那我想回到幽暗的小酿酒厂里一边喝清酒一边度过这一天。"

尾畑留美子回到佐渡岛已经有 25 年了。她的丈夫曾是东京一家大型出版社的编辑。她和丈夫一起承担起尾畑酒造株式会社第五代传人的责任。她说自己刚回来的时候，一直想闯出一片天地。她遵循传统之道，试图扩大产品在日本国内和国外的市场。过了一段时间后，她发现自己没了信心。她意识到，问题在于她是"为了卖酒而卖酒"的。

直到那时，她才注意到岛上无人居住的房屋和逐渐消失的村落。曾经精品店林立的商业街变成了门窗紧闭的大街，许多关闭的店铺都拉下了卷帘门。

尾畑留美子告诉我："佐渡的发展比东京提前了 30 年。"她穿着细条纹西装，看起来像一只鸣鸟。她确实像一只鸣鸟，因为她娇小的身体里蕴含着巨大的活力。尾畑留美子是一个乐观的人，但她认为偏僻的佐渡岛在未来的地平线上领先于东京，这句话确实非同寻常，也十分令人不安。如果长期自愿过简单生活的人打开了一扇窗，让我们看到了停止消费几十年后，我们可能会成为什么样的人，那么佐渡岛为我们提供了更广阔的视野。无论你对消费文化抱持什么看法，除了最强烈的厌世者，任何到达佐渡岛的人都可能感到绝望，更不用说彻底的恐慌了。

佐渡岛的人口已经从最多时的 12 万减少到大约 5.5 万，而且在继续减少。仅从人口统计数据上看，佐渡岛的经济已经缩减了一半。如果你和一个佐渡岛居民一起坐下来查看这个岛的地图，他会指着一个又一个城镇说"空屋"或"废墟"。

其中一个名叫相川的地方可以说是历史的一面镜子。在 18 世纪初，这里曾经拥有世界上最大的金矿之一，挖出的矿石不计其数，几乎将一座山劈成了两半。当时，佐渡岛是新潟的一部分，新潟是日本人口最多的地区，拥有 100 多万人，而且佐渡岛每平方千米的居民比现在的夏威夷还要多。到 20 世纪，虽然矿场开始走下坡路，但是泡沫经济使佐渡岛成为一处颇受欢迎的度假胜地——人们认为这里是怀念过去的理想之地。后来，泡沫破裂了。佐渡岛很快开始经历人口学家所说的"双重负增长"。人们搬到东京和其他大城市寻找刺激和机会。那些留下来的人生的孩子太少，出生率低于老年人的死亡率。你可以看到岛上到处都是被遗弃的村屋，它们那独特的红褐色木材和房顶的黑色瓦片空洞地注视着夕阳。相川的荒凉之感更令人不寒而栗，因为这里看起来更像是我们所处的时代。空荡荡的现代化公寓楼矗立在寂静的街道上，仿佛这里发生了一场核事故。一面墙上贴着一张亮蓝色的海报，上面写着："青春的力量！"看起来甚是荒唐。

人们常说佐渡岛是日本的一个缩影。当然，十多年来，日本人口也在缓慢减少。日本是地理学家所说的"超老龄化"社会，近1/3的人超过65岁，而且这个国家每天都会少数百人。除非日本打开移民的闸门，否则联合国预测它在未来30年内将会失去近2 000万人口。当世界上大部分地区在与人口过剩做斗争时，日本却在担心人口减少。野猪和猴子正重新野化那些被遗忘的村庄。

日本的经济没有萎缩，但如履薄冰。泡沫破裂后的第一个十年被称为"失去的十年"，而进入后泡沫时代的第一代人被称为"迷失的一代"或"冰河时代的一代"。在后泡沫时代的30年里，很多日本人简单地将这些年说成"失去的年代"。

日本从未跌到像芬兰那样的低谷，更没有经历苏联解体后俄罗斯那样的苦难。但是，没有哪个富裕国家经历了这么长时间的经济增长放缓。泡沫时代结束后，日本的家庭消费水平一直保持着平缓的曲线。一届又一届政府试图让人们再次燃起消费的热情。美国经济学家米尔顿·弗里德曼曾经写道，政府可以采用"直升机资金"计划来刺激经济。日本已经有两次近乎这么做了，政府发放了数千万张购物券，每张价值高达200美元。不过，此举完全没有奏效。

尾畑留美子坐在幽暗的小酿酒厂里，周边的一切都在逐渐消逝，她接受了这样一个事实：佐渡岛不可能很快回到增长的轨道上。她的结论是，她不希望尾畑酒造的成功源于当地其他酿酒厂倒闭。佐渡岛原来有100多家酿酒厂，现在仅剩几家。她意识到，大举扩张虽然是很多传统公司的目标，但在佐渡岛，这样做没有意义。岛上已经有了一个警示性的故事，工业化耕作虽然可以提高大米的产量，但环境成本很高——清酒是用大米发酵做成的。因为过去杀虫剂和化肥的大量使用，朱鹮已经消失。朱鹮是一种白色的鸟，身形像鹤一样，翅膀下方是独特的橙红色。朱鹮以前很普遍，但佐渡岛是日本最后一个能看到这种鸟的地方。日本必须从中国中部地区引进这种鸟。当地人说，你可以通过朱鹮飞来的次数判断田地中使用了多少化学品。

"当别人说公司应该增长时，我会很不自在。"尾畑留美子说，"增长有两种：一种是扩张，另一种是成熟。这和人体的生长方式一样。随着身体的发育，你逐渐长大。后来，你只是增加岁数，保持健康。"

奇怪的是，尾畑留美子的新经商之道竟然推动了公司的增长。尾畑酒造最近扩大了规模，接管了一所面向夕阳的海边学校，这所学校此前已被迫关闭（日本文化的一个非凡之处是，人们历来会选择风景优美的地方建造学校）。尾畑留美子在这里创建了一个教育中心，不仅用于酿酒，还将世界各地的创意引入佐渡岛。酿造清酒的过程完全在佐渡岛的自然条件下进行，就连能源供应也是来自太阳能电池板。大米是经过认证的，对朱鹮无害。尾畑酒造生产的清酒差不多一半在佐渡岛上售卖，一半销往日本其他地方。不过，公司现在也开始做出口生意。尾畑留美子不再认为佐渡岛的居民是历史的弃儿，她认为他们是先驱。她说："我觉得日本的未来将取决于农村的发展，我不是说技术或金钱，而是思维方式。"

日本人通过双手为大地增添了美和神圣之感。不过，即使是可爱或神圣的东西，在佐渡岛也在走向衰落。我和一个看守寺庙的人聊了几句。他刚接手这份工作，结果发现寺庙的屋顶正在一点点坍塌。我问他怎么办，他说什么也不会做。屋顶会彻底塌方，没有钱来修缮，也没有社区会团结起来做这件事。佐渡岛的人常常会说："无能为力。"

这样的故事会唤起人们内心深处的恐惧和悲伤，人类在地球上的印记可能开始褪色，经历漫长的时期后消失于黑暗之中。然而，佐渡岛告诉我们，当一个技术先进的富裕国家消费放缓时，结果不一定是直接跌入贫困，更不会回到石器时代。在佐渡岛，人类努力奋斗的上一个时代正在衰落，但这里的资源和生活并不匮乏。岛上的居民有汽车、智能手机和电视。在这个地方很难发家致富，但金钱仍然在流通。泡沫时代的许多大型餐馆和酒店已经关闭，取而代之的是社区餐馆和小旅馆。另外，大量商店永久性关闭，这是集中式大卖场和网购直接导致的后果。这里仍有经济存在，只不过规模较小罢了。

佐渡岛主要有两个群体。一个群体是老住户，他们大多已经年迈，还记得泡沫经济和"淘金热"的年代。看到曾经热闹的生活之地状况逐渐恶化，他们普遍感到悲伤。另一个群体是年轻一代，他们是后来搬到佐渡岛的。他们来这里的原因正是岛上的现状。佐渡岛颠覆了两代人的刻板印象：这里往往是老年人在怀念进步，而年轻人珍惜的是旧物。

世界末日的阴影在日本催生了两种趋势：一种是在城市生活了一段时间后的农村人再次回到农村，这些人被称为"U 型迁徙者"；另一种是在城市长大的人首次尝试乡下生活，直接从城市迁往农村，这些人被称为"I 型迁徙者"。2011 年 3 月 11 日，日本遭受了一场极为强烈的地震和海啸，造成近 2 万人死亡，福岛核电站发生泄漏。有些最近搬到佐渡岛的人离开了他们遭到摧毁或辐射的家园，有些人则因为这场灾难开始怀疑自己的价值观和生活方式。这场灾难就是日本"3·11 大地震"。

十多年前，及川素卫从城市搬到了佐渡岛。她曾是一名牙科保健师，厌倦了东京的生活。她对佐渡岛的前景不抱幻想。自从她来到这里，岛上的人口已经减少了 1 万。

及川素卫站在她的农舍前。蓝色的天空中飘着零星几朵白云，大片的雪花打着旋从天而降，这是佐渡岛深冬常见的景象。她穿着结实的工作裤，戴着羊毛帽，但身上还是有东京上班族的影子。她的蓝色袜子和蓝色棉夹克搭配得十分完美，一条粉红色的围巾更是锦上添花。尽管及川素卫刚来到佐渡岛时没有什么经验，但她现在全职务农，其中一个原因是她想自食其力。（她自己做的酱油带有泥土的气息，鲜味十足。）她还专门种植了高级的"超级有机"大米和赤豆，大部分在网上销售并运往岛外。她告诉我："我真的想种一些好东西，并且用合适的方式种植，这个信念帮我克服了所有恐惧。这里的每个人都在做一些特殊的项目或是拥有特殊的技术。"

日语中专门有一个词形容这种精神，这个词是"こだわり"，原意是"拘泥"，引申为"极致"的意思，用来指一种积极的痴迷状态或坚定的偏爱。西方人会用"热情"这个词，指的是某人"真正喜欢的东西"。我在日本听过这样一段传闻，说是有个人致力于生产最精致的公文包。他花了一年的时间设计锁扣，目的就是让锁扣扣上的那一刻发出和徕卡相机快门一样柔和而干脆的声音。

消费者也可以拥有这种极致的精神，而这样的消费者还可能是一个"爱惜东西的人"。一个爱惜东西的人可能会寻找质量最好的锄头，定期打磨它，并因为手柄用着越来越顺手而感到满足。及川素卫的客户都想吃世界上最好的大米，他们也都是"爱惜东西的人"，只喜欢开丰田卡车或用苹果手机的人也可能属于这类人。这不是对物质主义的拒绝，而是物质主义的一种转变——与物质建立更深层的关系。

佐渡岛上的人仍会购买必需品，但这里的消费文化已经缩水简化。冬天漫长而寒冷，这里没有咖啡馆、商店和餐馆热闹林立的街道。及川素卫说："来到这里的东京人想要摆脱原来的生活方式。他们意识到自己拥有太多并不需要的东西。东京的收入更高，但你必须工作。佐渡岛没有那么高的收入，也没有那么多花钱的地方。如果金钱是衡量地位的标准，那么你在佐渡岛就不会有这种地位。"

及川素卫来这个岛时并没有多少财产，她也不期望成为富人。自从搬到佐渡岛，她在"ゆとり"这个方面想了很多。从最广泛的意义上讲，这个词的意思是"空间"，比如呼吸的空间。在不同的语境中，它还有其他的意思，比如经济上的缓冲、富余的时间、美丽的生活环境、精神上的平静、一种有希望的感觉、做自己想做的事的自由。对大多数人来说，这个词包含了其中的几种或全部意义。

及川素卫指出，在东京时，金钱和用钱买的东西富富有余，但她现在认为这是对"空间"的一种偏狭的理解。她说："我想知道，我在东京时究竟有没有空间。佐渡岛的生活不是十分繁忙，我不会忙得焦头烂额。确实有时候会忙一点儿，但有节奏很慢的时候。我的生活和内心都有了更多的空间。"

她现在还是会去东京，但次数越来越少。"东京的生活方式现在对我来说就像一个陷阱。你到了那里，就会想要一些东西，你不得不把它们买下来。那里有很多有意思的事可以做，有很多好东西可以买，还有很多好吃的。你会照单全收。佐渡岛什么都没有，你必须自己动手创造。快乐不是来自消费,而是来自创造。"

当我开始做这个思想实验时,我并不确定结果会是什么样子的。如果停止消费的世界还可以运转,那会不会存在几十种不同的运转方式?还是会有一种模式,在不同的地方、不同的人群中和不同的时间重复出现?

佐渡岛提供了一个答案。我在那里的所见所闻与我在其他地方的经历十分相似,只不过那里给人的感觉不再是出于对停止消费的一种适应。相反,它更像是一个初级的系统,虽然处于进化的早期阶段,但仍是一个系统。

这个系统的核心是比消费资本主义规模更小、周转更慢的经济。有偿工作岗位更少,这会导致三个主要的结果。第一个也是最明显的结果是,大多数人赚的钱少了,买的东西也少了。第二个结果与第一个密切相关,那就是非营业时间极度过剩,这会让人联想到安息日和那些践行"主动简朴"的人。第三个结果是人们会花更多的时间以某种方式自给自足。因为佐渡岛是乡村,土地廉价,最后一个结果往往意味着居民至少会种一些粮食。正如及川素卫所指出的,它还意味着自娱自乐,倡导参与式文化和创意文化的人也会认同这一点。有一位从福岛核灾区撤离的人搬到佐渡岛后,在一间拥有180年历史的农舍中建了一个地面是混凝土的简易聚会场所。当他看到当地人穿着自己最好的衣服出现在这里时,他十分惊讶。5年后,这个场所有时充当餐厅,有时充当茶馆,有时充当剧院、面包店、喜剧俱乐部或面条工坊。人们对社会和文化生活的渴求可以说是无穷的。

在佐渡岛,人们与物品的关系也有所不同。这里的人往往没有那么多的东西,他们会尽量延长这些东西的使用时间。这里有很多侘寂的影子:打补丁的裤子、褪色的油漆、老旧的汽车。不过,这确实是一种少而精的经济。人们拥有的东西对他们来说似乎更重要，而非更不重要——人们很重视某个物品会陪伴他们多长时间；如果是像食物这样存在时间很短的东西，人们就会看重它们的卓越品质。岛上的人做的某些东西、吃的某些东西，以及拥有的某些东西，真的尽善尽美。这种经济不在于无尽的新乐趣，而在于陪伴你多年甚至一辈子的乐趣。

主流经济学家认为，增长永远是解决办法，而非问题。彼得·维克托曾经调查了《美国经济评论》100年来发表的文章。他发现没有一篇文章关注的是增长的成本。然而，地理学家很快认识到，无休止的人口增长会造成严重的问题，他们将与去增长相关的人口减少视为一种挑战，而非灾难。英国地理学家彼得·马坦勒自2004年以来会定期去佐渡岛。他认为，"人口减少的红利"会伴随着人口增长的结束而出现。在佐渡岛，你不用为孩子找托儿所发愁，也不用忧虑选不上想学的大学课程。佐渡岛没有住房危机，没有通勤的痛苦，人们不担心移民的涌入，反而保持愈加开放的态度。佐渡岛有一点和地球上的任何一个角落都不同，这里的生态环境每一天都变得更加丰富。正如尾畑留美子所说，人们可能会说这里的人越来越少，但朱鹮的数量却在增加。

在其他方面，佐渡岛与世界停止消费后的生活相去甚远。人口减少可能在某些方面与消费下降的影响类似，但两者是不同的。反消费的社会不会有那么多闲置的空地，社区能力也不会丧失。另外，从各方面来看，日本政府从未接受增长停止的事实，从未为此谋划，也从未采取深思熟虑的措施对其加以充分利用。相反，日本政府不顾现实，逆流而行，继续推动经济回到以前那种消费驱动的扩张模式，让佐渡岛这样近乎不可能增长的地方处于一种蛰伏的状态。小小的佐渡岛上一派田园气息，稻田一望无垠，道路悄然无声。而作为世界上最大的城市，东京依然生机盎然，灯光璀璨。最后，还有一个问题：不断萎缩的佐渡岛能否为东京这样的地方提供借鉴？

也许可以。目前，在日本的主要城市（比如大阪和东京），人口仍在增加，因为其他地方的人不断涌向这里。然而，即使在东京，缓慢的经济发展也投下了阴影。涩谷广场仍是地标，巨大的屏幕仍在闪烁，时尚青年仍在展示最新的潮流，蜂拥而至的游客体验着"购物争夺战"，密布的道路和需要频繁过街的方式更是加强了城市生活的疯狂节奏。然而，涩谷已经 40 年没有什么变化了。与今天的媒体建筑相比，涩谷建筑外墙的屏幕有一种近乎复古的感觉，而那些用未来主义画派材料打造的建筑已经饱经风霜、水渍尽显，看起来很不和谐。也许涩谷依然代表着人们对未来的憧憬。

2010 年，文学教授加藤典洋发表了一篇广为流传的文章，他在文中描述了一种新生代日本青年：非消费者。加藤典洋写道："在一个极限越发凸显的世界里，日本和日本老成的年轻人，很可能揭示了增长停止后的景象。"加藤典洋甚至将无限增长的梦想称为"发展的早期阶段"。在东京，他笔下的非消费者无处不在。面对似乎永远停滞不前的经济，很多日本人不由自主地过起了简单的生活。他们穿二手衣服，住在狭小的公寓里或是与父母同住。他们活在网上，不去商店和夜店挥霍。出门后，他们的"自然栖息地"是 7-11 这样的便利店。7-11 便利店成立于美国，现在总部在日本，它对日本美食的标志性贡献就是方便食品，比如 1 美元的饭团。这里不卖范思哲或路易威登的产品。文化记者泰勒·布鲁尔指出，日本正转变为"世界上第一个后奢侈时代的经济体"。

这些非消费者被斥为"蛰居族"，他们虽然闭门不出，但并未被关在经济大门之外。他们所代表的是一种虚空。当一种生活方式——这里所说的就是消费资本主义——衰退后，没有任何东西可以填补它所留下的虚空。不过，我听说人们对东京的未来有另外一个愿景，它可能不在熙熙攘攘的市中心，而在最远的边缘地带。

我乘坐开往北部郊区的地铁，花了一个多小时才到达终点站"小川町"。我很容易就找到了八田里子，因为几乎没有人在那儿接站。八田里子穿着一件带有宽大羊皮领的夹克，仿佛是从美国艺术家鲍勃·迪伦那里借来的。她真诚友善、聪明伶俐，同时多疑尖刻，可谓集多种性格于一身。那天天气晴朗而寒冷，她立刻带我前往一家舒适的小餐馆。那里的装修十分简单，墙壁是胶合板和灰泥建的。八田里子说："这家餐馆就是小川町的一个标志。"

小川町最初是一个生产米纸的小地方，位于埼玉县低矮山丘间的田野上。随着东京都市圈的扩大，小川町也被涵盖在内。小川町人口最多的时候，大约有4万。当时，人们最担心的事情是没有足够的学校为所有孩子提供教育。从那时起，这里的人口逐渐减少了20%。小川町曾被评为埼玉县最有可能完全消失的三个社区之一。

不过，人们开始从东京市区搬到这个偏远的地方。大多数迁往这里的人成年后从未经历过繁荣的经济，其中不乏中年人。正如东京早稻田大学发展研究教授中野义博对我说的："那些被关在经济大门之外的人注定要创造替代经济。"

八田里子在小川町的定居也经历了很长的过程。最初，她坐车上下班。后来，她开始在有机农场从事物流工作。现在，她的工作是帮助新搬来的人安定下来，找到出路。目前，这里的主要吸引力是有机农业。20世纪70年代，一位具有开创精神的农民开始在这里种植有机作物，慢慢地，周围各地都有了他的徒弟。曾经有一段时间，这里出产的几乎所有农产品都被运到东京，就像大多数住在小川町的人每天坐地铁到城镇中心一样。不过,随着东京大潮的退去,小川町开始将有机农业作为它的经济基础。八田里子径直前往的那家小餐馆供应的是有机食品。当地超市为小川町的种植者提供了市场。沿路不远处有一家啤酒厂,制作啤酒的原料都来自方圆 4 千米之内。即使是地铁站里卖的甜甜圈,也是用生产有机豆腐剩下的水做成的。如今,你可以在任何地方找到类似的企业,但我从未见过哪个郊区会像这里一样与有机农业融为一体。

这并不是一个经济成功复苏的故事,至少从传统意义上说不是。八田里子指出,小川町还在萎缩,这里的居民期望随遇而安,而不是发家致富。值得注意的是,即使是东京也有地方在朝着佐渡岛的模式发展。佐渡岛的经济规模小,颇具地方性,不依赖个人消费。八田里子说,大部分人从事"农业和其他的事","其他的事"可能是指自由职业者,包括设计师、咨询师、程序员、艺术家,还有做兼职工作或体现极致精神的小生意的人。当然,这里还是有坐车上下班的人。建筑、汽车、衣服、咖啡馆的椅子,一切都显露出岁月的痕迹。新鲜事物是一种罕见的乐趣,而非日常生活的光泽。这是一种不同的存在方式,但绝不糟糕。当我问八田里子她打算在小川町住多久时,她回答说:"永远。"

搬到这儿的人知道他们要面临什么吗?"不知道。"八田里子笑得十分灿烂。他们已经厌倦了等待原来的经济模式发生改变,他们已经准备好创造一种新的经济。我问她如果要给搬到这里的人一些建议,她觉得什么建议最重要,这些建议可能为任何地方的任何想踏上类似道路的人提供指引。她低下头,陷入了沉思。

她最后说:"与其渴望你没有的东西,不如珍惜你现在拥有的东西。我经常说这句话。"

佐渡岛不断萎缩，最后成为一个独立的城市。高野宏一郎是佐渡市的第一任市长。他站在一家海滨酒店宽敞的大厅里，透过巨大的窗户可以看到长年被风吹弯的松树，还有一片平静的海湾。在这个空旷的大厅里，除了他，就只有一个酒店接待员，还有一个不太好使的小机器人，你和它说"你好，机器人"时，它会生气地回复，数字屏上会显示意义不明的词语。高野宏一郎在休息室选了个位置坐下，明亮的白色家具仿佛要将他吞噬。

高野宏一郎于2012年退休，他一直是个很有威严的人，甚至略带忧郁感。因此，如果你指出他的灯芯绒长裤的纹理大多已经磨平，休闲西服的袖口少了一颗纽扣，感觉会很不礼貌，但确实切合当天的话题。你可以说，这位前市长的衣服看起来很破旧，就像佐渡岛的面貌一样。你也可以轻松地说，他的衣服有年头了，就像佐渡岛悠久的历史一样。

高野宏一郎当市长的时候，曾就佐渡岛如何面对危机征询公众的意见。岛民希望拥有什么样的经济？有些人呼吁刺激增长，但大多数人觉得这已经不是问题所在了。高野宏一郎说："抵制真的没用。"社区决定，佐渡岛经济发展的主要目标就是让这里成为一个"生活舒适的地方"。这里应该有健康的环境、精良的清酒酿造厂、越来越多的朱鹮，以及给老年人提供照护和福利。这里应该保持传统，修复最好的建筑。高野宏一郎指出："我们的工作是确保生活在这里的人感到幸福，我们正在建设一个人人拥有美好生活的当地社区。"

放弃增长是不是很难的一件事？高野宏一郎认为没有那么难。"变化不是一夜之间发生的，它更像是历经10年发生的事。如果你不是特别死板，就应该可以适应。"

如今，高野宏一郎有很大的余地从长计议。他说，也许佐渡岛的故事只是20世纪的一个缩影，人们急于进入现代化，而现在回到了一个更加永恒的模式。400年前，佐渡岛还没有发现金矿时，岛上大约有5万人。后来，人口增加了一倍多，现在再次变回5万人。他说："如果不看'淘金热'，这里并没有发生太大的变化。"

高野宏一郎现在对日本人口减少的根源更感兴趣。他说，人们对此有所误解。他们认为问题在于农村人口减少，在于人们离开农村、迁往城市这一全球普遍存在的模式。但是，大多数日本人已经住在了市里，而整个国家的人口正在减少。东京是出生率最低的日本城市之一，比佐渡岛还低。从人口统计学的角度来说，如果没有来自农村的移民，这个世界上最大的城市将会走向灭亡，每一代人的数量都少于上一代。因此，从某种意义上说，导致日本衰落的不是农村，而是城市，是不眠不休、贪婪诱人的大城市。人们消失在城市中。为什么会发生这种情况？高野宏一郎在这个问题上思索良久。

他说："当一种文化成熟后，人类也许有一种试图自我毁灭的本性，最终实现自我终结。也许我们天生就有这种倾向，也许有一位专管减少人口的神。"

我们很容易把这句话当作一个眼睁睁看着世界不断衰退，最终分崩离析的人想象的末日景象，并将之弃置一旁。但这些话似乎萦绕在消费困境之上：我们不能停止消费，但必须停止。这不仅是因为消费造成了气候变暖、森林减少，把我们的生活弄得杂乱无章，让我们形成用完即弃的思维模式，甚至偷走了夜空的星星。最糟糕的是，它让我们不知道自己还能做什么，不相信事情可以发生改变。无论我们走哪条路，它都会让我们在劫难逃。

日语中的"消费"一词是19世纪创造的，它由两个字组成，"消"是指"花费"，"费"是指"熄灭"，像火烧成灰烬一样。英语中"消费"一词的词根也是类似的，其原意是指彻底耗尽以前存在的东西，什么都不留下，就像被火焰吞噬一样。如果我们消费的东西越来越多，所有东西都不得不增加。我们会有更多的机会，也会更加疲惫；我们会有更多的经验，也会更加分心；我们会更深入，也会更肤浅；我们会更充实，也会更空虚。我们会消耗时间与空间，燃尽生命，走向死亡。我们会吞噬他人，也会吞噬自己。一切都会在火中消失殆尽。

第 21 章
15 万年后……

  我已经看不到朱特万希人的村落"沙丘岗"了，它消失在了卡拉哈里沙漠低矮的灌木丛中。5 个女人出现在这片土地上，5 个影子形成了一只手的形状。她们似乎正摸索前行，步伐轻盈而迅速。现在正是野生马铃薯生长的旺季，它的块茎烤着吃很香，生吃时又甜又脆，像味道比较淡的甘蔗。虽然此时已经是比较凉快的黄昏，但温度仍在 40 摄氏度以上。片刻未过，一行人中就有一个人弯腰开始用力地挖起来。

  我之所以来沙丘岗，是为了和狩猎采集者一起采集食物——借此机会，我可以见证人类学家马歇尔·萨林斯几十年前所说的"低负荷运行"。朱特万希人一般只会采集满足当下所需的食物。即使某种可食用的植物或坚果大量成熟时，他们也只会采集够一两天吃的，而不会为未来囤积过多的东西。萨林斯想知道这种生活方式的"内在意义"，以及外人能够从中得到什么启示——他们的需求似乎没有限度，会因为越来越接近生产力的极限而捉襟见肘。我也想知道这些问题的答案，想知道世界停止消费后的 100 年、1 000 年、数千年后，这种内在意义会把我们引向何处。

沿着纳米比亚的公路驱车3小时后，我们到了朱特万希人的领地"奈奈"。当我到达沙丘岗时，"低负荷运行"的想法在我看来真的很危险。站在和这个村落同名的低矮沙丘上，一望无涯的卡拉哈里沙漠在热浪中变得模糊不清，看起来就像微波荡漾的蓝色大海。当然，情况恰恰相反，这里是一片干涸灼热的土地。即使在自然条件最好的时候，这里也是一个很难生存的地方，当雨季快要结束而数个月未曾下一滴雨时，生存就更难了。

村里没有从商店买来的食物，可能也没有钱。村民有政府发的口粮，是一些玉米面，但他们吃的其他东西都来自灌木丛。村里的妇女上次去采集食物已经是两天前的事了，她们准备在日落时分出发。"即使有从商店买的食物和政府发的食物，我也想吃灌木丛中的食物。"一位名字发音类似"露西"的妇女告诉我。她戴着一顶针织帽，穿着淡粉色的衬衫和亮粉色的短裙，这些都是二手货，但干净整洁，仿佛光是这一点就能抹去沙漠生活的艰辛似的。

时间一到，妇女们马上就准备好了。她们只需带上挖掘棒就够了。现在的挖掘棒通常是一端打平的金属棒，上面绑上包袱，既可以当作肩包，也可以用来背孩子。她们出发才3分钟就发现了食物。露西发现低矮的灌木丛中探出了一圈细嫩的野生马铃薯藤蔓。

采集是个熟练工种。在我们离开村子之前，大家围着火堆坐了一圈，火已经烧成了灰烬。露西指着旁边一棵发芽的植物说，那是大羚羊黄瓜藤，它会结出带刺的果实，果肉很清爽，但根有毒。（孩子们还可以用它的藤蔓做跳绳。）卡拉哈里黄瓜藤看起来几乎和大羚羊黄瓜藤一样，但它的根很好吃。露西在10米之外就能分辨出这两种黄瓜藤。

不过，一提到狩猎采集者，人们总会想到与狩猎相关的血腥、死亡和危险。甚至1966年那次彻底改变西方科学家对狩猎采集者看法的会议产生的论文集，也起名为《狩猎之人》，尽管这次会议的一个重要发现是，采集狩猎者可能是更准确的说法。（理查德·B.李发现，当时朱特万希人60%~80%的饮食由野生植物组成，食物主要由妇女采集。）露西并不在乎这种说法。她告诉我，采集者和狩猎者一样，都有可能在丛林中遇到狮子、豹子或大象。她让我看她前臂上一处凹陷的地方。有一次，她在挖野生马铃薯时，被"那种能从两边咬人的蛇"咬了。我们称这种蛇为"毕氏穴蝰"。朱特万希人之所以这样称呼这种蛇，主要是因为它的毒牙可以旋转，能向两侧甚至头后方发起攻击。幸运的是，这种蛇的毒液通常不会致命，它只会引起剧痛和肿胀，最后导致一块肉的组织死亡。

妇女们在沙漠中搜寻了一个半小时。其间，她们会讨论找到的食物，开些玩笑，或指指大象新踩出的脚印。它们的脚印很大，但很轻，似乎这些庞然大物可以悄悄在身后跟着你。露西在一片枝条缠绕的灌木丛下挖东西时，把一条毕氏穴蝰从藏身处赶了出来，所有人都是一阵兴奋。头顶上，很多云彩在天际慢慢移动，每朵云都好像一个独立的个体。它们带着雨飘来飘去。

突然间，采集之旅结束了。妇女们回到了村子，她们清楚村子在沙漠中的确切位置，但在我眼里，那片沙漠看起来没有任何特点。她们采集了几十只野生马铃薯、一些其他植物的块茎，还有一小堆多汁的毒葱叶子（只有根部有毒）。这些食物足够村里人吃上一两天。

我很诧异妇女们竟然决定带这么点儿食物回去，而我对自己的反应也很惊讶。在我看来，这似乎远远超越了简单生活，而是进入了危险区。为什么不在外面挖到太阳落山，在野生马铃薯丰收时挖够一个月的食物呢？在这样一片无情的土地上，为什么不在资源过剩时最大限度地提高生产力呢？她们这样做合理吗？

几十年来，研究狩猎采集者生活的人以各种方式解释了这些问题。有些人的结论是，卡拉哈里沙漠是一个意想不到的丰饶天堂，经验丰富的狩猎者或采集者总能在这里找到食物，而不用担心未来。事实上，虽然卡拉哈里沙漠在一般情况下十分肥沃，但你无法预测食物到底够不够，困难时期并不罕见，特别是在干旱时节。因此，朱特万希人会在领地内迁徙，以便食用分散生长的季节性食物。这又解释了"低负荷运行"的原因，既然要徒步迁徙，为什么要携带沉重的财物或食物呢？然而，朱特万希人本可以携带更多的东西，或是在他们以后还会回去的地方藏一些物资和财物，这一点是毫无疑问的。

众所周知，许多狩猎采集部落都采取避免过度采集的措施。比如，在植物生长旺季不采摘那么多野生马铃薯，可能会有更多的植物有机会进行繁殖。也许"低负荷运行"是一种古老意义上的经济行为：慎用资源，使其维持到未来。还有一个事实，长时间工作会破坏朱特万希人心中有关美好生活的概念。就像过简单生活的人一样，他们在更大程度上解决了凯恩斯的"经济问题"，因为他们的需求足够少，即使在卡拉哈里沙漠的中心地带，也能相对容易地得到满足。过简单生活的回报就是有充足的休闲时间。

人类学家詹姆斯·苏斯曼指出，西方人长期想象着有一天他们的物质欲望也会被满足，他们也会过上悠闲的生活。问题不是没有实现这种满足感，而是没有理解这种满足感。2008年，政治学家罗伯特·E.古丁及其同事发现，如果富裕世界的人只工作到刚刚脱离贫困线，并将家务保持在社会可接受的基本标准之内，就可以拥有丰富的自由时间。但是，大多数人选择为了买第二套房、给房子翻修，买更多的衣服、最新风格的家具、最新的电子设备，以及去冒险旅行而努力工作，并梦想着有一天科技会把他们从日常的辛劳中解放出来。这一天被永远推迟了。

关于朱特万希人生活简朴的每一种理论可能都有一定的道理，但没有哪种理论能让我明白，为什么这些妇女只采集一两天的食物，而只要再多干一会儿，她们就能带回去够一周吃的食物。更重要的是，她们在干旱时节也这样做——正如我们在新冠肺炎疫情防控期间看到的那样，这种极不稳定的环境会促使许多人囤积食物、物资，甚至是娱乐产品。

朱特万希人与全球消费社会之间还有一个确定无疑的差异，那就是他们非常认真地看待"分享"这回事，这就更让人难以理解了。

妇女们回到村子后，把采集的食物堆在一起，然后在火堆周围的毯子上坐下。几根短小的木柴正在燃烧，火苗的影子上下晃动。日暮降临，沙漠的热气迅速消散，到午夜时分甚至会觉得有些凉爽。屋里弥漫一种幸福的感觉。西方人往往会认为住在小屋里的非洲人给人一种绝望感。不过，这里的人看起来非常健康，满面红光。一个因白内障近乎失明的老人敲着手杖，沿栅栏走来，和大家坐在一起。即使是这位老人，看起来也很强壮，他坐好后开始和旁边的人说着玩笑话。所有人一起吃饭，一起分享所有东西。

在一个停止消费的世界里，财富分配会不会更平均？纵观历史，很多人都这么认为，正如老话所说："简单生活，以便别人能够活下去。"在资本主义国家，几乎从未出现过这样的情景。简单生活更可能的结果是，你所放弃的财富最终落入那些本来就很富裕的人手中。

在历史长河中，朱特万希人拒绝这种结果。同样，确切的原因很难说。也许他们一路走来，发现不平等会加快消费速度——现代社会的科学家已经证明了这一点；也许他们看到在资源有限的地方，过多的消费会导致灾难。不管原因是什么，他们和其他许多狩猎采集文化的人一样，在财富分配、个人权利和自由上非常平等。

就朱特万希人而言，"分享"一词并不像你可能以为的那样是一个温暖而模糊的概念。甚至"财富再分配"这个词也不能完全概括他们的行为。在大多数国家，财富要么通过国家实施的税收和工资法分配，要么根据私人捐助者的意愿通过慈善机构分配。在朱特万希人中，分享既是权利，也是责任。如果别人拥有你没有的东西，那你有权让其分享，一般可以直截了当地说出来，人类学家称之为"要求分享"。如果你得到了某样东西，你就有责任与想要它的人分享。朱特万希人一般遵循这样的原则，你所拥有的东西，无论你是如何得到的，都应该与那些坚持同样信念但东西没有你多的人分享。伦敦政治经济学院的人类学家梅根·劳斯研究了奈奈地区的人当前的分享情况，用她的话说，人们希望别人愿意"表现出脆弱"。

外人很难理解朱特万希人之间的分享，但他们之间的分享确实显而易见。吸烟一直根植于朱特万希人的文化中，烟草只是这种习惯的一种最新表现形式。如果你递给一位朱特万希人一支烟，很有可能会有 5 个或更多的人一起吸，但这支烟仍然"属于"你给的那个人。同样，猎人是猎物的"主人"，但这些肉肯定会和大家分享。我问其中一位猎人，会有多少人一起吃一只跳鼠（一种长得很像袋鼠但大小和雄猫差不多的动物），他听到这个问题后很困惑。他回答说，该有多少人就有多少人，即使每个人只能分到一小块肉。如果不这样做，就会招致嘲笑和闲话。

现金经济的引入和城镇生活里淡薄的社会关系加剧了奈奈地区的不平等，并动摇了它的分享传统。一位相对富裕的朱特万希人向我讲述了他是如何在新时代生活的。他说，因为住在楚姆奎，他没有可以每天与之分享的村民。不过，他会与几十个人分享。他与每个人具体分享多少取决于他们之间的关系、当时他自己的财富状况，以及相关人员的需求。他可能会给一个人一些东西或是钱，而只给另一个人一根香烟。作为回报，他经常会得到一些他自己不容易得到的东西，比如野味、鲜奶或灌木丛里采摘的蔬菜。他说，任何由不同性格的个体组成的系统都是不完美的。有些人过于慷慨，有些人"走的则是之字形路线"——富足时远离你，匮乏时来找你。他觉得没有必要把所有东西都送给别人。别人需要时伸出援助之手，平时想着他人，这就足够了。他现在可以买手机、连接卫星的电视、私家车，而不会因此受到公众的谴责。

奈奈地区有许多村庄，每个村民的物质财富几乎没有差别。朱特万希人说自己是"互相帮助的人"，还说他们当中最好的人是那些"不为任何原因，单纯喜欢分享的人"。说到外人，有几个朱特万希人告诉我，他们见过很多我们这样的人，发现我们大多数人不善于分享。

人们常说，简单生活和贫穷之间的区别在于，前者是一种选择，而后者不是。这种区别并不总是那么明显。朱特万希人很难分清他们传统的简单生活中哪部分是出于自愿，哪部分是因为受到剥夺而持续存在的。在纳米比亚，他们长期面临种族主义、种族隔离和不平等的待遇，所以他们更容易出现消费不足而非消费过度的情况。不过，朱特万希人长久以来的存在方式对他们来说仍然至关重要，这一点也是十分清楚的。很多人仍然不积攒金钱和财产——如果努力一些，他们本可以拥有更多的东西。他们也会限制自己的需求，只从大自然取当取的一份。外人看到朱特万希人的生活方式，往往会认为他们是历史遗留的人。他们一直努力将自己古老的生活方式应用到一个这种方式已经失去意义的世界中。如果他们没有停留在过去，肯定会停止

"低负荷运行"，向现金经济、朝九晚五的工作、从商店买来的商品让步。他们会采集灌木丛中所有能采集的野生土豆，并为了自己的保障和更好的生活将它们储藏起来。

朱特万希人似乎不想远离危险的边缘。事实证明，这可能是接近真相的解释。

分享和"低负荷运行"有一个共同的效果，那就是它们会在安全和动荡之间维持微妙的平衡。只拿自己需要的东西，会保持一种"刚好够用"的状态。正如劳斯在研究中所指出的，分享也会达到同样的效果，它可以防止人们积累过剩的财富，或者拥有过高的权力和地位，而这些本可以分给别人。在安全时期，人们会想着危险；在危险时期，他们会觉得更安全。借用秘鲁亚马孙乌拉里纳人的一句话，每个人都时刻记得，他们"是靠在一起的"。

在过去15万年的迷雾中，朱特万希人显然在某个时刻明白了，从长远来看，生存唯一最重要的条件也许是永远不要忘记我们需要彼此。

消费文化本应是人们无法抗拒的。早在1984年，加里·拉尔森发表了一幅漫画，反映了当时人们对狩猎采集文化的命运的新认识。在这幅漫画中，一个部落的人急急忙忙地把灯、手机、电视和录像机藏起来。他们的鼻子中间都穿了一根骨头。其中有个人大声喊着"人类学家！人类学家！"，向同伴们发出警告。这时，一身狩猎打扮的研究人员划着船向他们的小屋驶来。

同年，美国人类学家里克·威尔克发表了一篇题为《为什么印第安人穿阿迪达斯》的论文，这篇论文现在已经成为该领域的经典之作。20世纪60年代，研究人员已经向世界宣告，狩猎采集的生活方式实际上比人们所想的好得多。当时，像朱特万希这样的部落让很多人幻想，还有文化尚未被消费主义腐蚀，而那些人在物质财富的追求上不用发生任何重大改变。正如一位评论家所说，有一段时间，这个领域的入门级教科书给人的印象是，狩猎采集者有着"近乎完美的生活"。与此同时，狩猎采集者却已经开始了购物之旅。

威尔克对我说："很难描述我们在学校所学的人类学知识与我们真正走入社会后看到的情况有多大的差距。"1979年，他读研究生时前往中美洲伯利兹的凯克奇做实地调查。"第一天，我住在村子里，看到骡子驮着一箱箱可口可乐驶向更远的村庄。"

威尔克与埃里克·J.阿尔努共同写了一篇论文，汇总了全球各地类似的观察结果。秘鲁的原住民带着画成晶体管收音机样子的长方形石头；埃塞俄比亚偏远角落的班纳人花钱用虚拟现实沉浸式三维眼镜观看题为"马戏团的狗狗布鲁托"的迪士尼三维幻灯片；美国亚利桑那州的白山阿帕奇人在青春期仪式上"重新分配汽水"。对很多西方人来说，这些报告很令人失望，它们表明伊甸园最终真的坠落了。对其他人来说，它们证实了消费文化本身是一种进步，能决定人们是否完全成为消费者的唯一因素在于他们有多容易获得商品和服务，以及他们有多少钱用来消费。

实际上，研究表明，随着全球各种文化与消费经济接触，消费主义绝非不可避免。有些文化消费的东西很多，有些则很少；有些是集体消费，有些则是私人消费；有些将物质主义置于社会的核心，有些把它置于社会的边缘。然而，大多数人所了解的消费文化正在集聚越来越强大的力量，这一点似乎毫无疑问。威尔克说："它在危险和矛盾中，在社会混乱和人员流动中不断发展。"这些条件决定了当前的世界秩序，这个事实是我们很难忽视的。消费文化营造的环境会继续孕育消费文化。

朱特万希人并没有停留在过去。相反，他们环顾当今这个充斥着危险和混乱的世界，一如既往地看到了一个不稳定的生活环境。在这里，人们需要展现出自己脆弱的一面，这一点依然重要，也许比以往任何时候都重要。在新冠肺炎疫情防控期间，这种不同寻常的疾病对某些人的影响要远远超过其他人，虽然这些人并没有什么过错。我们很快便明白，如果我们在顺境时放弃彼此，那么在逆境时就很难彼此扶持。尽管朱特万希人面临很多困难，但他们清楚，自己的基本原则是正确的。

随着地平线慢慢隐没在金黄色的夕阳中，沙丘岗的火堆上正煮着一大锅食物。孩子们已经开始吃烤甲虫了，这是他们的开胃菜。现在，全村人都坐在毯子上，谈笑风生。孤独在这里似乎是不可能出现的感受。几乎每个人都和旁边的人有身体接触，有的腿搭着腿，有的手搂着肩，有的背靠着背，孩子们坐在大人的腿上。事实上，这种气氛太喜庆了，我甚至开始怀疑这是不是一次特殊的聚会，基于某种原因才如此不同寻常？

我问了一位年轻的女士，她听到我的问题后感到很困惑。她沉默了一会儿，看了看眼前的景象，最后开口说："不是，我们平常就这样。"

也许她是对的。也许，在世界停止消费15万年后，其他人也会得出同样的结论：我们需要彼此，这一点是必要的，也是最重要的。简单生活会催生更简单的生活，如此循环往复，直到我们重新学会以这样的方式生活：即使我们发现了创造无限资源的方法，我们也不想把所有东西消耗殆尽。到那时，我们如今所处的消费时代会变成什么样子？会变成一个错误，变成一场令人费解却无法恢复正常的失败。我们将与漫长的人类历史长河断开一段时间，从而给自己一个未来。

后记　有一种更好的方式停止消费

我在写这本以消费为主题的书的过程中，有一个意想不到的结果：我发现自己买了更多的东西。

比如，我买了一条不会显得伤风败俗的牛仔裤。它是威尔士一家牛仔裤工厂生产的，这家工厂经历了低谷和复兴。裤子采用的可能是世界上最环保的牛仔布，十分结实耐用，用某种棕榈树的天然废料染成了灰色。我花50美元买了一把扫帚，它大概能够用20年，是借助温哥华古老的机器手工制造的。这台机器的动力来源是一对肌肉发达的姐妹，她们是玛丽·施维格和萨拉·施维格。如果我见过反消费生意，那她们的生意绝对属于其中。（"我们的经济建立在不断增长的基础上，但我们的生意不是。"玛丽告诉我。）我还买了二手的衣服和一把安全剃刀，以后再也不用买一次性剃刀了。

我买这些东西时头脑清晰。我意识到，消费行为已经变得十分复杂，而且问题重重，所以我经常会完全避开消费行为。现在，我对这个问题做了大量研究之后，我知道我希望自己的消费是什么样子的。

我希望我所拥有的东西能够各司其职，我想用多久就能用多久，而且生产过程符合我的价值观，还能为我提供一种持久的满足感。我还有很多该买的东西，但没有买。我把一件旧风衣按照当前的流行样式改了改。我给鞋子换了底，修好了烤面包机，缝好了裂开的衣服，补了纽扣（原来的丢了）。我把手机修了一下，而不是买一部新的。正如大萧条时期的说法，我用东西直到用尽为止，穿衣服直到穿破为止，东西坏了就尽量修好，抑或用别的物品代替。在我所有想买但没有买的东西中，我只记得一件（一只新的睡袋），我从我的行为中看到这些欲望通常十分短暂。我环顾家里，发现最近买的东西里没有一件让我后悔，也没有一件闲置的，于是对自己的选择很心安。

身为一个消费者，我的一切焦点都是少而精，包括买东西、旅行、参加活动、看网络视频，还有在社交媒体上花的时间。我用这些选择所获得的时间，做了更多我知道会让我十分满足的简单事情，比如读书、散步、与人聊天。我确实感觉到这些变化正在使我的生活变得更好，物质主义对我的控制力正在弱化。但是，我依然经常长时间工作，在这种不稳定的时代，我无法接受收入较少的生活，也没有真正学会静静地坐着思考——至少现在还没有。

你可能也有充分的理由想要停止消费。也许消费主义从经济上伤害了你，用你不需要或不喜欢的东西扰乱了你的生活，耗费了你的时间和精力——你本可以把它们用到更好的地方——或者对你所关心的地球造成了生态危机。也许通过简单生活，你可以拥有更多计划外的时间、自由或人际关系，也能静下心来。消费可能会让你感到空虚，不停地让你分心，你仿佛永远找不到方向。你要想尽一切办法，放慢消费的速度，然后停下来。像其他许多人一样，你可能会发现，简单生活是幸福生活的一个秘诀。

不过，你能耐心听我再讲一个矛盾的问题吗？当你我停止消费时，这并不会让我们向低消费社会更近一步。历史明确地告诉我们，从社会惯性到被迫顺从的压力，到经济上升或下降一个百分点的政府，再到强大的广告攻势以及为投资者服务的价值几万亿美元的市场，有利于消费主义的力量始终比敦促我们过简单生活的民众运动更有影响力。

清教徒因为厌恶腐朽的道德和物质主义而逃离欧洲，在美国重新开始了朴素虔诚的生活。结果一代人过后，他们便沉浸在土地投机、追求财富和炫耀性消费之中。

美国早期的爱国者，也就是后来的开国元勋，奉行简朴的生活方式，他们认为推翻英国殖民后的这种生活方式必将作为美国理想的更高典范。结果，革命成功之后，他们因为新的国家陷入虚荣、自私和奢侈消费而感到绝望。

亨利·戴维·梭罗在19世纪中期提出了"简朴，简朴，再简朴"的原则，这种方法也可以将我们从为老板打工和干苦差而付出过多时间的生活中解放。即使是在他那个时代，他的想法也受到了广泛推崇，但鲜有人遵循。梭罗自己曾经承认，他的话比他的行动更有说服力。他说："我说是一回事，做是另一回事。"

类似的倡议始终没有停止过，回归土地、重新拥抱自然、断舍离、担忧现代生活的紧张节奏，这些运动一次一次地兴起，但却被前所未有的消费热潮一扫而去。嬉皮士成为婴儿潮一代。X一代虽然拒绝了20世纪80年代的炫耀性消费，但却投身于心理学家杰弗里·米勒所说的"炫耀性精确"，也就是公开展示手工艺、质量、原产地和伦理道德，在位置消费周围画出了比以往任何时候都精细的界线。大家都知道，千禧一代购买的东西少了，但他们把更多的钱花在了体验上，并经常增加他们的生态足迹。当消费经济因新冠肺炎疫情而关上大门，我们告诉自己一切都不再一样时，历史正悄悄地嘲笑我们。

历史学家戴维·夏伊提出了"节拍器行为"一词，指的是以简朴为时尚或简朴被完全忽视的时代轮番到来。戴维通过调查得出结论：简单生活"注定是少数人的行为准则"。这种生活方式在每个时代都会吸引一些人，有时会吸引较多的人，但绝不会吸引大多数人。少永远不会成为多。说到减少消费，你可以成为你想在世界上看到的变化，但这不会改变世界。

当然，这是一个问题，因为消费正在破坏我们居住的星球。

幸运的是，我们在简单生活上的反复失败并没有使我们的境况变得看似无望。我们可以用另一种方式来解读这些挫折：既然个人选择过简单生活的行为无法实现反消费世界，那么我们必须做其他的尝试。一个不再消费的世界不是我们自然照做就能成就的，我们必须努力想办法使之成为现实。

塔克曼生产的礼服衬衫可能是世界上最环保的。我给它的创始人阿曼达·林德勒一根魔杖，并问她，如果可以用这根魔杖改变一件事，以便创造少而精的经济，那么这件事是什么？林德勒想了一会儿（事实上想了一夜），然后说她很抱歉自己的答案没有什么奇特的地方，而是和技术有关。她会让价格说明一切。她说："它必须是一根极有魔力的魔杖。"

目前，价格反映的是商品和服务的需求及生产成本，包括材料、能源、制造、营销和运输。生产和消费的后果往往被排除在外，比如污染、土壤侵蚀、碳排放、生境丧失，以及它们对人类健康的影响，还有在气候混乱的时代，野火、洪水和风暴造成的严重破坏，每年20亿吨垃圾带来的负担，以及将存在百万年的物种推向灭绝的不可估量的道德伤害。

现在，承担这些成本的不是生产者、投资者或消费者，而是整个社会。经济学家称之为"外部性"，也就是"外部成本"，因为它们没有被计算在供需链条之内。就像一个经济体所创造的财富一样，它的外部成本的分摊从未公平过。回想一下孟加拉国的人民，他们最先受到洪水、旋风、有毒空气和水（质量）的影响。消费主义最残酷的讽刺是，那些消费最少的人往往比消费最多的人遭受更多消费主义所带来的伤害。

气候变化是最终的外部成本。这种消费成本一直未被重视，直到它开始威胁人类文明的未来。英国经济学家尼古拉斯·斯特恩称其为"有史以来最大、影响最广泛的市场失灵"。现在，各国政府纷纷开始为气候污染定价，通常的方法是征收碳排放税，让工业和购物者支付的价钱更接近于因为他们而燃烧的化石燃料的真实成本。林德勒指出，如果对其他自然资源采取类似的方法，那么塔克曼的衬衫会更具成本竞争力。也许到那时，用再生而不是消耗土壤的方式种植的有机棉，将与使用污染性化肥和杀虫剂种植的棉花成本差不多，或者成本更低。突然之间，一件经久耐用的衬衫将比十几件穿几次就扔掉的衬衫更省钱，后者会留下沉重的社会足迹和生态足迹。

任何产品都是如此。森林会储存水分，为成千上万的物种提供家园，稳定气候，并为住在森林或来这里游玩的人们提供快乐和安慰。如果砍伐树木的权利要付出更高的代价，那么木质架子就会做得经久耐用，而不是用一段时间就被扔掉，被拆除的房屋的木架也不会最终流落到垃圾填埋场。制造电子设备时会使用稀土，如果把开采稀土破坏的土地和水路的成本加进去，那么手机会设计成更适合修理或更新的款式，而不是用两年就丢掉、换新的。

你当然可以买到少而精的东西。越来越多的企业会生产高质量的商品。然而，你的行为并不能改变这样一个事实，即大环境并不利于这些企业的发展和维系它们的顾客。就像有机食品和绿色消费主义一样，我们也许可以通过购买这些产品创造一个产品优质且持久的细分市场，而很少有人愿意或能够购买这种产品。但是，我们不能通过这种购物方式创造一个停止消费的世界。

事实证明，反消费的几乎任何方面都需要改变，而这种改变无法通过个人选择减少消费来实现。举个例子，我可以暂停赚钱—花钱的循环，但需要整个社区，甚至整个国家的努力，才能恢复非营业时间。我可以成为反消费者，但这会使我成为社会的局外人，甚至是一个被排斥的人，所以我不太可能坚持这种改变。我减少个人消费的行为并不会给政府施加压力，使其要求产品必须能够修理，解决助长过度消费的收入不平等和不安全问题，或者跳出GDP增长的藩篱。它也不会为公民身份、参与者或任何其他代替消费者的社会角色创造环境。我对沃特·范马尔肯·利希滕贝尔特和伊丽莎白·肖夫的研究很感兴趣，所以我做了一个实验，让我家里的温度和大自然保持同步。正如科学研究所预测的，我开始享受一天或四季的冷热变化——但我在改变社会和技术趋势方面毫无贡献，而这些趋势正不断地消耗控制温度所需的能源。

所幸的是，针对如何实现本书提到的反消费社会，我们已经有了一些想法。使用寿命标签有助于提高产品的耐用性；新的税收制度和法规更支持维修而不是一次性使用；工作共享计划和更短的工作日或工作周可以使人们在发展更慢、规模更小的经济中保住工作。财富的再分配可以扭转不平等，或者防止情况在低消费世界中继续恶化。有了基本收入保障，那些愿意过简单生活的人就可以缩短工作时间或完全退出劳动力市场。在消费资本主义文化中，这样的选择往往被斥为懒惰或缺少抱负。但是，在反消费社会中，这种行为可能会因为自足——成功实现充足的状态而令人羡慕。

我以观察者的身份开启了这个思想实验。我想亲自看看一个停止消费的世界会通向何方，而不是跟随别人的理论的引导。最后，两种方法都得出了同样的结论。幸福经济的衡量标准是改善公民生活质量的能力，而非GDP。倡导去增长和幸福经济的运动一直在稳步完善一套思想和生活方式，使我们摆脱对破坏性经济扩张的不间断的需求。消费资本主义的替代品不是各种可能性的组合，而是越来越多的融合。

仅仅因为个人原因而减少消费仍是合理的。不过，个人可以扮演的角色还有很多。一个停止消费的世界需要新的产品和服务，需要新的经济运行理论，需要新的赋予生活意义的方法，需要新的商业模式、新的习惯、新的政策、新的抗议运动、新的基础设施。正如克里斯·德·德克尔所说："我们必须重新思考一切。"

地球上几乎所有人对这种规模的变化都不陌生。我们生活在一个创新时代，从汽车、电脑和智能手机等商品的推出，到太空旅游和全球货物隔天送达等服务，再到全球互联网连接等系统性转变，我们经历了各种变化。甚至在新冠肺炎疫情暴发之前，我们就已经被各个领域的变化淹没，其中许多变化都很令人激动。向低消费社会的过渡也有巨大且深刻的变化。

我们还生活在一个颠覆性的时代，资本主义继续将颠覆性作为它的一项权利。从事制造业的工厂从较富裕的国家转移到较贫穷的国家，留下了大片废弃的铁锈地带；网购导致了大量实体店的关闭，人们称其为"零售业的末世"。我们在面对即将来临的其他变化时，并未比面对早期变化时更谨慎。人工智能和虚拟现实只是两个有望引起重大社会动荡的新兴技术。（再见，卡车司机。你好，自动驾驶汽车。）这并不是说这是正确的做事方式，只是说这是通常的方式。任何消费放缓都有可能造成严重的经济影响，就像我们在历史上所经历过的一样，我们应该关心弱势群体。同时，解决消费困境是我们这个时代最紧迫的挑战，所有其他大问题都由此而生。我们曾被要求为更小的问题忍受巨大的变化，这已经发生过很多次了。

我们迄今为止一直认为最有可能拯救地球的唯一技术方案呢？可再生能源呢？循环利用、节约用水、有机耕作、自行车道、电动汽车、步行友好型城市和所有其他的方法呢？它们在减少资源消耗方面的潜力与以往一样重要，甚至比以往更加重要。关键的区别在于，如果它们不再像以前那样深受消费文化的破坏和抵制，最终就可能实现目标。技术可以让我们不需要大幅削减消费，减少消费则缩小了技术需要跨越的差距。两者都为彼此争取了时间，也为我们争取了时间。

本书开头提出了一个问题：我们能解决消费困境吗？答案是肯定的，我们能够解决。我们在减缓注定会无休止扩张的经济时，其实只是重新加入了历史大部分时间所经历的那种趋势，即历时更长、速度更缓的增长趋势。凭借聪明才智，我们可以适应。我们是否想走这条路？这个更加个人化的问题则更难回答。证据表明，低消费社会的生活真的可能更好，压力更小，人们会做更少的工作或是更有意义的工作，并将更多的时间留给最重要的人和事。我们周围的东西可以是精心制作的，也可以有好看的外观，或者两者兼而有之。它们会长久地陪伴我们，成为我们盛装记忆和故事的容器。也许最重要的是，我们可以欣然地看着疲惫不堪的星球重新焕发生机：水变清了，天变蓝了，森林的面积变大了，夜莺和鲸鱼变多了。在世界停止消费的那一天，许多人将会看到一个他们想要居住的世界，其他人则会看到一个反乌托邦的社会。

假设我们从一个小目标开始,将所有富裕国家的消费减少5%,这将使我们的生活水平退回到几年前,我们可能几乎感觉不到变化。然而,从我们的欲望到经济的作用,再到未来地球的气候,一切都将开始改变。我们所认识的世界可能会走向终点,但世界并没有因此终结。

致　谢

首先，我要感谢我在写这本书时采访过的每一个人，感谢你们与我分享见解和经验，感谢你们愿意参与这个不乏想象的非虚构作品的创作。无论你们的名字是否出现在书中，都请相信你们对我的帮助是无价的。我非常感谢你们敞开心扉与我交谈。

这本书结合了非虚构的思想实验和虚构的现实重塑这两种方法。该领域的两本书对我来说特别重要，一本是艾伦·韦斯曼的《没有我们的世界》，另一本是威廉·莫里斯的《乌有乡消息》。

有些人在我获取某些可能用得上的信息来源时为我提供了极大的帮助，有些人在我的旅行中提供了极好的后勤服务。他们是：李维斯公司的安伯·麦卡斯兰和菲尔·扎布里斯基；厄瓜多尔的胡安·安德烈斯·波蒂利亚；芬兰的韦拉·舒尔茨、阿努·帕尔塔宁、安娜·阿兰科和萨斯卡·萨里科斯基；英国的珍妮·波尔特、杰米·伯德特。还有伦敦广告界的人士，我们一起度过了一个难忘的夜晚，但书中并没有提及他们的名字，这包括乔纳森·怀斯、露西·克莱顿和詹姆斯·帕尔。我在西雅图时，作家艾玛·马里斯为我提供了有用的联系方式。我在日本时，地理学家彼得·马坦勒的深入研究将我带到了佐渡岛，而池田哲夫、中野义博、安德鲁·萨特和佐都安之盛情招待了我。我在纳米比亚时，詹姆斯·苏斯曼和梅根·劳斯为我提供了重要的指导。我还要感谢美国劳工统计局和经济分析局、不列颠哥伦比亚大学图书馆和温哥华公共图书馆的工作人员，在我需要时，他们总是第一时间提供帮助。图书馆一直是低消费社会的典范。

几位同事陪伴我一路走来。才华出众的乔安妮·威尔帮我做了很多基础性的工作。我在日本时，原田真保为我做口译、笔译，帮我解决了很多问题，最重要的是，我感谢有她这样一位朋友。在纳米比亚，奥马·莱昂·察姆克肖和史蒂夫·昆塔是我的指路明灯。图奥莫·内乌沃宁和艾雷·弗里德里克·昆塔为我做翻译。我还要感谢蒂尔曼·刘易斯、艾琳·鲍曼和迪尔德丽·莫利纳为本书最后的编辑增色不少。

我还要感谢我的朋友们，他们不厌其烦地为我提供帮助，我无以为报。我非常感谢詹妮弗·雅凯、拉腊·洪拉多、乔安娜·王、杉山善、瓦妮莎·蒂默、保罗·休布里奇、迈克尔·西蒙斯、罗纳德·怀特和鲁本·安德森。我还想对给我发过邮件的读者表示深深的感谢，感谢他们对我一直以来的支持和提供的有用建议。

在写作领域，吉姆·鲁特曼早期就给我提供了关键性反馈，之后他和他的同事使本书的出版成为可能。马特·韦兰是我能在这个行业中遇到的最好的人。我还要感谢艾玛·詹纳斯基给我及时的帮助。我的编辑们使本书的质量上了一个台阶，它比我迄今为止写过的任何一本书都更接近我的初心，所以我要感谢安妮·柯林斯、萨拉·伯明翰和斯图尔特·威廉姆斯。本书出版后，被《纽约客》和《大西洋月刊》报道，为此，我特别感谢杰里米·基恩和米歇尔·奈赫伊斯出色的编辑指导。我还要感谢温哥华第一基督教会的所有成员。

我想将一生的感激之情献给艾丽莎，感谢她以及她做过的一切。

最后，我向那些被我忘记的人表示歉意和感谢。本书最杰出的地方都归功于我在这里提到的人,而写得不好的地方,包括谬误,都是我一人之责。

我很感谢版权可及性基金会,该基金会是一个代表作家和其他创作者的非营利性版权许可的组织,本项目在关键阶段得到了它的资助。

参考资料来源

下面按章节列出的条目是我在写作或思考过程中为我提供信息或对我产生影响的主要信息来源。如果你对某个具体事实的来源有疑问，请直接通过 jbmackinnon.com 联系我。

我要特别提及两本书，因为它们对本书的多个章节有所贡献，它们是弗兰克·特伦特曼以消费史为主题的《商品帝国》和托马斯·皮凯蒂的《21世纪资本论》。美国个人消费的统计数据通常来自美国经济分析局和美国劳工统计局。全球各地的类似数据一般来自联合国（比如联合国经济和社会事务部）或世界银行。《纽约时报》和《卫报》的报道往往也让我受益匪浅。

序 "必须停止消费，但我们不能这样做"

除了下面列出的书籍、报告和研究，本章所包含的各种事实还来自全球足迹网络、联合国粮食及农业组织、国际能源署、碳简报网站、白宫档案、中国国家统计局和世界经济论坛。

Elhacham, Emily, Liad Ben-Uri, Jonathan Grozovski, Yinon M. Bar-On, and Ron Milo. "Global human-made mass exceeds all living biomass." *Nature* 588 (2020): 422-444.

Ellen MacArthur Foundation. *A New Textiles Economy: Redesigning Fashion's Future*. Ellen MacArthur Foundation, 2017.

Kaza, Silpa, Lisa Yao, Perinaz Bhada-Tata, and Frank Van Woerden. *What a Waste 2.0: A Global Snapshot of Solid Waste Management to 2050*. World Bank, 2018.

Laws, Megan. "All Things Being Equal: Uncertainty, Ambivalence and Trust in a Namibian Conservancy." PhD diss., The London School of Economics and Political Science, 2019.

Lee, Richard Borshay, and Irven DeVore. *Man the Hunter*. Transaction, 1968.

MacKinnon, J.B. "Can We Stop Global Warming and Still Grow?" *New Yorker*, March 27, 2017.

Mueller, Paul D. "Adam Smith's Views on Consumption and Happiness." *Adam Smith Review* 8 (2014): 277–89.

Oberle, Bruno, Stefan Bringezu, Steve Hatfield-Dodds, Stefanie Hellweg, Heinz Schandl, et al. *Global Resources Outlook 2019: Natural Resources for the Future We Want*. UN Environment Program International Resource Panel, 2019.

Remy, Nathalie, Eveline Speelman, and Steven Swartz. *Style That's Sustainable: A New Fast-Fashion Formula*. McKinsey & Company, 2016.

Rose, A., and S. B. Blomberg. "Total Economic Impacts of a Terrorist Attack: Insights from 9/11." *Peace Economics, Peace Science, and Public Policy* 16, no. 1 (2010): 2.

Shi, David E. *The Simple Life*. New York: Oxford University Press, 1985.

Suzman, James. *Affluence without Abundance*. New York: Bloomsbury, 2017.

Zalasiewicz, Jan, Mark Williams, Colin N. Waters, Anthony D. Barnosky,

John Palmesino, et al. "Scale and Diversity of the Physical Technosphere: A Geological Perspective." *Anthropocene Review* 4, no. 1 (2017): 9–22.

第一部分　起　初

第 1 章　放弃什么？保留什么？

其他资料来源包括李维斯公司、美国经济分析局和美国国家经济研究局。

Dittmar, Helga, Rod Bond, Megan Hurst, and Tim Kasser. "The Relationship between Materialism and Personal Well-being: A Meta-analysis." *Journal of Personality and Social Psychology* 107, no. 5 (2014): 879–924.

Jacobs, Meg. "America's Never-Ending Oil Consumption." *The Atlantic*, May 15, 2016.

Jacobs, Meg. *Panic at the Pump: The Energy Crisis and the Transformation of American Politics in the 1970s.* New York: Hill and Wang, 2016.

Lee, Michael S.W., and Christie Seo Youn Ahn. "Anti-consumption, Materialism, and Consumer Well-being." *Journal of Consumer Affairs* 50, no. 1 (2016): 18–47.

Miller, Daniel. *The Comfort of Things.* Cambridge: Polity, 2008.

Miller, Daniel. *Consumption and Its Consequences.* Cambridge: Polity, 2012.

Museum of Modern Art. *Fashion Is Kale* (symposium), New York. Filmed October 19, 2017.

Putt del Pino, S., E. Metzger, D. Drew, and K. Moss. "The Elephant in the Boardroom: Why Unchecked Consumption Is Not an Option in Tomorrow's Markets." Washington, DC: World Resources Institute, 2017.

Trentmann, Frank. *Empire of Things*. London: Allen Lane, 2017.

Wilk, Richard R. "Consumer Cultures Past, Present, and Future." In *Sustainable Consumption: Multi-disciplinary Perspectives*, edited by Alistair Ulph and Dale Southerton, 315–36. Oxford: Oxford University Press, 2014.

第 2 章 消费水平不同，停下来的脚步也不同

其他资料来源包括厄瓜多尔政府、美国经济政策研究所、联合国开发计划署、美国人口普查局、世界银行、世界观察研究所、《世界幸福报告》、幸福星球指数。

Jacobs, Meg. *Pocketbook Politics: Economic Citizenship in Twentieth-Century America*. Princeton: Princeton University Press, 2005.

Steinbeck, John. *Log from the Sea of Cortez*. New York: Viking, 1941.

Trentmann. *Empire of Things*.

York University Ecological Footprint Initiative and Global Footprint Network. National Footprint and Biocapacity Accounts, 2021 edition.

第 3 章 "当这一切发生时，人生变得更漫长了"

本章内容借鉴了美国最高法院的记录。

Cohen, Lizabeth. "From Town Center to Shopping Center: The Reconfiguration of Community Marketplaces in Postwar America." *American Historical Review* 101, no. 4 (1996): 1050–81.

Laband, David N., and Deborah Hendry. *Blue Laws: The History, Economics, and Politics of Sunday-Closing Laws*. Lexington, MA: Lexington Books, 1987.

MacKinnon, J.B. "America's Last Ban on Sunday Shopping." *New*

Yorker, February 7, 2015.

Mass-Observation and R. Searle. *Meet Yourself on Sunday*. London: Naldrett, 1949.

Shi. *The Simple Life.*

Shulevitz, Judith. *The Sabbath World: Glimpses of a Different Order of Time*. Random House Incorporated, 2011.

Trentmann. *Empire of Things*.

第 4 章　突然在应对气候变化上打了胜仗

特别感谢康克迪亚大学气候科学和可持续发展首席研究员达蒙·马修斯和比利时皇家空间和高层大气物理研究所的特里斯夫根尼·"珍妮"·斯塔夫拉库。其他资料来源包括《纽约时报》、国际能源署、美国国家航空航天局科学可视化工作室、全球碳计划、碳简报网站和空气污染技术公司 IQAir。

IEA. *World Energy Outlook.* Paris: IEA (multiple years).

Jackson, Robert B., Josep G. Canadell, Corinne Le Quéré, Robbie M. Andrew, Jan Ivar Korsbakken, et al. "Reaching Peak Emissions." *Nature Climate Change* 6, no. 1 (2016): 7–10.

Knight, Kyle W., and Juliet B. Schor. "Economic Growth and Climate Change: A Cross-National Analysis of Territorial and Consumption-Based Carbon Emissions in High-Income Countries." *Sustainability* 6, no. 6 (2014): 3722–31.

Masson-Delmotte, V., P. Zhai, H.-O. Pörtner, D. Roberts, J. Skea, et al., eds. *Global Warming of 1.5°C: An IPCC Special Report on the Impacts of Global Warming of 1.5°C above Pre-industrial Levels and Related Global Greenhouse Gas Emission Pathways, in the Context of Strengthening the*

Global Response to the Threat of Climate Change, Sustainable Development, and Efforts to Eradicate Poverty. IPCC, 2019.

Meadows, D.H., D.L. Meadows, J. Randers, and W.W. Behrens III. *The Limits to Growth: A Report for the Club of Rome's Project on the Predicament of Mankind*. New York: Universe Books, 1972.

Mian, Atif, and Amir Sufi. *House of Debt*. Chicago: University of Chicago Press, 2014.

Ward, James D., Paul C. Sutton, Adrian D. Werner, Robert Costanza, Steve H. Mohr, and Craig T. Simmons. "Is Decoupling G.D.P. Growth from Environmental Impact Possible?" *PloS One* 11, no. 10 (2016): e0164733.

Wiedmann, Thomas O., Heinz Schandl, Manfred Lenzen, Daniel Moran, Sangwon Suh, et al. "The Material Footprint of Nations." *Proceedings of the National Academy of Sciences* 112, no. 20 (2015): 6271–76.

York, Richard. "De-carbonization in Former Soviet Republics, 1992–2000: The Ecological Consequences of De-modernization." *Social Problems* 55, no. 3 (2008): 370–90.

第 5 章　我们需要重新习惯黑夜

其他资料来源包括美国国家航空航天局、国际黑暗天空协会、肯尼迪航天中心，以及 1962 年 2 月 21 日和 24 日的《纽约时报》。Rygard 能源公司的分析师托马斯·莱尔斯，以及昆虫学家约翰·华莱士也提供了宝贵的信息。

Bundervoet, T., et al. "Bright Lights, Big Cities, Measuring National and Subnational Economic Growth in Africa from Outer Space, with an Application to Kenya and Rwanda." Policy Research Working Paper WPS7461, World Bank Group, 2015.

Davies, Thomas W., and Tim Smyth. "Why Artificial Light at Night Should Be a Focus for Global Change Research in the Twenty-first Century." *Global Change Biology* 24, no. 3 (2018): 872–82.

Elvidge, Christopher D., Feng-Chi Hsu, Kimberly E. Baugh, and Tilottama Ghosh. "National Trends in Satellite-Observed Lighting." *Global Urban Monitoring and Assessment through Earth Observation* 23 (2014): 97–118.

Falchi, Fabio, Pierantonio Cinzano, Dan Duriscoe, Christopher C. M. Kyba, Christopher D. Elvidge, et al. "The New World Atlas of Artificial Night Sky Brightness." *Science Advances* 2, no. 6 (2016): e1600377.

Glenn, John H., Jr. "Description of the MA-6 Astronomical, Meteorological, and Terrestrial Observations." *Results of the First U.S. Manned Orbital Space Flight February 20, 1962*. NASA: 1962.

Green, Judith, Chloe Perkins, Rebecca Steinbach, and Phil Edwards. "Reduced Street Lighting at Night and Health: A Rapid Appraisal of Public Views in England And Wales." *Health & Place* 34 (2015): 171–80.

Henderson, J. Vernon, Adam Storeygard, and David N. Weil. "Measuring Economic Growth from Outer Space." *American Economic Review* 102, no. 2 (2012): 994–1028.

Hough, Walter. "The Development of Illumination." *American Anthropologist* 3, no.2 (1901): 342–52.

Kyba, Christopher C.M., and Franz Hölker. "Do Artificially Illuminated Skies Affect Biodiversity in Nocturnal Landscapes?" *Landscape Ecology* 28 (2013): 1637–40.

Kyba, Christopher C.M., Theres Kuester, Alejandro Sánchez De Miguel, Kimberly Baugh, Andreas Jechow, et al. "Artificially Lit Surface of Earth at Night Increasing in Radiance and Extent." *Science Advances* 3, no. 11 (2017): e1701528.

Shaw, Robert. "Night as Fragmenting Frontier: Understanding the Night That Remains in an Era of 24/7." *Geography Compass* 9, no. 11 (2015): 637–47.

Steinbach, Rebecca, Chloe Perkins, Lisa Tompson, Shane Johnson, Ben Armstrong, et al. "The Effect of Reduced Street Lighting on Road Casualties and Crime in England and Wales: Controlled Interrupted Time Series Analysis." *Journal of Epidemiology and Community Health* 69, no. 11 (2015): 1118–24.

Trentmann. *Empire of Things*.

第二部分　崩　溃

第 6 章　增长的终结并不等于经济的终结

约翰·肯尼迪图书馆提供了相关资料。以下几本优质书籍提出了很多关于增长的重要问题。

Blyth, Mark. *Great Transformations: Economic Ideas and Institutional Change in the Twentieth Century*. Cambridge: Cambridge University Press, 2002.

Kallis, Giorgos, Susan Paulson, Giacomo D'Alisa, and Federico Demaria. *The Case for Degrowth*. Oxford: Polity, 2020.

Jackson, Tim. *Prosperity without Growth: Foundations for the Economy of Tomorrow*, 2nd ed. Routledge, 2017.

Hickel, Jason. *Less Is More: How Degrowth Will Save the World*. London: Penguin Random House, 2020.

Pilling, David. *The Growth Delusion*. Tim Duggan Books: New York, 2018.

Raworth, Kate. *Doughnut Economics: Seven Ways to Think Like a Twenty-first-Century Economist*. White River Junction, VT: Chelsea Green Publishing, 2017.

Victor, Peter. *Managing without Growth: Slower by Design, Not Disaster*, 2nd ed. Cheltenham, UK: Edward Elgar, 2019.

第7章 从"真正的灾难"中解放"日常灾难"

这一章在很大程度上依赖芬兰赫尔辛基大学学者的专业知识和研究，包括消费者社会研究中心的派维·蒂莫宁，以及成瘾、控制和治理研究中心的安娜·阿兰科，还有历史学家尤哈·西尔塔拉、媒体研究员阿努·坎托拉、赫尔辛基城市和区域研究所的马蒂·科尔泰宁。我还要感谢记者萨斯卡·萨拉科斯基和芬兰家政学组织 Martat。还有一个资料来源是世界卫生组织。

Barro, Robert J., and José F. Ursúa. *Macroeconomic Crises since 1870*. No. w13940. National Bureau of Economic Research, 2008.

Barro, Robert J., and José F. Ursúa. "Rare Macroeconomic Disasters." *Annual Review of Economics* 4, no. 1 (2012): 83–109.

Fligstein, Neil, Orestes P. Hastings, and Adam Goldstein. "Keeping Up with the Joneses: How Households Fared in the Era of High Income Inequality and the Housing Price Bubble, 1999–2007." *Socius* 3 (2017).

Hennigan, Karen M., Linda Heath, J. D. Wharton, Marlyn L. Del Rosario, Thomas D. Cook, Bobby J. Calder. "Impact of the Introduction of Television on Crime in the United States: Empirical Findings and Theoretical Implications." *Journal of Personality and Social Psychology* 42, no. 3 (1982): 461-477.

Jonung, Lars, and Thomas Hagberg. *How Costly Was the Crisis of the 1990s?: A Comparative Analysis of the Deepest Crises in Finland and Sweden over the Last 130 Years*. No. 224. Directorate General Economic and Financial Affairs, European Commission, 2005.

Riihelä, Marja, Risto Sullström, and Matti Tuomala. *What Lies behind* the Unprecedented Increase in Income Inequality in Finland during the 1990s. Working Paper 2, Tampere Economic Working Papers Net Series. University of Tampere, 2001.

Salokangas, Raimo. "Why Recessions Lower the Impacts on Mental Health." *Duodecim* 111, no. 16 (1995): 1576.

Schor, Juliet. "Do Americans Keep Up with the Joneses?: The Impact of Consumption Aspirations on Savings Behaviour." (Courtesy of the author.) May 1997.

Schor, Juliet B. *The Overspent American*. New York: Basic Books: 1998.

Solnit, Rebecca. *A Paradise Built in Hell*. New York: Viking Penguin: 2009.

Veblen, Thorstein B. *The Theory of the Leisure Class*. Oxford: Oxford University Press, 2009 [first published 1899].

第 8 章 广告能否反其道而行之？

其他资料来源包括"匆匆一瞥"创意团体、李维斯公司的历史学家特蕾西·帕内克、巴塔哥尼亚公司、新公民计划的乔恩·亚历山大。

Kotler, Philip, and Sidney J. Levy. "Demarketing, Yes, Demarketing." *Harvard Business Review* 49, no. 6 (1971): 75–77.

MacKinnon, J.B. "Patagonia's Anti-Growth Strategy." *New Yorker*, May 21, 2015.

Okazaki, Shintaro, and Barbara Mueller. "The Impact of the Lost Decade on Advertising in Japan: A Grounded Theory Approach." *International Journal of Advertising* 30, no. 2 (2011): 205–32.

Picard, Robert G. "Effects of Recessions on Advertising Expenditures: An Exploratory Study of Economic Downturns in Nine Developed Nations." *Journal of Media Economics* 14, no. 1 (2001): 1–14.

Ridgeway, Rick. "The Elephant in the Room." Patagonia.com. Fall 2013.

Sekhon, Tejvir S., and Catherine A. Armstrong Soule. "Conspicuous Anti-consumption: When Green Demarketing Brands Restore Symbolic Benefits to Anti-consumers." *Psychology & Marketing* 37, no. 2 (2020): 278–90.

Trentmann. *Empire of Things*.

第 9 章　我们的适应速度比想象中快

特别感谢《中外对话》(chinadialogue.net/en) 的山姆·吉尔。其他信息来自世界银行和《中外对话》。

Brown, Kirk Warren, Tim Kasser, Richard M. Ryan, and James Konow. "Materialism, Spending, and Affect: An Event-Sampling Study of Marketplace Behavior and Its Affective Costs." *Journal of Happiness Studies* 17, no. 6 (2016): 2277–92.

Dittmar et al. "The Relationship between Materialism and Personal Well-being."

Geall, Sam, and Adrian Ely. "Narratives and Pathways towards an Ecological Civilization in Contemporary China." *China Quarterly*, 236 (2018): 1175–96.

Kasser, Tim. "Materialistic Values and Goals." *Annual Review of Psychology* 67 (2016): 489–514.

Kasser, Tim, Katherine L. Rosenblum, Arnold J. Sameroff, Edward L. Deci, Christopher P. Niemiec, et al. "Changes in Materialism, Changes in Psychological Well-being: Evidence from Three Longitudinal Studies and an Intervention Experiment." *Motivation and Emotion* 38, no. 1 (2014): 1–22.

Keynes, John Maynard. "Economic Possibilities for Our Grandchildren." 1930.

Lekes, Natasha, Nora H. Hope, Lucie Gouveia, Richard Koestner, and Frederick L. Philippe. "Influencing Value Priorities and Increasing Well-being: The Effects of Reflecting on Intrinsic Values." *Journal of Positive Psychology* 7, no. 3 (2012): 249–61.

Offer, Avner. *The Challenge of Affluence*. Oxford: Oxford University Press, 2006.

Nasr, Nada. "The Beauty and the Beast of Consumption: A Review of the Consequences of Consumption." *Journal of Consumer Marketing* 36, no. 7 (2019): 911–25.

Wang, Haining, Zhiming Cheng, and Russell Smyth. "Wealth, Happiness and Happiness Inequality in China." In *Wealth(s) and Subjective Well-being*, edited by Gaël Brule and Christian Suter, 445–61. Springer, 2019.

第 10 章 只有看到废墟，才会想到重建

Burawoy, Michael, and Kathryn Hendley. "Between Perestroika and Privatisation: Divided Strategies and Political Crisis in a Soviet Enterprise." *Soviet Studies* 44, no. 3 (1992): 371–402.

Burawoy, Michael, Pavel Krotov, and Tatyana Lytkina. "Involution and Destitution in Capitalist Russia." *Ethnography* 1, no. 1 (2000): 43–65.

Eichengreen, Barry. *Hall of Mirrors: The Great Depression, the Great Recession, and the Uses—and Misuses—of History*. Oxford: Oxford University Press, 2015.

Gessen, Masha. "The Dying Russians." *New York Review of Books*, September 2, 2014.

Greasley, David, Jakob B. Madsen, and Les Oxley. "Income Uncertainty and Consumer Spending during the Great Depression." *Explorations in*

Economic History 38, no. 2 (2001): 225–51.

Kindleberger, Charles P., and Robert Z. Aliber. *Manias, Panics, and Crashes*, 6th ed. Palgrave MacMillan, 2011.

Oberle et al. *Global Resources Outlook* 2019.

Southworth, Caleb. "The Dacha Debate: Household Agriculture and Labor Markets in Post-Socialist Russia." *Rural Sociology* 71, no. 3 (2006): 451–78.

Romer, Christina D. "The Nation in Depression." *Journal of Economic Perspectives* 7, no. 2 (1993): 19–39.

Terkel, Studs. *Hard Times: An Oral History of the Great Depression*. Pantheon: New York, 1986 [first published 1970].

York. "De-carbonization in Former Soviet Republics."

第三部分 适 应

第11章 对物品的持久性越发依赖

可持续消费研究和行动倡议组织（scorai.org）的成员为我提供了有益指导。

Cooper, Tim, ed. *Longer Lasting Products: Alternatives to the Throwaway Society*. CRC Press, 2016.

Cooper, Tim, Naomi Braithwaite, Mariale Moreno, Giuseppe Salvia. *Product Lifetimes and the Environment: Draft Conference Proceedings*. Nottingham: Nottingham Trent University, 2015.

Dupuis, Russell D., and Michael R. Krames. "History, Development, and Applications of High-Brightness Visible Light-Emitting Diodes." *Journal of Lightwave Technology* 26, no. 9 (2008): 1154–71.

Karana, Elvin, Owain Pedgley, and Valentina Rognoli, eds. *Materials*

*Experienc*e. Butterworth-Heineman, 2014.

Krajewski, Markus. "The Great Lightbulb Conspiracy." *Spectrum, IEEE* 51, no. 10 (2014): 56–61.

Jackson, John Brickerhoff. *The Necessity for Ruins*. Amherst, MA: University of Massachusetts Press, 1980.

MacKinnon, J.B. "The LED Quandary: Why There's No Such Thing as 'Built to Last.'" *New Yorker*, July 14, 2016.

MacKinnon, J.B. "Trying to Solve the LED Quandary." *New Yorke*r, Oct. 5, 2016.

Mostafavi, Moshen, and David Leatherbarrow. *On Weathering*. Cambridge, MA: MIT Press: 1993.

Trentmann. *Empire of Things*.

Weiser, Harald, and Tröger, Nina. "The Use-Time and Obsolescence of Durable Goods in the Age of Acceleration." BEUC/ European Consumer Organization, 2015.

第 12 章 快时尚：走下神坛，但未必消亡

其他资料来源包括工人权利协会。

Ashmore, Sonia. "Handcraft as Luxury in Bangladesh: Weaving Jamdani in the Twenty-first Century." *International Journal of Fashion Studies* 5, no. 2 (2018): 389–97.

Berg, A., M. Heyn, E. Hunter, F. Rölkens, P. Simon, and H. Yankelevich. *Measuring the Fashion World*. McKinsey & Company, 2018.

de Wit, Marc, Jelmer Hoogzaad, Shyaam Ramkumar, Harald Friedl, and Annerieke Douma. *The Circularity Gap Report*. Circle Economy, 2018.

Ellen MacArthur Foundation, *A New Textiles Economy*.

Leitheiser, Erin, Syeda Nusaiba Hossain, Shuvro Sen, Gulfam Tasnim, Jeremy Moon, et al. "Early Impacts of Coronavirus on Bangladesh Apparel Supply Chains." RISC Briefing, Danida—Ministry of Foreign Affairs of Denmark, 2020.

Majima, Shinobu. "Fashion and the Mass Consumer Society in Britain, c. 1950–2001." PhD diss., University of Oxford, 2006.

Putt del Pino et al. "The Elephant in the Boardroom."

Remy, Speelman, and Swartz. *Style That's Sustainable*.

ThredUp. *Resale Report*. ThredUp, 2019.

Trentmann. *Empire of Things*.

US Bureau of Labor Statistics. *100 Years of US Consumer Spending: Data for the Nation, New York City, and Boston*. US Department of Labour, 2006.

第 13 章　商业是一场漫长的持久战

其他资料来源包括虎屋集团档案室、老字号企业"以诺金"、欧洲工商管理学院温德尔家族企业国际中心、公平手机、《低科技》杂志。

Anthony, Scott D., S. Patrick Viguerie, Evan I. Schwartz, and John Van Landeghem. *2018 Corporate Longevity Forecast: Creative Destruction Is Accelerating*. Innosight, 2018.

Daepp, Madeleine I. G., Marcus J. Hamilton, Geoffrey B. West, and Luís M. A. Bettencourt. "The Mortality of Companies." *Journal of The Royal Society Interface* 12, no. 106 (2015).

Pilling, David. *Bending Adversity: Japan and the Art of Survival*. New York: Penguin, 2014.

Mulgan, Geoff. *Good and Bad Innovation: What Kind of Theory and Practice Do We Need to Distinguish Them?* London: Nesta, 2016.

Wang, Yangbo, and Haoyong Zhou. *Are Family Firms Better Performers during the Financial Crisis?* SSRN Working Papers Series, 2012.

第 14 章　剥离"消费者"身份，我们会如何？

其他资料来源包括参与式城市基金会、"每人每天行动"、新公民计划、大伦敦管理局、国际发展重新定义组织。

Britton, Tessy. *Hand Made.* 2010.

Open Works. *Designed to Scale.* n.d.

Participatory City Foundation. *Made to Measure: Year One Report.* Participatory City Foundation, n.d.

Participatory City Foundation. *Y2: Tools to Act.* Participatory City Foundation, n.d.

第 15 章　我们还是消费了太多（上："生活刚需"）

其他资料来源包括英国需求中心和《低科技》杂志。

Ackermann, Marsha. *Cool Comfort: America's Romance with Air-conditioning.* Washington and London: Smithsonian Institution Press, 2002.

C40 Cities, Arup, and University of Leeds. *The Future of Urban Consumption in a 1.5 C World.* 2019.

Cabanac, Michel. "Physiological Role of Pleasure." *Science* 173, no. 4002 (1971): 1103–7.

Cooper, Gail. *Air Conditioning America.* London: The Johns Hopkins University Press, 1998.

de Wit et al. *The Circularity Gap Report* (2018).

de Wit, Marc, Jacco Verstraeten-Jochemsen, Jelmer Hoogzaad, and Ben

Kubbinga. *The Circularity Gap Report 2019*. Circle Economy, 2019.

Heschong, Lisa. *Thermal Delight in Architecture*. Cambridge, MA: MIT Press, 1979.

Hui, Allison, Theodore Schatzki, and Elizabeth Shove, eds. *The Nexus of Practices: Connections, Constellations, Practitioners*. Taylor & Francis, 2016.

Oberle et al. *Global Resources Outlook 2019*.

Shove, Elizabeth. *Comfort, Cleanliness and Convenience: The Social Organization of Normality*. Oxford: Berg, 2003.

Trentmann. *Empire of Things*.

van Marken Lichtenbelt, Wouter, Mark Hanssen, Hannah Pallubinsky, Boris Kingma, and Lisje Schellen. "Healthy Excursions Outside the Thermal Comfort Zone." *Building Research & Information* 45, no. 7 (2017): 819–27.

van Vliet, Bas, Heather Chappells, and Elizabeth Shove. *Infrastructures of Consumption*. Earthscan, 2005.

第16章 我们还是消费了太多（下：金钱）

Bataille, Georges. *The Accursed Share, Vol. 1: Consumption*. Zone Books: New York, 1988 [first published 1949].

Dütschke, Elisabeth, Manuel Frondel, Joachim Schleich, and Colin Vance. "Moral Licensing—Another Source of Rebound?" *Frontiers in Energy Research* 6, no. 38 (2018).

Hood, Clifton. *In Pursuit of Privilege*. New York: Columbia University Press, 2017.

Fouquet, Roger, and Peter J.G. Pearson. "Seven Centuries of Energy Services: The Price and Use of Light in the United Kingdom (1300–2000)." *The Energy Journal* 27, no. 1 (2006).

Fouquet, Roger. "Historical Energy Transitions: Speed, Prices, and System Transformation." *Energy Research & Social Science* 22 (2016): 7–12.

Inoue, Nozomu, and Shigeru Matsumoto. "An Examination of Losses in Energy Savings after the Japanese Top Runner Program." *Energy Policy* 124 (2019): 312–19.

Jevons, William Stanley. *The Coal Question*. 1865.

Kallis, Giorgos. *Limits*. Stanford, CA: Stanford University Press, 2019.

Kropfeld, Maren Ingrid, Marcelo Vinhal Nepomuceno, and Danilo C. Dantas. "The Ecological Impact of Anticonsumption Lifestyles and Environmental Concern." *Journal of Public Policy & Marketing* 37, no. 2 (2018): 245–59.

Makov, Tamar, and David Font Vivanco. "Does the Circular Economy Grow the Pie?: The Case of Rebound Effects from Smartphone Reuse." *Frontiers in Energy Research* 6 (2018).

Mueller. "Adam Smith's Views on Consumption and Happiness."

Murray, Cameron K. "What If Consumers Decided to All 'Go Green'?: Environmental Rebound Effects from Consumption Decisions." *Energy Policy* 54 (2013): 240–56.

Smith, Adam. *The Wealth of Nations*. 1776.

Stepp, John Richard, Eric C. Jones, Mitchell Pavao-Zuckerman, David Casagrande, and Rebecca K. Zarger. "Remarkable Properties of Human Ecosystems." *Conservation Ecology* 7, no. 3 (2003).

Trentmann. *Empire of Things*.

Welch, Evelyn. *Shopping in the Renaissance*. New Haven and London: Yale University Press, 2005.

第四部分 转 型

第17章 野生动物的崭新黎明

其他资料来源包括世界自然保护联盟（IUCN）、濒危野生动植物种国际贸易公约、国际爱护动物基金会、萨摩亚保护协会和萨摩亚国立大学萨摩亚研究中心。

Drury, Rebecca. "Hungry for Success: Urban Consumer Demand for Wild Animal Products in Vietnam." *Conservation and Society* 9, no. 3 (2011): 247–57.

Duffy, Rosaleen. *Nature Crime*. New Haven and London: Yale University Press, 2010.

Filous, Alexander, Alan M. Friedlander, Haruko Koike, Marc Lammers, Adam Wong, et al. "Displacement Effects of Heavy Human Use on Coral Reef Predators within the Molokini Marine Life Conservation District." *Marine Pollution Bulletin* 121, no. 1–2 (2017): 274–81.

Kraus, Scott D., and Rosalind M. Rolland (eds.). *The Urban Whale*. Cambridge, MA: Harvard University Press, 2007.

MacKinnon, J.B. "It's Tough Being a Right Whale These Days." *The Atlantic*, July 30, 2018.

MacKinnon, J.B. "The Rich Meals That Keep Wild Animals on the Menu." *The Atlantic*, March 19, 2020.

Parry, Luke, Jos Barlow, and Heloisa Pereira. "Wildlife Harvest and Consumption in Amazonia's Urbanized Wilderness." *Conservation Letters* 7, no. 6 (2014): 565–74.

Pirotta, Vanessa, Alana Grech, Ian D. Jonsen, William F. Laurance, and Robert G. Harcourt. "Consequences of Global Shipping Traffic for Marine

Giants." *Frontiers in Ecology and the Environment* 17, no. 1 (2019): 39–47.

Serra, Gianluca, Greg Sherley, S. Afele Faillagi, S. Talie Foliga, Moeumu Uili, et al. "Traditional Ecological Knowledge of the Critically Endangered Tooth-Billed Pigeon *Didunculus strigirostris*, Endemic to Samoa." *Bird Conservation International* 28, no. 4 (2018): 620–42.

Stirnemann, R.L., I.A. Stirnemann, D. Abbot, D. Biggs, and R. Heinsohn. "Interactive Impacts of By-catch Take and Elite Consumption of Illegal Wildlife." *Biodiversity and Conservation* 27, no. 4 (2018): 931–46.

Truong, V. Dao, Nam V.H. Dang, and C. Michael Hall. "The Marketplace Management of Illegal Elixirs: Illicit Consumption of Rhino Horn." *Consumption Markets & Culture* 19, no. 4 (2016): 353–69.

Quintus, Seth, and Jeffrey T. Clark. "Ritualizing Hierarchy: Power Strategies and Pigeon Catching in Ancient Samoa." *Journal of Anthropological Research* 75, no. 1 (2019): 48–68.

York, Richard. "Why Petroleum Did Not Save the Whales." *Socius* 3 (2017).

第18章 我们需要一个比"幸福"更好的词来形容结局

其他资料来源包括美国劳工统计局、国际反消费研究中心。

Belk, Russell W. "Worldly Possessions: Issues and Criticisms." *ACR North American Advances* 10 (1983): 514–19.

Brown, Kirk Warren, and Tim Kasser. "Are Psychological and Ecological Well-Being Compatible?: The Role of Values, Mindfulness, and Lifestyle." *Social Indicators Research* 74, no. 2 (2005): 349–68.

Gregg, Richard B. "The Value of Voluntary Simplicity." *Pendle Hill Essays* 3 (1936).

Lee and Ahn. "Anti-consumption, Materialism, and Consumer Well-being."

Miller, Geoffrey. *Spent*. New York: Viking, 2009.

Oral, Cansu, and Joy-Yana Thurner. "The Impact of Anti-consumption on Consumer Well-being." *International Journal of Consumer Studies* 43, no. 3 (2019): 277–88.

Psychology & Marketing 37, no. 2 (2020). Special Issue on Anticonsumption.

Schor, Juliet B. "Voluntary Downshifting in the 1990s." In *Power, Employment, and Accumulation: Social Structures in Economic Theory and Practice*, edited by Jim Stanford, Lance Taylor, Ellen Houston, and Brant Houston, 66–79. M.E. Sharpe, 2001.

Seegebarth, Barbara, Mathias Peyer, Ingo Balderjahn, and Klaus-Peter Wiedmann. "The Sustainability Roots of Anticonsumption Lifestyles and Initial Insights Regarding Their Effects on Consumers' Well-being." *Journal of Consumer Affairs* 50, no. 1 (2016): 68–99.

Zavestoski, Stephen. "The Social-psychological Bases of Anticonsumption Attitudes." *Psychology & Marketing* 19, no. 2 (2002): 149–65.

关于20世纪90年代"主动简朴"运动的几篇延伸阅读：

Andres, Cecile. *The Circle of Simplicity*. New York: HarperCollins, 1997.

Dominquez, Joe, and Vicki Robin. *Your Money or Your Life*. New York: Viking, 1992.

Elgin, Duane. *Voluntary Simplicity*. Quill, 1998.

Luhrs, Janet. *The Simple Living Guide*. New York: Harmony, 1997.

Schor, Juliet B. *The Overspent American*. New York: Basic Books, 1998.

第 19 章　数字空间的消费者身份

特别感谢虚拟现实医疗软件供应商 PrecisionOS 公司的首席执行官丹尼·戈尔和温哥华虚拟现实和增强现实协会主席丹·布加。关于"数字浪潮"的许多细节来自《纽约时报》和《卫报》。

Belk, Russell W., and Rosa Llamas. *The Routledge Companion to Digital Consumption*. New York: Routledge, 2013.

Devine, Kyle. *Decomposed: The Political Ecology of Music*. Cambridge, MA: MIT Press, 2019.

Galvin, Ray. "The ICT/Electronics Question: Structural Change and the Rebound Effect." *Ecological Economics* 120 (2015): 23–31.

Lehdonvirta, Vili. *Virtual Consumption*. Series A-11. Turku, Finland: Turku School of Economics, 2009.

Lehdonvirta, Vili, and Edward Castronova. *Virtual Economies: Design and Analysis*. Cambridge, MA: MIT Press, 2014.

Pike, Kenneth R., and C. Tyler DesRoches. "Virtual Consumption, Sustainability and Human Well-Being." *Environmental Values* 29, no. 3 (2020): 361–78.

Preist, Chris, Daniel Schien, and Paul Shabajee. "Evaluating Sustainable Interaction Design of Digital Services: The Case of YouTube." In *Proceedings of the 2019 CHI Conference on Human Factors in Computing Systems*, 1–12. 2019.

Widdicks, Kelly. "Understanding and Mitigating the Impact of Internet Demand in Everyday Life." PhD diss., Lancaster University, 2020.

Widdicks, Kelly, and Daniel Pargman. "Breaking the Cornucopian Paradigm: Towards Moderate Internet Use in Everyday Life." In *Proceedings of the Fifth Workshop on Computing within Limits*, 1–8. 2019.

World Economic Forum, Global Web Index, and Visual Capitalist. "This Is How COVID-19 Has Changed Media Habits in Each Generation." 2020.

第 20 章　人好像变少了，事实上并没有

去增长学者安德鲁·萨特和佐都安之为本章提供了重要的指导和研究。其他资料来源如下：

Kishida, Ittaka. "Preparing for a Zero-growth Economy." *Forum Report 008: Reexamining Japan in Global Context Forum*. Tokyo, Japan, May 26, 2015.

Matanle, Peter. "Towards an Asia-Pacific 'Depopulation Dividend' in the Twenty-first Century: Regional Growth and Shrinkage in Japan and New Zealand." *Asia-Pacific Journal: Japan Focus* 15, no. 6 (2017).

Matanle, Peter, and Yasuyuki Sato. "Coming Soon to a City Near You!: Learning to Live 'Beyond Growth' in Japan's Shrinking Regions." *Social Science Japan Journal* 13, no. 2 (2010): 187–210.

Pilling. *Bending Adversity*.

Salsberg, Brian, Clay Chandler, and Heang Chhor, eds. *Reimagining Japan: The Quest for a Future That Works*. San Francisco: McKinsey & Co., 2011.

第 21 章　15 万年后……

美国华盛顿特区的政策研究所在 Inequality.org 网站上公布了一份关于不平等这一主题的优秀读物清单。

Dittmar et al. "The Relationship between Materialism and Personal Well-being."

Goodin, Robert E., James Mahmud Rice, Antti Parpo, and Lina Eriksson. *Discretionary Time: A New Measure of Freedom*. Cambridge: Cambridge

University Press, 2008.

Kaplan, David. "The Darker Side of the 'Original Affluent Society.'" *Journal of Anthropological Research* 56, no. 3 (2000): 301–24.

Laws. "All Things Being Equal."

Oishi, Shigehiro, Kostadin Kushlev, and Ulrich Schimmack. "Progressive Taxation, Income Inequality, and Happiness." *American Psychologist* 73, no. 2 (2018): 157.

Partanen, Anu. *The Nordic Theory of Everything*. New York: Harper Collins, 2016.

Payne, Keith. *The Broken Ladder: How Inequality Affects the Way We Think, Live, and Die*. New York: Penguin Random House, 2017.

Suzman. *Affluence without Abundance*.

Wilk, Richard R., and Eric J. Arnould. "Why Do the Indians Wear Adidas?: Or, Culture Contact and the Relations of Consumption." *Journal of Business Anthropology* 5, no. 1 (2016): 6–36.

Wilkinson, Richard, and Kate Packett. *The Inner Level: How More Equal Societies Reduce Stress, Restore Sanity and Improve Everyone's Well-being*. New York: Penguin, 2019.

后记　有一种更好的方式停止消费

Cohen, Maurie J. *The Future of Consumer Society*. Oxford: Oxford University Press, 2017.

Cohen, Maurie J., Halina Szejnwald Brown, and Philip J. Vergragt. *Social Change and the Coming of Post-consumer Society*. Milton Park, UK: Routledge, 2017.

Kallis et al. *The Case for Degrowth*.

Pilling. *The Growth Delusion*.

Raworth. *Doughnut Economics*.

Roscoe, Philip. *I Spend Therefore I Am*. Toronto: Random House Canada, 2014.

Shi. *The Simple Life*.